總體檢蔣介石獨裁統治及其影響

全面控制

王美琇、戴寶村——總策畫

總策畫序 1
沒有清理過去，
我們如何過得去？

◎ 王美琇
519 行動組合召集人
辜寬敏基金會董事長

1975 年 4 月 5 日蔣介石過世。曾被以莫須有罪名羅織入獄的作家陳列，在他的作品《殘骸書》寫著：「我們這些他的囚徒們……默默地注視著電視畫面，不時會交換一個意味深長的眼神，然後在私底下掩不住無限喜悅地竊竊交換一些看法。」、「獨裁者終於死了。平時，我們有許多人常會互相鼓舞說，要堅強，我們一定要活得比老蔣久。這時，我們真正等到了他的死亡。這大大振奮了我們的心志。」

蔣介石的死，讓被他囚禁的政治犯和某些人心中暗自竊喜；但也讓整個被他高壓統治與洗腦的社會如喪考妣，透過

當時的電視轉播一目瞭然。兩個世界，涇渭分明。扭曲的暗影，在風中搖曳。

歷史創傷依然隱隱作痛

　　二戰後蔣介石被盟軍指派來台接收，旋即和蔣經國父子兩人在台灣建立起蔣氏王朝，展開長達半世紀黨國一體的威權獨裁統治，對台灣社會造成無比深刻的傷害和深遠影響。

　　1947 年爆發二二八事件，1949 年 5 月 19 日台灣宣布戒嚴，從此進入被蔣介石政權和國民黨全面控制的白色恐怖時期。二二八事件和後來長達 43 年的白色恐怖，粗估約有四、五萬以上的人被捕獵、被監禁和被屠殺，強行奪走生命、人生、自由、尊嚴和財產等；也有數十萬家庭受到牽累而家破人亡、人生支離破碎。造成這個巨大歷史創傷的罪魁禍首，就是蔣介石父子和國民黨統治集團。然而直到現在，這樣證據確鑿、血跡斑斑的史實，似乎並沒有被社會重視和嚴肅反省檢討；以致於歷史創傷至今依然殘留在政治受難者及其後代子孫身上，甚至在社會裡也不時隱隱作痛。

　　彭仁郁老師一直在做政治創傷療癒計畫，2018 年底地方選舉過後，原本選前答應她接受訪視的受難家庭約 60 個，

004 ｜全面控制

竟有將近一半表示拒訪，讓彭仁郁一頭霧水。直到後來她有機會問到比較熟識的受難者二代，才知道他們內心的深層憂慮和恐懼。這位受難二代家屬告訴她：「對你們來說，只是一次選戰輸贏的結果，但對我們而言，如果國民黨重返執政，卻可能是抄家滅族再來一次啊。」

這樣深層的恐懼，依然深深鑲嵌在受難家屬後代子孫的內心。

台灣人自尊被徹底摧毀

整體台灣社會也壟罩在白色恐怖陰影下長達數十年，恐懼深入生活的肌理。例如目前 50 歲以上的朋友，到現在為止仍然不太敢在電話中講重要事情，特別是政治事務，因為怕被竊聽；還有，我們從小就不斷被父母告誡：絕不能涉足政治、小孩子有耳沒嘴、出去不要亂講話會被警察抓去等等。這些都是許多朋友共同的成長記憶，憂懼仍常存人心。

蔣介石的獨裁統治不僅剝奪許多台灣人的人生，扭曲社會的是非善惡價值；甚至 1966 年蔣政權開始大力鼓吹「中華文化復興運動」，用盡一切文教宣傳手段宣揚「大中國意識形態」，貶抑台灣人的語言和本土文化，企圖將台灣人改造

成為中國人。台灣人在高壓洗腦的數十年中徹底喪失自信心。

數年前，曾聽前駐日大使許世楷夫人盧千惠女士談及親身經歷的故事。她曾在一家美容院洗頭，每次她總是以台語和來自雲林的年輕妹妹愉快交談。有一天她走進美容院，感覺店內裝潢變得比較新潮，然後年輕妹妹不斷用華語和她交談。後來盧女士問她：「你為什麼不再講台語了？」她表情認真地回答：「我們老闆娘說公司現在要改走高級路線了，不能再用台語和客人交談。」

數十年來，我們也曾看到身邊的親人或朋友，以依附國民黨外省權貴統治集團為榮，即使只分得一杯羹或骨頭湯，也覺得「自己變高尚了」；甚至不太想說自己的母語，彷彿那是一種低俗的象徵。台灣人的自尊心和驕傲感，在蔣氏國民黨政權的大中國意識形態全面控制和覆蓋下，被完全貶抑、擊潰；這不僅發生在福佬族群，客家人和原住民身上都烙下同樣傷痕。

這就是一種文化霸權對被統治者的掠奪與傷害；這個歷史傷痕一直都在，並沒有消失。這是蔣介石的獨裁統治對台灣所帶來的巨大傷害之一。

2025 年的今天，蔣介石已經逝世 50 年了，可是台灣社會至今仍無法究責蔣介石的歷史責任；甚至也無法寫進教科

書，告訴後代子孫蔣政權獨裁統治的歷史真相。二十一世紀的台灣，究竟是什麼樣貌的台灣？

我們怎麼可以一面歌頌台灣的民主自由，卻一面在首都市中心用這麼龐大的紀念堂來紀念一個獨裁者？我們到底要傳遞給後代子孫什麼樣的價值信念？要告訴全世界台灣是如何價值錯亂的台灣？

全台灣至今仍有1900多座蔣介石的雕像銅像；全國每一個市鎮最重要的路，還是叫中正路。如果德國到處都是希特勒路，你覺得德國人民會受得了嗎？可是在台灣，蔣介石依然在我們生活周遭，威權陰影繼續籠罩台灣。這種荒謬的存在，每天都在挑戰台灣人的道德底線。

處理歷史傷痕，重建台灣人自信

今年是終戰80週年，蔣介石過世50年。我們決定要出版這本總體檢蔣介石的專書，是因為我們必須要和蔣介石算總賬。跟蔣算總賬，是要對許許多多被他奪去生命、人生、自由和尊嚴的前輩們有個歷史的交代；也要給年輕世代和後代子孫清楚的歷史意識和是非價值的辨識基礎。

沒有清理過去，我們如何過得去？沒有清理過去，面對歷史錯誤，如何奢言和解與共創未來？傷痕依舊隱隱作痛，繼續撕裂社會。歷史記憶的傳承做得不夠好，社會的是非價值勢必錯亂，轉型正義就更困難推動；而轉型正義工程做不好，民主脆弱實為必然。當今國會亂象已經說明一切。

　　所以，歷史記憶的傳承，轉型正義工程和民主鞏固，三者環環相扣。正視它、面對它、處理它，最後我們才能放下它；才能走出歷史的創傷與牢籠，才能真正建立起台灣人的內在尊嚴、頂天立地的自信，與開創未來的勇氣。

　　面對真實的歷史，是重建台灣人底氣的開始。歷史會給人力量，而知識、勇氣和行動，也必由此而生。

總策畫序 2

去世五十　除垢未盡　清除介石

◎ 戴寶村

519 行動組合決策委員

知蔣去蔣

2025 年是二戰終戰 80 年，世界相關國家都有紀念反思的歷史運動，台灣在 1945 年錯失殖民地自決獨立的機會，反而迎來中華民國政府的軍事佔領，1947 年經歷二二八的殘酷鎮壓，接著 1949 年國府敗退來台，由蔣介石（1887-1975）蔣經國（1910-1988）父子兩代建立威權獨裁統治，而今 2025 年適逢蔣介石去世已 50 年，正是積極推動清除威權象徵的年度。

蔣介石去世已滿 50 年，至今主要以中國國民黨為核心成員，以及部分長期受其規訓教化的民眾，依然盲目崇拜蔣介石，視其為神明，在他們心中蔣介石仍是不容批評不可撼

動。有些人則是採鄉愿式態度，將蔣介石當作過去式，反正死者逝矣一了百了，或認為功過並陳不需清算。民間甚至將其化為風水象徵，例如高雄市林園區林園北路的蔣介石像，當地人竟認為可以鎮煞減少通事故而須保留的荒誕說法。年輕一代則是無知無感，甚至不知蔣中正原名介石，另一名為志清，甚至還有譜名叫周泰，對他一生作為所知有限，也不了解他對台灣造成嚴重深刻影響，因無知無感而事不關己。比較有清楚主體意識的台灣人，當然對蔣是採取批判反對厭棄態度，從戒嚴時代私下以「臭頭仔」稱之，將他生日「華誕」的拜壽儀式稱作「拜鬼」，到直接叫他獨裁者、殺人魔王都有。總之，居於行動力需結合知識力，知蔣才能真正去蔣，這是本書的核心要旨。

強人造神

　　蔣介石生前就被造神，塑造他承接孫中山從事革命到北伐、剿匪、抗戰、反共，一路成為民族救星，並成為軍人的主義、領袖、國家、責任、榮譽的五大信念之一。教科書中硬放入他幼時看魚往上游就悟出要力爭上游的神話，或是將他去日本軍校就讀敢與出言辱華的日本教官爭辯，完全是欺

世盜名的虛偽教材。他 10 月 31 日生日那天，訂為總統華誕國定假日，各地設壽堂讓民眾去拜壽，學生高唱「領袖萬歲歌」，蔣總統萬歲的口號在各地響徹雲霄，他卻故意矯情假仙去避壽，中正路中正堂已陸續出現。

1975 年 4 月 5 日蔣介石去世，規定全國服喪，安排民眾去孫文紀念館瞻仰遺容，出殯日靈車經過道路民眾跪地膜拜舉國同悲，之後將清明節（4 月 4 日或 4 月 5 日）硬訂在 4 月 5 日作為民族掃墓節，讓人一兼二顧為自己先人掃墓，順便永懷領袖。教育部制定總統蔣公紀念歌班令全國傳唱。蔣去世後以國土未收復理由而不下葬，棺木停放在板橋林家捐獻的土地設置「慈湖陵寢」，1988 年蔣經國去世棺木也放在附近的頭寮，總稱「大溪陵寢」，完全是帝制封建的格局。蔣氏父子既不入土為安，或是送返中國浙江原鄉，也不願放在政府為其設置的國家公墓，還安排軍力駐守定時行禮如儀，耗費國家資源。

在公共空間的紀念方面，全國超過 300 條中正路，29 條介壽路，中正堂館比比皆是，從中正國小可一路念到中正大學。全國各地豎建銅像和塑像，2019 年統計多達 1085 座，若依台灣只有三分之一的國土有人居住計算，等於十平方公里面積就有一座，大概是居世界之冠。公家機關主要室內空

戴寶村 ——
去世五十　除垢未盡　清除介石｜011

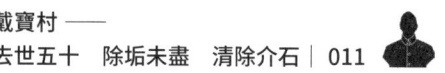

間前方放孫文，後方擺蔣介石，俯瞰底下的順民。蔣去世才不到兩個月，行政院就成立中正紀念堂籌建小組，1980年在首都精華區直接遙望總統府之地，興建量體龐大的中正紀念堂，裡面安置全國最大尊的銅像，並安排三軍儀隊每天定時對他行崇隆之禮（2024年才移到室外）。中正紀念堂左右興建國家歌劇院和國家音樂廳，完全複製中國帝國形制風格的建築，營造左昭右穆的皇帝陵寢格局，因此民間戲稱其為「中正廟」，陳水扁總統時代頂多只能將大牌坊上的「大中至正」改成「自由廣場」。台灣歷經三十多年的民主化，已成為世界上排名領先的民主國家，首都中心還矗立著獨裁者的大堂和銅像，而且觀光旅遊介紹長期行銷中正紀念堂，使它成為外國觀光客必訪景點，形成高度的反差和諷刺。由於蔣介石長期被神格化，甚至成為少數族群的護身神祇，清除蔣介石的威權象徵屢屢以「會撕裂族群造成社會對立」的藉口而遲滯不前。

枉法殘民

中華民國政府在國共內戰狀況下制定憲法，並在1947年號稱開始行憲，同一年下令派兵鎮壓台灣的二二八事件，

殘殺無數台灣社會菁英，造成社會長久的創傷與陰影。中華民國憲法根本沒有實行，竟還在1963年將12月25日訂為行憲紀念日放假一天，其實空有行憲日從無真正實行憲法，憲法公布同一年蔣介石就以為戡平共黨倡亂而宣布進入動員戡亂時期，1948年公布動員戡亂時期臨時條款，凍結諸多國民的政治權利。1949年宣布戒嚴，並制定動員戡亂時期懲治叛亂條例，1950年頒行動員戡亂時期檢肅匪諜條例，並沿用1935年的刑法一百條，1952年的出版法等法令條例，蔣介石以反共之名建立戒嚴威權體制，運用這些惡法整肅異己，這些惡法長期箝制台灣社會，直到1990年代才修廢鬆綁。

嚴刑竣法之外還建置嚴密的社會控制體系，包括台灣省保安司令部、警備總部、保密局、憲兵、情報局、調查局、警察甚至中國國民黨的組織，嚴密監控社會，對批評政府，反對國民黨或蔣介石，主張民主自由或台灣獨立，或與共產中國有所往來者，不管言論或有行動，常都被處以極刑。長輩諄諄告誡子女不要摻政治。早年憲兵警察都戴白頭盔，民間未必知曉何謂「白色恐怖」，但對「白頭盔仔」長懷戒慎恐懼。這些惡法和情治機構，不只殘害無數生命，造成家庭破碎，親人被牽累飽受折磨。導致台灣人迴避遠離政治，讓蔣介石及其黨國體制更毫無忌憚的專權濫權。尤其在威權體

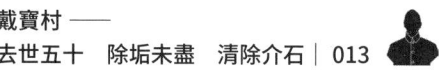

制下，政治案件主要由軍事審判程序進行，行政常干預審判，蔣介石更直接介入審判，被他改批死刑的案件259案，900多人罪不致死，卻因他的「槍決可也」幾個字命喪黃泉。

獨裁專政

蔣介石在1948年4月當選中華民國總統，因國共內戰而在隔年1月21日引退下野，名義上由副總統李宗仁代行總統之職，他則以黨總裁掌控軍政，1949年底國府全面撤遷來台，1950年3月1日「復行視事」，之後藉臨時條款使總統成為終身職至1975年死而後已。接著父死子繼由蔣經國接掌大位，1988年蔣經國去世，主宰台灣長達40年的蔣氏王朝才告終結。因長期動員勘亂中央民代及省長和直轄市長都不能民選，強人獨裁體制下，「外省人」族群成為外來遷佔政權核心，不只剝奪台灣人的權利，也讓外省族群產生支配者優越感，難以養成民主觀念，不易融入本土社會。

在戒嚴體制下，組黨、言論、出版、傳播、集會、結社、遊行等都受嚴格禁止管控，使中國國民黨長期一黨獨大，以黨領政以黨領軍，透過反共救國團影響學校及青少年，實施嚴密社會控制。另將黨意融入學校教育，如長期必

修的高中的三民主義和大學的國父思想課程，如三民主義還曾以一學年課程，卻占大學入學成績的六分之一比例。尤其是黨國體制使中國國民黨擁有龐大黨產，可充裕支持黨機器運作，也可運用黨產對本土政治人物建立恩庇侍從關係，更常運用於選舉動員，尤其是透過賄選買票，用來鞏固其統治基礎。長期壟斷權力與利益的中國國民黨在2000年政黨輪替之後，失權失錢後無法適應民主化的台灣本土社會，由於中國國民黨和中國共產黨形同「兄弟」，蔣介石的反共是工具性的策略，並非立足於台灣的反共，政商結合的政客居於在中國的經貿利益，失勢後的國民黨竟轉而聯共反台賣台，暴露寧予敵人不讓家奴的真面目，一年多來立法院藍白聯手胡作非為的立惡法砍預算，完全是報復式的毀台亂政。

國家神學

蔣介石要將帶來台灣的中華民國流亡政權合法化，致力營造中華民族、中華民國、中華文化三位一體的國家神學，用國家機器灌輸民族主義，要塑造中華民族中國人，堅持在台灣的中華民國是代表全中國的法統，儒家文化為主的中華文化則是輔助政權的道統。利用民族精神教育，扭曲改造台

灣人成為龍的傳人炎黃子孫，針對山地原住民，施行更嚴密的山地管控，施予同化教育，導致原住民產生相當高程度的中國人認同。台灣是由南島語族原住民和漢語系移民所形構的國家，清治時期的閩粵移民早就落地生根在地化，即便1949年的晚期移民也進到第三代本土化階段，但中華民族主義的遺毒甚深，動輒「兩岸一家親」，中華民族的感召更是中國對台統戰的利器，至今部分台灣人的認同錯亂仍是內部的危機。

　　蔣介石長期堅持中華民國的虛假法統，讓台灣的國際地位陷於困境，如1971年聯合國處理中國代表權問題，因他堅持漢賊不兩立，楊西崑提出兩個中國並存的方案，包括如 Chinese Republic on Taiwan（CRT）或 Republic of China on Taiwan（RCT）都被拒絕，遑論有些國家提議讓中華人民共和國入聯擔任常任理事國，台灣作為一般會員國保留在聯合國的一中一台方案，都被蔣介石的「慎謀能斷、莊敬自強、處變不驚」打斷，從此中華民國外交一落千丈，台灣的正名也一路艱難。1981年蔣經國也拒絕奧運會提出用台灣名義代表隊出賽的建議，結果採用 Chinese Taipei 代表台灣，這個奧運模式漸成為台灣在國際間的稱號。2002年以台灣、澎湖、金門、馬祖（TPKM）關稅領域加入世貿組織，台灣只

是一經濟地理區而已。

利用文化道統鞏固政治法統的作法，包括強力推行國語政策，幾乎消滅台灣本土語言，導致文化斷層，弱化台灣認同，還造成本土語言是低俗次等文化，本土語言族群產生自卑與異化情結。教學課程一直以大中國主義的歷史和地理教材為主，台灣歷史地理文化的教材被限縮減化，或只是依附在大一統中國架構下的規訓工具。台灣史的研究長期受到打壓限制，尤其二二八事件與白色恐怖相關歷史更是禁忌，因此真相難明，因為無知久而變成強迫性遺忘，當今要探求真相推動轉型正義，常被扭曲為清算鬥爭甚至是「嫌惡」之事。蔣介石的中華文化建構工程以 1966 年所發動的中華文化復興運動最具代表性，涵蓋國民生活輔導、促進文藝研究、學術研究出版、教育改革等各層面，本土藝術音樂文化，本土文化的發展空間更形窘促。1967 年藉著九年國教的實施，透過小學的「生活與倫理」和國中的「公民與道德」課程，要教育出「活活潑潑的好學生」、和「堂堂正正的中國人」。這種長期喪失與土地人民連結的文化政策，以及違反教育原理與台灣主體性的教育，對台灣社會影響深刻，即便歷經民主化已超過 30 年，民主形式的政體（democraticstate）已建立，但邁向正常化的國民國家

戴寶村 ——
去世五十　除垢未盡　清除介石｜017

（nationstate）仍然顛仆緩進。

清除介石

　　蔣介石和其兒子蔣經國主宰台灣政局40年，蔣介石在世時敢批評他個人或政治都可能遭受極刑身家性命不保，他死後仍長期被奉為民族救星、世界偉人的神明，民主化之後他固然不再受盲目崇拜，他的行事作為也被揭露檢討，但最具體直接可見可及的威權象徵如銅像塑像、道路名稱、場館空間等依然長相左右，這對於在國際間已擁有高度民主自由評價的台灣，仍有如此多的獨裁者威權象徵，無疑是最大的諷刺。

　　清除威權象徵是「促進轉型正義條例」所列的重要工作之一，也是有台灣主體意識和民主素養民眾的強力訴求，2025年適值蔣介石去世五十週年，正是努力推動清除不義之垢的時間點，破除對獨裁者的崇拜迷思，從知蔣而去蔣，清除一件就少一件，不作不會變，有作就向前，往後持續推動，讓台灣是真正的清新美麗島，朝向正常化國家邁進。

主編序
瞧！這個獨裁者

◎ 沈清楷

比利時魯汶大學哲學博士

　　普丁執政已25年、且正邁向續任至2030年，中國國家主席習近平有樣學樣，2013年上任的他，直接在2018年修憲，成為終身制主席，現已進入第三任，如果我們覺得這些獨裁者太誇張，那這個人在台灣當總統做到第五任內死亡為止，長達26年。

　　如果，我們難以理解前北韓領導人金正日2011年死時，為何路上一堆人著魔似呼天搶地、如喪考妣，那這個人也不遑多讓。50年前，也就是1975年，這個人死時，他創造的黨機器，不僅讓電視由彩色變黑白，連天氣不好，都被宣傳成鬼哭神號、天地同悲，學校公務機關人員都要披麻戴孝、沿路跪哭……。

　　我們或許會懷疑當時人民真的對這個人如此感恩戴德？

不過，尋思一想，我們應該要更驚訝的是，當時台灣社會竟如此地被全面控制。

如果，這個人被稱之為台灣二二八大屠殺的元凶，那他更是在 1949 年開啟了台灣長達 38 年戒嚴，並讓台灣歷經 43 年白色恐怖的始作俑者。[1]

這個人佔領台灣，大言不慚地以「自由中國」自居，而他以獨裁、極權統治下的台灣，「既不中國，也不自由」。

這個人介入司法審判　970 人改判死刑

根據促轉會的《任務總結報告》提到，戒嚴時期有 7,822 筆政治案件判決，這個人親自介入高達 3,469 件。[2] 遑論「不公開」的軍法審判，讓當事人「不能自請律師」、判決後還「不許上訴」等等不義制度對人權造成的侵害。

這個人不是法官，但是在判決書上，會批示著「應即槍決可也」，這個人任意更改刑度，更是司空見慣，如「凡判處十二年以上徒刑者，一律改處死刑」。

根據沈筱綺教授研究，台灣威權獨裁統治時期被判死刑有 1,153 人，259 個案件中的 970 人，被這個人直接批示：改判死刑。這當中有多少隨意羅織的冤假錯案、多少亡魂枉

死者，讓背後多少家庭因而破碎？

利用國家機器「合法」殺人，從判決看到，這個人殺人如麻，豈是簡單「威權」、「獨裁」、「專擅」等詞可以一筆帶過的？

台灣還在崇拜獨裁者？

然而，並未因這個人死掉，這樣的全面控制就有稍微消退。這個人死後，被寫成紀念歌，歌詞極盡諂媚、阿諛、浮誇、失真之能事，他被唱頌為「人類救星、民主長城、自由燈塔」。

在黨國宣傳機器的催動下，國小音樂課本要出現、音樂課必須教唱，還是軍歌比賽指定曲，國民黨的造神，讓整個社會陷入更大的謊言之中。

台北市中心還矗立著一座用來紀念這個獨裁者的巨大紀念堂、以國家的資源紀念著他。

在這個獨裁者統治下所建立的黨國體制，台灣不僅是地方的、邊陲，更被貶抑深度不足、次等、甚至連審美都是低俗的。導致許多台灣人崇尚遙遠縹緲中國、輕忽身處的台灣在地，這完全是各種殖民統治的翻版。

沈清楷 ——
瞧！這個獨裁者｜021

就這樣，許多台灣人無意識地自我貶抑，即使台灣解嚴了，國民黨黨國意識形態所操控虛構的、片面的、扭曲的大中國思想，繼續奴役著許多台灣人的心靈。

怎麼辦？

不消說，這個人、這個獨裁者就是蔣介石。只是台灣許多人不知道他所做的事，竟是如此罄竹難書。

過去為了民主奮鬥的人，從黨外集結成了民進黨，從在野到執政，從朝小野大做到完全執政，也不斷對外宣揚台灣的民主化歷程，但蔣介石的雕像、中正紀念堂、10 元硬幣上的蔣介石……還有中國國民黨，時至 2025 年卻依然存在？

怎麼辦？我們就這樣等待著擁有權力者的不作為，從憤慨轉為嘆息，說服自己：人生有許多不得已，然後自嘲著自己不夠開闊、不夠現實、依然不合時宜……然後就不再信任了自己堅信的價值？

怎麼辦？就這樣放棄？已願他力？不是口口聲聲捍衛民主的價值，怎麼一點小挫折就懷憂喪志，喊什麼打倒國民黨？這代做不到，下一代繼續做，不是嗎？

022 ｜全面控制

挖坑、推坑、跳坑

在一次「519 行動組合」召開每月一次的決策會議時，戴寶村教授提到 2025 年蔣介石已死了 50 年，但中正路、中正堂、蔣中正銅像依然無所不在，中正廟（中正紀念堂）更是諷刺地成為台灣最大的觀光景點……。他充滿憤慨地說著。

王美琇召集人說道：「2025 年『白色恐怖記憶祭』活動之一，除了延續 2023 年『台灣不需要獨裁者紀念堂』快閃行動，我們更要『跟蔣介石算總帳』。」她眼神發亮地說道。

在戴寶村教授的諧音哏「去世五十、清除介石」的激發下，一群人熱血沸騰地附議道：「一定要做」，紛紛彼此相互設計，挖坑、推坑，更有自己跳坑，好不熱鬧。後來也多虧了呂昱大哥、吳豪人教授、羅承宗教授的協助，這個《全面控制：總體檢蔣介石獨裁統治及其影響》企劃於焉形成——先辦研討會、再出專書。

這本書除了名為「去世五十、除垢未盡」研討會的 5 篇文章，亦收錄 9 篇重要並且必須讓台灣人知道的訊息與知識，各個作者進行改寫、添刪增補下，讓我們更容易進入這些嚴謹又批判的研究，其中也包括民間策展、創作以及教學現場

等場域，對台灣當下對於去除威權象徵的反思與積極努力。

用書寫對抗著失憶　起而行動

　　沒有記憶，又如何想起？當我們憤怒地指責別人為何不知道時，只是無效溝通，也無法形成共同前進的力量，就讓我們慢慢地透過《全面控制：總體檢蔣介石獨裁統治及其影響》這些引人深思的文章，瞧瞧蔣介石這個獨裁者曾做過的事，再去看看那些存在我們生活周遭、陰魂不散的蔣介石銅像、中正廟、中正路、中正國小、國中、大學……，然後想想我們到底怎麼了？

國民黨的黨國戒嚴體制來了

　　身為政治受難者的呂昱，為文批判蔣氏父子對台灣社會的箝制，「反共」神話只是為了鞏固其獨裁統治。蔣介石以反共之名，實則用戒嚴體制、壓制異議，並以黨國機器造神鞏固其虛假形象，因而留下難以抹滅的白色恐怖與黨國體制的遺毒。

　　薛化元教授指出，在蔣介石父子的強人意志下，一步步

建立黨國威權體制，國民黨透過政黨侍從主義、選舉侍從主義及列寧式黨國控制，鞏固權力。「黨即國」的模式下，罔顧權力分立、獨大行政權，國民黨以黨領政、軍，綿密佈下黨的監控網絡，壓制異己、戕害人權。

不改犀利嘲諷風格又透露著嚴肅的吳豪人教授，點出蔣介石獨裁統治使台灣退步至蠻族統治的層次。蔣介石雖反共，但其訓政模式未能推動真正的人權進步，反而延續了獨裁與奴性文化，製造了許多堂堂正正的奴才。

七位一體　獨裁者的專制與恣意

吳俊瑩教授探討蔣介石「黨、政、軍、警、特（特務）、教、報（媒體）」，七位一體的交互作用，如何在台灣去台灣化、再（更）中國化，還在 1966 年發起中華文化復興運動，以文化鞏固政權正當性，最後凝聚在塑造對蔣介石個人崇拜。而這個文化霸權，盤根錯節於台灣社會，影響至今。

李筱峰教授回顧了蔣介石在二二八事件中政治和歷史責任。蔣介石在 1945 年代表盟軍接管台灣時，實行類似日本殖民的統治方式，派了軍紀敗壞部隊的進駐，造成民眾極大反感。事件爆發後，他輕信片面情報，貿然出兵鎮壓，導致

沈清楷 ——
瞧！這個獨裁者｜025

大規模屠殺和社會菁英的有計劃捕殺。

林政佑教授著墨於蔣介石時期的軍事審判制度，以及戒嚴時期對司法獨立的戕害。蔣介石所介入數千件的案件，不顧證據、任意地「核覆」影響判決，且通常傾向重罰，甚至改判死刑。

而蘇瑞鏘教授更聚焦於蔣介石的「核覆」，看到蔣介石作為一個獨裁者的專制與恣意，如他對叛亂與匪諜的定義極為寬泛，如批評他的人或提出改革建議者，皆可能被視為叛亂或匪諜。

林政佑、蘇瑞鏘兩位教授都用證據，帶我們看到蔣介石不僅識見短淺、氣量狹小，更是恣意、專橫、殘忍。

情治監控、山地管制　黨營事業的利益勾結

劉熙明教授指出戒嚴時期的台灣，蔣中正與蔣經國父子如何允許並縱容情治單位濫權造成眾多冤案，與情治系統形成共生體，製造了大量「不當審判」。兩蔣打壓政治異議人士與思想叛亂者，採取「寧可錯殺三千」的手段，鞏固威權統治，形成白色恐怖。

顧恒湛教授指出蔣介石視台灣山地為軍事要地，以黨國

勢力滲透原住民社會，他聚焦於 1949 至 1958 年間蔣介石透過山地管制、情報蒐集及警備系統統整，強化對山地的控制。同時，藉由組訓山地青年服務隊及國軍山地團，動員原住民族人力資源以應對戰爭需求。

政黨還可以經營事業？長期研究國民黨黨產運作的羅承宗教授，指出蔣介石時期的國民黨黨營事業利益勾結網絡，從初創到逐步擴展，從台灣延伸至境外，涵蓋了文化與經濟領域，例如《中央日報》、正中書局等文化事業，以及裕台公司、中華開發信託公司等經濟事業。

去除威權象徵　記憶、創造、行動　深化公民意識

長期投入口述歷史、記憶策展的曹欽榮先生強調，口述歷史、檔案調閱對於揭示威權統治過去的重要性。透過受難者的故事、檔案照片及遺址紀念地，彰顯轉型正義的文化效應。台灣的民主記憶需持續深耕，以克服獨裁統治遺留的文化破壞，進而推動公民批判性思考與民主意識。

台灣文學已經呈現出對蔣介石銅像的逆寫與解構，甚至形成「銅像文學」對威權象徵進行反思，李淑君教授指出有三條主要路徑：「批判威權象徵」、「世俗化解構神聖

性」、以及「諧擬與鬼怪化」。許多作品透過反諷與挪用，挑戰蔣介石的威權象徵並重寫其文化意義。

台南一中國文科老師丘念佳以〈當銅像倒下，正義才能站起〉為題，分享她以蔣介石為例的教案設計，透過批判性思考，結合歷史教育與社會對話，讓學生理解民主社會應該如何處置威權象徵。教案也透過藝術作品與案例討論，反思威權延續的根源。她提醒我們深化公民意識，要透過解構威權遺緒，才能真正完成民主化轉型。

追求台灣主體性　克服威權恐懼

黃居正教授指出現代國際法秩序下，蔣介石集團對台灣的征服與兼併已不被承認。從舊金山和約和日華和約都顯示出台灣國際地位未定，然而，蔣介石長期軍事佔領和威權統治，阻礙台灣去殖民化與自決權的實現。

即使，隨著民主化、本土政權完全執政，黃居正看到威權恐懼心理深植台灣社會，台灣人不敢追求獨立、顯示出對台灣主體性追求的不足，如 2018 年東奧正名公投的失敗。

政治受難者、作家陳列所寫的「519 行動組合」宣言，更代表著面對在我們的空間與心靈有意識或無意識留下的黨

國沈疴，我們沒有捷徑，只能不停喚醒著集體失憶、敲打著麻痺，如 2024 年的青鳥行動、2025 年的大罷免行動，用記憶、創造、行動，為清除蔣介石這個獨裁者所留下的戒嚴遺毒，繼續奮戰。

台灣在歷經蔣氏父子 38 年的戒嚴後（1987 年解嚴），而今（2025）年 9 月 10 日，這一天解嚴時間多於戒嚴；距離 1975 年蔣介石的死亡，已經過了 50 年。

而我們是否真的有好好地瞧這個獨裁者？

---

1. 即使 1987 年 7 月 15 日「臺灣省戒嚴令」解除，結束了戒嚴，不過尚有「動員戡亂時期臨時條款」（1948/05/10-1991/05/01）、「懲治叛亂條例」（1949/06/21-1991/05/22）、「戡亂時期檢肅匪諜條例」（1950/06/13-1991/06/03）三大惡法，繼續在所謂的「解嚴」之後，箝制人民的自由。
2. 促進轉型正義委員會，《任務總結報告第三部促轉會規劃之推動轉型正義方案》（2022 年 5 月 22 日），頁 122。https://gazette2.nat.gov.tw/EG_FileManager/eguploadpub/eg028098/ch01/type7/gov01/num2/images/Eg04.pdf

沈清楷 ——
瞧！這個獨裁者

目　次

總策畫序 1 ／沒有清理過去，我們如何過得去？◎王美琇 … 003

總策畫序 2 ／去世五十 除垢未盡 清除介石◎戴寶村 ……………… 009

主　編　序／瞧！這個獨裁者◎沈清楷 ……………………………… 019

| 呂　昱 | …………………………………………………………… 032 |

其實，沒幾個台灣人真的認識「蔣介石」！

| 薛化元 | ……………………………………………………………… 066 |

蔣介石與威權體制的建立

| 吳豪人 | ……………………………………………………………… 112 |

台灣人權發展史上的絆腳「石」
淺談人權文盲蔣介石

| 吳俊瑩 | ……………………………………………………………… 134 |

蔣介石的文化霸權

| 李筱峰 | ……………………………………………………………… 174 |

蔣介石與二二八
蔣介石在二二八事件中的責任

| 林政佑 | ……………………………………………………………… 210 |

蔣介石與政治案件的審判

蘇瑞鏘 236

蔣介石在白色恐怖中的角色
以「核覆」為中心

劉熙明 260

蔣中正與蔣經國在戒嚴時期「不當審判」中與情治單位的關係

顧恒湛 294

蔣介石與台灣山地的軍事化與動員（1949-1958）

羅承宗 324

蔣介石來台後黨營事業的歷史輪廓
以年譜長篇、黨務報告等相關事實認定為考察

曹欽榮 356

我們的民主記憶

李淑君 378

逆寫銅像・從神到鬼
蔣介石銅像的神格威權、世俗解構與諧擬鬼怪

丘念佳 396

當銅像倒下，正義才能站起來
清除威權象徵的教案設計——以蔣介石為例

黃居正 418

蔣介石與台灣的國際法律地位

跋／「519白色恐怖記憶日」宣言◎陳列 452

其實，
沒幾個台灣人真的認識「蔣介石」！

呂昱
政治受難者、作家

蔣介石在台「飲恨壽終」50年！

今年 2025 年，時序上可以抓到多重意義：

1. 1945 年，蔣介石當時代表的中國政府奉盟軍令《一般命令第一號》（General Order No.1）執行軍事佔領台灣，迄今滿 80 年；

2. 1949 年，蔣介石政權因中國內戰「剿匪」遭到全面反噬傾覆而「選擇」流亡到台灣，台灣也因而在逃難大軍壓境下組建了獨裁殖民政府「中華民國」，迄今滿 76 年（1949-2025）；

3. 1949 年，蔣介石命令其所佔領的台灣「省政府」宣布實施戒嚴長達 38 年，迄至 1987 年，才在內外形

勢壓迫下，由「中央政府」逐步解嚴迄今（2025）滿 38 年；惟實際上，當時對反對人士的嚴密監控並未稍緩。此一戒嚴遺緒，經台灣人民反覆抗爭與示威下，直到 1992 年刑法 100 條修正，才正式結束了「意圖」叛亂罪。

4. 而今這一年，正好是蔣介石在台「飲恨壽終」滿 50 年（1975 - 2025）。

這幾個數字，在台灣人的想像中或所能理解的意涵其實都具有不同詮釋，卻也是形構（figuration）台灣多數人思想混亂與衝突淵藪的基本源頭之一。延續到 2024 年的這一屆新選出的國會，正在反覆上演的各式荒謬鬧劇，可視之為台灣人長期思想混亂衝突所造成的極度危機感又再一次集其大成。

永久「暫厝」台灣

我稱蔣介石在台「飲恨壽終」，本身就是一個滿是矛盾與衝突的形容字眼。所謂「壽終」只是指其生命已亡故，縱使其畢生殺人無數而被定調為世界五大殺人魔王之一。然而，這位大魔王不僅高壽以終，還能夠享有「帝王」式的超級盛大葬禮，完全推倒「惡有惡報」的正向倫理規訓。只

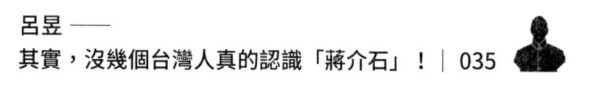

是，其靈柩並未得到「入土為安」的處置，而是被家人們「暫厝」於慈湖湖畔。當然，此事的最主要決定權就必定是皇位繼承者的蔣經國莫屬。

所謂「暫厝」，意思是將屍體棺木停放待葬或淺埋以待日後改葬。中國歷史上最著名的「暫厝」，就是南宋帝王陵在紹興的「攢宮」，皇帝皇后的靈柩埋葬很淺，意暫厝於此，以示日後「收復故土」之決心的政治宣告。可是，蔣家後代經歷了這50年卻依然下不了決心改葬以致永難「安息」的結論以觀，蔣介石的「飲恨」態勢似乎只好沒完沒了地繼續下去了！

在台灣的正常人家普遍會認為：人死後必須下葬，亦即所謂「入土為安」。但據說，當年曾經有勘輿師好言建議過蔣經國：「為了你家祖上風水和後輩的運勢考慮，你父親浮棺，還是應該入土為安的好。」但蔣經國未聽取建議，他交代家人，去世後，將自己和他父親一樣「暫厝」。所以，1988年蔣經國去世後，其後代們亦將之「暫厝」於「慈湖陵寢」2公里外的大溪「頭寮陵寢」。

這似是要告示世人們：蔣氏父子「反攻大陸、收復故土」之決心嗎？然而，「陵寢依舊在，幾度夕陽紅」，幾十年後的現在，在台灣，無論是蔣家後裔抑或是其建立的黨國

追隨者們，還有人相信「反攻大陸、收復故土」的這種政治神話嗎？

換另一種態度，改依一般民俗說法，從風水學上講究，家有浮棺長期不落土，乃對後代「健康不利」，這樣類似詛咒的習俗迷信是否已經成真？

在昔日黨國思維，黨庫通國庫乃天經地義。蔣氏父子的兩個「停屍處」（帝王才稱之為陵寢）維護費每年要花 4200 萬元公帑。根據報導，負責維護管理「兩蔣陵寢」的國防部，每年援例編列此一預算。其中包含：人事費約 1397 萬元、憲兵約 1481 萬元、儀隊約 1168 萬元、水費約 1 萬元、電費約 145 萬元等等。

此外，早於 2005 年，阿扁政府曾經在新店五指山國軍公墓花費 3142 萬 4439 元蓋了新的「兩蔣陵寢」的「蔣陵」墓園。[1] 惟，30 年來還花掉數十億管理費用，卻因為蔣家至今仍未表態移靈遷入 [2] 以致「荒廢」至今長達 20 年之久，乃至成了標準的「蚊子墓園」。

蔣經國過世 37 年外加蔣介石 50 年，兩處停屍間的總耗費已超過 40 億元。這筆帳仍繼續由台灣人民負擔中。沿襲的黨國思維也繼續伴隨著對人民屹立訕笑的「中正廟」一樣化入為想當然爾的「本來就是這樣」的一種慣性，或套用社

會學用語：台灣全民都不自覺地淪為「沉默的串謀者」？

請指認台灣島上的蔣氏大象

享譽盛名的社會學家伊唯塔・傑魯巴維（Eviatar
Zerubavel）出版一本名著：《房間裡的大象：日常生活中的
緘默與縱容》（*The Elephant in the Room：Silence and Denial
in Everyday Life*），[3] 該書出版簡介有一段精彩的三段論述，
很適合我們今天要談的相關主題：

> 每一個家庭，都有心照不宣的祕密。
> 每一個組織，都有集體避談的話題。
> 每一個國家，都有拒絕面對現實的政府。
> 明明大象就在眼前，大家假裝沒看見，絕口不
> 提，甚至否認有大象。
> 我們以為，閉上眼睛，日子好過一點。
> 我們以為，沉默保護自己，也保護別人。
> 於是當面對難堪與痛苦現實，我們寧可相信無知
> 是福。
> 珍惜著「鴕鳥權利」，集體沉默。

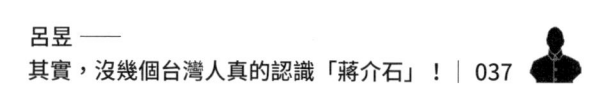

但集體沉默，讓我們付出高昂代價——

家庭中隱藏的祕密，留下難以抹去的傷痕；

組織裡盤踞的惡習，最後往往臭不可聞；

國家揮之不去的弊端，全民皆是受害者。

　　書中還引用了一段杜斯妥也夫斯基的名言：「世上許多不幸，源自⋯⋯沒有說出口的事。」作者據此衍生「人們常會拒絕承認明擺在眼前的事實，在無心或有意中，成了沉默的串謀者。」、[4]「世上許多不幸，源自沒有說出口的事。我們雖然自認只是不贊一辭的旁觀者，卻在不知不覺中，成了沉默的共犯⋯⋯」。

　　備受社會學界推崇的傑魯巴維，在這本歷久不衰的經典著作裡略帶悲觀地寫道：

　　要對「大象」視若無睹，得靠眾人通力合作。畢竟，公開的祕密「根本不是祕密，社會大眾得費好大力氣去避免注意或談到它們⋯⋯當家裡有這樣一個祕密，不啻在客廳中央擺了個 10 噸重的巨石，還不准任何人提到它。你總得繞道而行，

椅子的位置也得調整；你也許可以往它的方向瞥一眼，但不能直視它；一連串話題愈來愈觸碰不得」。人們如履薄冰，這樣的屋子就像地雷區，我們得戰戰兢兢繞著每個話題的邊緣打轉，「明白自己隨時可能踏上地雷。」

當然，人們基本上可以無所不談，就是不能觸及大象：

我們談論天氣。

我們談論工作。

我們談論所有一切事情——

只除了屋裡的大象。

那麼，在蔣介石已經去世 50 周年後的台灣，是否會如作者在該書中的預示：當我們都假裝沒看見、絕口不提、拒絕承認一件事情的時間越久，我們心中揭露這件事的欲望就會更強烈嗎？顯然不是的。

早在日本投降的 1945 年 10 月 17 日 11 時，首批形似乞丐群的殘破黨軍在基隆港大舉登陸，隨之次第佔領台灣。1946 年 6 月美國時代雜誌有一篇文章紀錄了一位台灣人向美國記者的無奈控訴：[5]

台灣人抱怨中國佔領軍掠奪庫存，使農作物、煉油廠、鐵路和發電廠遭到破壞。同樣憤怒的上海人也擔心，在本已十分糟糕的黑市中，會出現大量糖價操縱，因為他們只能從國營的台塑糖業公司購買糖。（Formosans complained that the Chinese occupation army was looting stocks, letting crops, refineries, railroads and power plants go to rack & ruin.）

……

台灣人這樣歡迎少數來訪的美國人：「你們對日本人很友善，把原子彈扔給了他們。而你們卻把中國人扔給了我們！」（Formosans greeted the few visiting Americans with: "You were kind to the Japanese, you dropped the atom on them. You dropped the Chinese on us!"）

此報導一語道破台灣人長期揮之不去的深沉傷痕！如今，仍羈留在台灣且自謂「中國人」的族群們該如何領會呢？

大陸有思想的中國人開始認同台灣人的看法。《紐約時報》駐中國記者大榮報稱：「從根本上說，中國沒有資格接管……她缺乏人力……技術……商品……資本。她治理國家，但效率低下。她只索取，不給予。這是政府的恥辱。」（Thoughtful Chinese on the mainland began to agree with the Formosans. Said Ta Rung Pao, China's counterpart of the New York Times: "Fundamentally speaking, China was not qualified to take over . . . she lacks the men . . . technique . . . commodities . . . capital. She governs, but is inefficient. She takes, but she does not give. This is the government's shame.")

80 年前的這篇外文報導，在相隔 80 年之後展讀，其悲憤苦楚仍然歷歷在目！吾人不免要問：難道這真的是台灣人永難擺脫的輪迴困境嗎？

蔣介石的神話的追隨者猶剩幾多？

中國浙江大學楊樹標、楊菁兩位史學教授合撰的《蔣介石傳（1950-1975）》[6]的封底書介明白標示了一段這樣的註曰：

> 這位儒家傳統文化熏陶出來的資產階級代表人物，他革過清王朝的命，革過北洋軍閥的命，中國人民起來又革了他的命，最後按照他的邏輯說法──丟掉了大陸（中國）。他內心世界是痛苦的。聽台灣的朋友說，據聞常常聽到在陽明山腳士林官邸蔣介石的住處傳出蔣介石的長嘆之聲。這一聲長嘆，很響，很單調，也很刺耳。他嘆什麼呢？嘆他一生如此結局，嘆他丟掉了大陸偏安一隅，嘆他無法變「夢」為現實？這一聲長嘆也許是一個謎，既易解又不易解。

其實這段話看似表述了蔣氏的中國皇帝夢碎以致死不瞑目的終生遺憾，只是在現實上，他流亡台灣的下半生縱令是所謂的「偏安一隅」，卻是成功頂帶著「獨裁者」（dictator）封號而享壽以終的。

042 | 全面控制

早早顯露的掌權野心

我們不妨回頭望向 1948 年 5 月 20 日那一天，蔣介石才在南京剛宣誓就職首任「中華民國總統」，照理應當是「躊躇滿志」正準備大展其鴻鵠之志的開始，很無奈，他卻在就職當天的日記中寫下「滿篇愁鬱、亟思引退下野」的喪志頹文：

> 今日為余就總統職之日，心緒愁鬱，精神沉悶，
> 似乎到處都是黑暗，悲傷淒慘未有如今日之甚。
> 每念國家前途，人民苦痛，以及革命責任，惶惑
> 不能自解。當選以來，無時不作辭退之想。而今
> 日就職，則更切辭職之念矣。
> ⋯⋯
> 黨員之跋扈囂張，只顧爭權奪利，而不能存有革
> 命歷史與民族利益之存在也。黨紀掃地，黨性蕩
> 然，如何能維持現局，戰勝共匪。無奈只有決心
> 辭職下野之一途而已。
>
> ——蔣介石日記，1948/5/20

無疑的，他登基坐上大總統寶座並不特別情願，所以才會在就職日的日記上大發牢騷曰：「黨員之跋扈囂張，只顧爭權奪利。」這跟他逃難到台灣之後黨政軍特一把抓，以及在後半生的一波又一波的造神運動，不僅連選五任「總統」而備享帝王尊榮，甚至死不後已，還繼續操弄肆虐人民思想感情的情境顯然大異其趣。

蔣介石之所以甫才當選就「無時不作辭退之想」，癥結仍在權力的考量。若依照當時的憲法規定，所謂「總統」其實只是禮儀上的國家虛位元首，根本掌握不了實權，因此，蔣介石完全看不上此一職位。就像之前在「抗戰」期間，他也完全看不上「國民政府主席」一樣，是以才讓林森擔任「國民政府主席」，名義上林森是國家元首，其實他自己擔任軍事委員會委員長，完全掌握軍權，在戰爭時期統領一切的權力。

另外，考慮到當時美國人對蔣介石政府的無能非常失望，美國政府一直傳出耳語說要減少對蔣氏政府的援助。蔣介石為了避免刺激美國而建議由文人學者胡適參加總統競選，其主要考慮點應該是「胡適很討美國人緣」。不過經過國民黨臨時中全會黨內協商時竟遭到群體反對，這也是蔣介石會在日記痛罵「黨紀掃地，黨性蕩然」的情緒反應。不

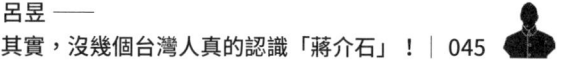

過這次會議最後還是搞出一個《動員戡亂時期臨時條款》的獨裁工具，規定總統職權在「戡亂時期」可以不受憲法的約束。無奈，蔣介石還來不及享用為他特別設計的這套獨裁工具，內戰戰場局面已急轉直下，距其就職日才過半年多，於1949年1月21日，即在來自各方的逼迫之下，宣布隱退，由李宗仁代理總統職務。

　　蔣介石名份上雖然引退，實質上仍具有國民黨總裁之職。他回溪口之後，幾乎每天訪客不斷，也隨其意志召喚黨政軍特等親信嫡系部屬如湯恩伯、吳忠信、張羣、陳立夫、王叔銘等要員並直接下達各種指令，所以即使名為下野，實際上仍是權力核心的實質領導者。

　　可是呢？縱然如此，蔣介石還是把他那已是滿目瘡痍的河山盡數丟失了——他被畢生宿敵毛澤東趕出了中國。

　　在1946年的國共內戰中，蔣介石當時自擁他所號稱為數430萬5000人的龐大部隊，大幅超過毛澤東旗下的解放軍低於120萬的「土八路」，才兩年對戰下來，蔣介石卻居然被解放軍一路追殺，終於不得不放棄中國領土而退守台灣一隅。

　　1949年5月底共產黨橫渡長江，蔣介石的軍隊開始潰逃，國民黨的第一批大規模難民流向台灣，戰後的島上人口

猛然增加到 650 萬，成了最大難民島。

這部分，在楊樹標和楊菁合著的《蔣介石傳（1950-1975）》一書中有相當篇幅加以敘述，此處不贅。我們目光不妨直接移到蔣介石的龐大部隊被共產黨陸續摧毀後，率殘部流亡到台灣來坐地為王當起皇帝的那段經驗。

1949，一百萬名流亡過客

在另一本西方學者出版的《蔣介石：失敗的勝利者》[7]裡，我們被不斷問到：如此充滿矛盾一生的蔣介石評價到底算是失敗者或勝利者？其介紹文曾提出十分寫實的疑問：

> 他贏了戰爭，卻輸了江山；贏了政治，卻輸了歷史。
>
> 他的一生究竟是失敗還是勝利？
>
> 蔣介石──一個失敗的勝利者，也是勝利的失敗者，
>
> 他雖勝猶敗，又在敗中求勝，
>
> 打贏二次世界大戰，卻輸掉國共內戰；

長期在臺灣掌握權力，死後卻遭到嚴厲批評。

曾被尊為民族的救星，現卻被貶為歷史的罪人。

　　該書作者是俄裔美籍歷史學教授亞歷山大‧潘佐夫（AlexanderV. Pantsov）。之前，他還有另一本與之齊名的傳記是《毛澤東：真實的故事》（*Mao: The Real Story*）。[8]

　　這位專精「中共黨史」的土耳其裔美國學者阿里夫‧德里克（Arif Dirlik），在其過世前一年的 2016 年，曾經應成大台文系之邀請來台發表系列講座。台灣在其身後將此行演講的紀錄，包括五篇講稿和一篇訪談編輯成書在台出版《殖民之後？：台灣困境、「中國」霸權與全球化》，[9] 我們在這本書中看到他體察我們這座「島嶼共和國的人民」內具著「兩種矛盾對立的衝突聲音」，他感慨道：

　　　　原來隨著我在 1990 年以後的幾次造訪，這已不
　　　　知不覺間累積成為我對絕大多數台灣民眾的看
　　　　法。跟我 20 年前在台灣待了一年所得到的印象
　　　　截然不同。當時，像我們這種外國人最有可能碰
　　　　到的台灣居民，仍想像自己僅是這座島嶼的過
　　　　客，很快就會回到他們在大陸（中國）上「真正

的」家。這種想望也讓他們與家就在這座島上的大多數人始終有隔閡，而後者跟這些來自大陸的征服者在文化上也有明顯的差異。這座島似乎因為缺乏某種安定感而失重，島上的文化彼此格格不入。

德里克第一次到台灣，是在 1969 年以研究生的身分來學中文。我們可以理解，那時候他所能接觸到的台灣朋友，應該是多數屬於逃難來台的中國難民之第二代居多。這些昔日友人延至 2025 年的現在也多已是 70-80 歲的老人。這些人在當時基本可以認定為絕大多數都是滿腦子充斥著「反攻復國、還我河山」的黨國印記，或者就如國民黨制式愛國歌曲「中國一定強」那樣唱著唱著，高亢的情緒立刻會讓整個人飛昇起來似的。唯有在那樣人為製造的情境下，才會讓德里克認為當時的島上的台灣人全都只能「想像自己僅是這座島嶼的過客，很快就會回到他們在大陸（中國）上『真正的』家」。

隔了很長時間，1990 年之後，德里克又多次短期造訪台灣，這段日子正好是台灣才剛宣布解嚴卻仍未完全解嚴的巨變形勢下，這時他「才突然發現台灣民眾（the people）的變

048 ｜ 全面控制

化如斯巨大」！就在這段國民黨專制統治已迫臨變體求生的年代裡，德里克才真實看到另一群迥異於 20 年前他在台灣相處過的「過客型人民」，他無異是感覺到相當震驚的。套用他在該書中的觀察：對岸大陸日益崛起的強權是台灣人民「生活中時時存在的威脅，他們不免憂心忡忡。儘管如此，他們的行為舉止，以及在面對自己是誰、自己為何在這裡等等問題的舉止和應對上，卻顯得一派泰然——不妨就用人類學家沙學漢（David Schak）在文章中的描述，稱之為一種溫暖的「公民心」（civility）吧。」

德里克很坦白地承認道：

> 正是他們的安然自適使我恍然大悟，原來隨著我在 1990 年以後的幾次造訪，這已不知不覺間累積成為我對絕大多數台灣民眾的看法。跟我 20 年前在台灣待了一年所得到的印象截然不同。

若回到 1949 年，我一直很好奇，當時蔣介石兵敗而狼狽地被趕到台灣來，隨之逃難來台的中國人究竟有多少人呢？

翻查中山大學社會學系葉高華教授於 2021 年發表的〈從解密檔案重估二戰後移入臺灣的外省籍人數〉提供了比較可

靠的人口統計數字，葉教授在其結論如此記載：

本文利用總統府與行政院的解密檔案，推算 1956
年 9 月 16 日當下，臺灣與金馬地區共有 1,024,233
名外省籍軍民為二戰後移入。

這數字的深刻意義，乃在於，當年上百萬逃難的外來移
入者實際扮演著統治者，且長期壓制著 600 萬的台灣住民。
因為有絕對優勢的武裝力量，而且雷厲執行了無可挑戰「戒
嚴令」。

殺人無數的獨裁者，也配享「功過並陳」？

1949 年，蔣介石率眾逃難登台，先是在陽明山設立一個
流亡政府的「總裁辦公室」。是年 10 月 1 日，中共成立「中
華人民共和國」。翌年 3 月 1 日，蔣介石依據個人意志自行
宣布復職，繼續出任「中華民國」總統，亦即正式在台灣建
立一個號稱「自由中國」的新的流亡的殖民政權，並宣告台
灣成為「自由中國的復興基地」。

蔣介石與（不）自由中國

事實上，蔣介石幾百萬武裝力量被土共全面瓦解而被迫敗退來台灣之後，儘管不時地在各種公開場合揚言要在台灣「建立民主制度」，並自我標榜為「自由中國」，但西方政治界或學術界並不相信台灣的蔣氏政權屬於民主政體，相反的，批判蔣介石是獨裁者（Dictator）的各種報導倒是所在皆有。

極其諷刺的是，真正的自由主義者雷震先生所創辦的《自由中國》雜誌，[10] 卻因為強烈反對蔣介石連任總統並公然集結一群台派人士宣言組黨。斯可忍孰不可忍，1960 年 9 月 4 日蔣介石即下令發動大逮捕。該雜誌不僅遭到查禁，雜誌社諸同仁也全數繫獄。據事後的「機密檔案」完全揭露：蔣介石甚至毫不避諱地於 10 月 8 日直接在總統府內召集 14 名黨政軍特要員召開「商討雷（震）案」的極機密會議，而且當場明確表示：雷震的「刑期不得少於十年」，「覆判不能變更初審判決」。[11]

史學家蘇瑞鏘教授的論文〈從雷震案看戒嚴時期政治案件的法律處置對人權的侵害〉就有一段不平之鳴：

依據當時「軍事審判法」第160條的規定：「軍事法庭獨立行使審判權，不受任何干涉」，且該法亦未賦予總統在初審前得以介入審判的權力。且該法亦未賦予總統在初審前得以介入審判的權力。因此在這過程中，吾人即可清楚看到最高當局運用政治力違法介入審判的作為。然由於該案乃是當時國內外矚目的大案，吾人亦可見當局採用種種「合法」的手段來「依法」處置該案（如「依法」拒絕提審雷震、「依法」將非軍人的雷震等人交付軍事審判、「依法」將傳正連續感化兩次等等）。[12]

雷震叛亂案從立案到逮捕再到審判的整個過程，根本不演地100%基於最高統治者的個人意志而蓄意羅織，所謂軍事法庭公開審判完全是聽命行事的配套戲碼。

「槍決可也」

依此案例，身居最高位的統治者，一面高舉「自由中

國」之大旗，一面自行扮演來自地獄的「終極法官」角色，直接介入司法並逕予下令抓捕與判刑及處決，可謂是所在多有！一個統治者完全無視其制定及頒布的法律，直接在判決過程逕予加重刑期，甚至裁示「應即槍決可也」，就是非法殺人！如是稱其為「獨裁者」絕不為過。

遍閱已公開的「政治檔案」，蔣介石如此直接干預司法的案例，隨便抓舉都是一大把：

- 1951 年間，出身黃埔一期的「總統府」中將參軍徐會之原係依自首條例減處為有期徒刑 5 年，但送到總統府被加重改判為 15 年，可是簽呈送到蔣介石桌上後他卻即興大筆一揮直接下旨：「應即槍決可也」。

- 另一件 1951 年二月間，發生在高雄煉油廠涉及到十二人的叛亂案。保安司令部軍事法庭初審判決後呈經參謀總長核定時，以「事實未明確量刑未當」發還復審。但復審之後呈到蔣介石眼前，他居然直接批示：「凡判處十二年以上徒刑者一律改處死刑」。

- 1953 年間，在高雄執業的牙醫師黃溫恭先生：因涉及加入匪黨組織而遭誣指為匪諜罪名被判 15 年徒刑。未料，並未直接參與審判的蔣介石突然腦袋發昏，只

大筆一揮「黃溫恭死刑 餘如擬」，[13] 就決定了這位醫師及其全家人的厄運。

- 又如 1966 年調查局專員史與為一案，共 7 人被告，歷經七年關押審理，原判僅 2 人被處死刑。也同樣呈報至蔣介石處，蔣即批示：「凡已入匪黨而不事先自首者不得赦免應處極刑為要」。於是，該案 7 人全部改判死刑。此外，像不幸繫獄的高執德、陳心菜、康震、李玉堂、鄭文峰等人的遭遇莫不如是！翻遍已出爐的「政治檔案」，類似冤死案例歷歷在目多不勝舉。

- 另一件牽連到調查局內部幾十人分別下獄的第三處（偵防處）處長蔣海溶一案更是荒唐到無以復加。經查，蔣海溶於 1966 年 7 月 6 日被逮捕，1972 年以《懲治叛亂條例》第 2 條第 1 項被判處死刑，惟隔年由國防部覆判改處無期徒刑，隨即被移轉到綠島度其餘生。但在獄中已認命服刑 12 年的他竟突然想不開，於 1978 年 7 月 28 日於景美看守所內「莫名」身亡！到底是「自殺」或是「他殺」，儘管政治檔案已解密多年，迄未能找到其死亡真相！當時坊間曾有一種傳聞：「已經押送綠島服刑的蔣海溶，因蔣宋美齡突然

指示要重新調查，即被遣回台北重啟偵辦……」不過，蔣海溶謎樣的死亡真相係發生在蔣介石死後的另位蔣總統年代，而且這筆帳的源頭本來就是蔣經國在接班過程所發動的情治系統大舉清理「非我族類」之內鬥中的一椿罷了。也許吧，誠如國史館出版的專書《蔣海溶案史料彙編》所提示的：蔣海溶「作為國家長期戒嚴體制下情治與監控系統的一員，最終成為體制的受害者。」蔣海溶在獄中曾對同房難友自吹辦過數百個匪諜案的各種豐功偉績，結局卻極具諷刺性地把自己變身為匪諜乃至身陷囹圄，更且還為此殞命！

除了數萬件類此受牽連或被羅織的不當審判之外，另有軍事審判官因判決量刑太輕而遭到點名追究責任或直接裁決加以懲處者也所在多有，譬如：

1. 呂國昭叛亂案，其中一名涉案者何春輝一名，原判「以罪嫌不足擬不交付軍法審判」，但到了蔣介石眼前，負責審判的軍法官即受到嚴飭與質疑：「前次保安司令部裁定何犯不付軍法審判係何人所判決**須追究其有無舞弊情事**」？

2. 軍法官王名馴應**記大過一次**，餘如擬

3. 保安司令部軍法處長及本案承辦人員**如何議處**
   並應呈報
4. 徐運發等三名已否加入匪党 保安司令部**何以**
   僅判感化三年均應查報

……

　　類似這些政治檔案乃係前促轉會所曾整理的大量資料之露頭檔案,[14] 現在「多數」存放於「國家人權博物館」台灣轉型正義資料庫網站[15] 或行政院人權及轉型正義處。[16] 然而,所謂的已開放的「政治檔案」其實離真相的判讀依然盤根難解!太多被蓄意隱藏的政治秘密,即使經過幾次政黨輪替卻依然被鎖藏在黑暗的密窖令人難以企及。

　　不過,僅只已公開可以閱讀的這些龐大資料庫中,亦曾被整理出一份明白且清楚的統計摘要,是足以揭示一個蔣介石在白色恐怖各事件中所處置的駭人數據:

- 蔣介石直接介入的政治案件:高達 3,469 件。
- 威權統治時期終審判處死刑者共達 1,153 人;其中 259 案件有 970 人經過他直接批示改判為死刑槍決。

蔣家建置的列寧式一黨專政是禍害台灣的源頭

在 1970 年杭廷頓所編的書中，將 1949 年之後流亡台灣的蔣介石政權納入所謂威權主義體系。然而徵諸事實，來台後的蔣介石除了仰賴刑法之特別法（例如「戒嚴法」、「動員戡亂時期臨時條款」、「懲治叛亂條例」、「檢肅匪諜條例」等等）之外，同時還在其體制內整編了一套可資其長期利用驅使的龐大情治特務系統，其實就是豢養一大群「秘密警察」。職是，搭配著已經改造轉型後的列寧式一黨專政之國民黨組織，執行其「以黨領政」的專制體制，與其說是威權政體，毋寧更接近是「極權體制」。這種政權的唯一使命唯有如何維繫其統治的最大優勢，其餘皆假。藉此詮釋，我們即足以觀察出，蔣介石和蔣經國父子所最擅長的「反共」口號原就是個欺妄之術。

我們真的「認識」蔣介石嗎？

所以在「宣布」蔣介石過世的當晚起始，繼任者的蔣經國即汲汲於忙著掀起各種層出不窮的超級造神大運動。諸如利用其掌控的政府體制公告《紀念總統蔣公有關事項》七

點（1975 年 5 月 15 日頒訂），[17] 其中第 2 點明確寫道：由政府統籌於台北市興建一座「中正紀念堂」，所需經費除由政府撥款外，可接受各界自由樂捐，其他各地不必分別另建。但其中還又特別規定各縣市須設「蔣公銅像」且「其式樣由內政部統一訂頒」。很快地，隨後內政部即公布「塑建總統蔣公銅像注意事項」，[18] 明白揭示塑造「銅像之神貌應充分顯示蔣公慈祥、雍容之神貌，並蘊含大仁、大智、大勇、堅毅、樂觀之革命精神，與至誠、博愛、愉快、生動之神情。」，該規定更強調，「銅像神態應自然立姿、神態挺拔、舒適、栩栩如生」。緊接著在很短時間內，台灣各縣市政府與國中小校園、主要道路路口，陸續冒出一座座銅像，報紙上更是無時無刻不刊載「蔣公逝世、民心不捨」的新聞或長短式專論文章。

1976 年，蔣介石過世一週年，教育部奉令頒佈「全國各級學校紀念總統蔣公逝世週年有關事項」，要求台北市各級學校師生在 4 月 4 日，到「國父紀念館」所設置的蔣公逝世週年紀念會場行禮致敬。全國各校得辦理各項紀念活動。諸如：1. 出版紀念刊物、壁報。2. 舉辦總統蔣公勳業展覽。3. 舉辦紀念音樂會、演講比賽、寫生比賽、書法比賽、繪畫比賽、雕塑比賽。4. 舉辦登山郊遊活動等等不一而足。

2022 年，前促轉會在結束業務前曾公布一個不可思議的統計數字：台灣「公共空間中兩蔣塑像及遺像計有 1,235 個，命名空間 579 處，合計為 1,814 個／處。

公共空間的「蔣中正」，每個鄉鎮的「中正路」，鈔票裡的領袖圖案，讓台灣社會很自然地不間斷地接受與記憶被刻意塑造的昔日歷史。歷經幾個年齡層的台灣人民都在不知不覺間，使蔣介石的各型政治圖騰，以貨幣、銅像、路名、歌曲、典禮、公共空間……徹徹底底滲透到我們生活的每一個觸角。套用二十一世紀的中共最流行用語就叫做：「入腦、入心、入魂」，[19] 而這也正是在蔣介石死後 50 年的今天，其陰魂還依然存在於台灣社會並展現巨大影響力持續箝制台灣人民思想意志與判斷力的根本原因。

那麼台灣人民能因此而繼續保持悲觀嗎？其實我並無主觀意見。

在 2024-2025 年，我們明明看到蔣家所羈留的遺產之黨國後裔及其追隨者們都已紛紛遺棄「反共」意志而再也毫不掩飾地大舉投共、親共、媚共，那麼，他們對蔣家父子苦心塑造的偉大神話，到底還存在幾分信仰的真誠或歷史感情呢？

也許，我們還必須再等下一個 50 年，才能真正擺脫掉

蔣氏父子深埋在台灣人的黨國遺毒；也或許，其實台灣人民
多數並不太喜歡在悲觀中追求真相！

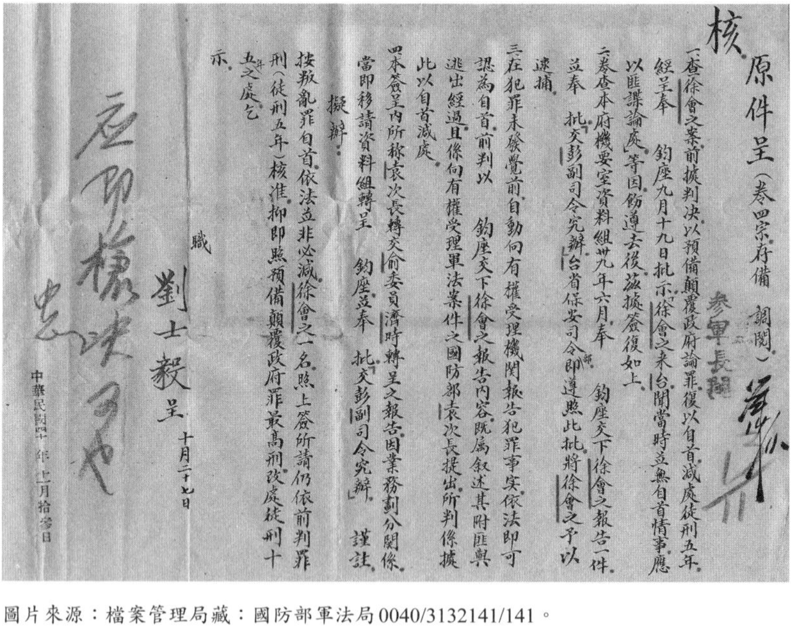

核　原件呈（卷四宗府備　調閱）參軍長閱

「查徐會之案前擬判決以預備顛覆政府論罪復以自首減處徒刑五年
經呈本　鈞座九月十九日批示徐會之來台閩當時並熟自首情事應
以匪諜論處等因飭遵去後茲擴簽復如上
一簽查本府機要室資料組卅九年六月奉　鈞座交下徐會之報告一件
並奉　批交彭副司令完辦台省保安司令即遵照處此批將徐會之予以
逮捕
三在犯罪未發覺前自動向有權受理機關報告犯罪事實依法即可
認為自首前判以　鈞座交下徐會之報告內容既屬向敘述其附匪與
逃出經過且係向有權受理軍法案件之國防部袁次長提出所判係據
此以自首減處
日本簽呈內所稱次長轉交俞委員濟時將呈之報忘圖業務劃分閱係
當即移請資料組轉呈　鈞座浸奉　批交彭副司令完辦　謹註
擬辦：
按叛亂罪自首依法立非必減徐會之一名賬上簽所請仍依前判罪
刑（從刑五年核准抑即照預備顛覆政府菲最高刑改處徒刑十
五之處乞
示

職　劉士毅 吳
十月二十七日

中華民國四十　年七月拾貳日

圖片來源：檔案管理局藏：國防部軍法局0040/3132141/141。

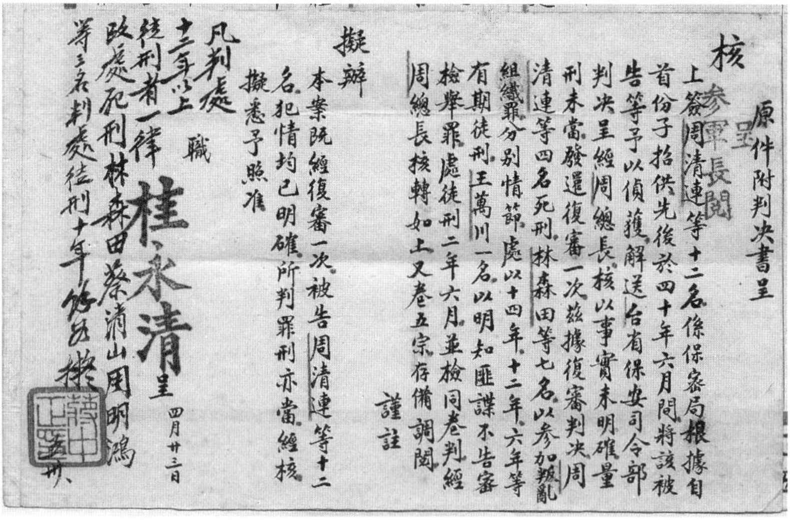

圖片來源：檔案管理局藏：國防部軍法局0041/3132218/218。

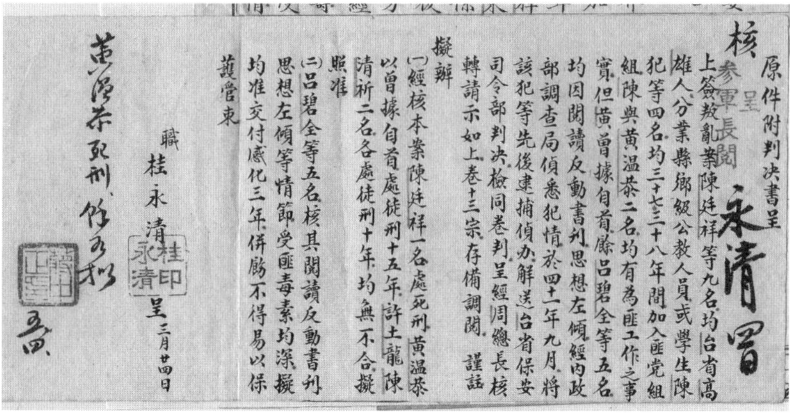

圖片來源：檔案管理局藏：國防部軍法局0042/3132299/299。

建外九龍總兵衙派兵派車勘辦判局草任

圖片來源：名冒按察

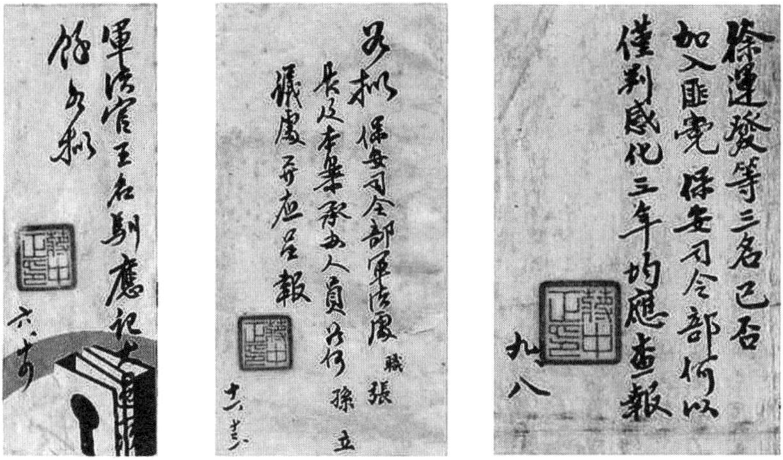

徐連發等三名已否
加入匪黨 保安司令部何以
僅判感化三年 仰應查報
九八

呂枞 保安司令部軍法處
處長及承辦人員
應嚴予處分報
張
孫立

軍法官王名馴應記
大過
六、六

懲處軍法官
圖片來源：呂昱提供

1. 〈動支3142萬興建　兩蔣墓園荒廢已逾11年〉,《自由時報電子報》,2016年4月23日,https://news.ltn.com.tw/news/politics/breakingnews/1673999。
2. 〈兩蔣陵墓閒置逾10年 繼續閒置或另規劃仍未定〉,《台灣殯葬資訊網台灣殯葬資訊網》,2016年4月24日,https://news.ltn.com.tw/news/politics/breakingnews/1673999。
3. 伊唯塔·傑魯巴維,《房間裡的大象:日常生活中的緘默與縱容》(台北:早安財經,2022)。
4. 蘇麗媚,〈勿當娛樂圈沉默的串謀者〉《娛樂重擊》,2014年9月21日,https://punchline.asia/archives/3876。
5. 〈Foreign News: This Is the Shame〉,《TIME》,1946年6月10日,https://content.time.com/time/subscriber/article/0,33009,792979,00.html。
6. 楊樹標、楊菁,《蔣介石傳1950-1975(最新版)》(浙江:浙江大學,2011)。
7. 亞歷山大·潘佐夫,《蔣介石:失敗的勝利者》(台北:聯經,2023)。
8. 亞歷山大·潘佐夫,《毛澤東:真實的故事》(台北:聯經,2015)。
9. 阿里夫·德里克,《殖民之後?臺灣困境、中國霸權與全球化》(台北:衛城,2015)。
10. 徐筱薇,〈自由中國〉《台灣文學館線上平台資料庫》,https://db.nmtl.gov.tw/site2/dictionary?id=Dictionary02241&searchkey=%E5%BE%90%E7%AD%B1%E8%96%87。
11. 台灣吧,〈一起認識白色恐怖與轉型正義｜雷震案〉,2020年2月28日,https://www.youtube.com/watch?v=X8kSaTTLHQ4。
12. 蘇瑞鏘,〈從雷震案看戒嚴時期政治案件的法律處置對人權的侵害〉,《國史館學術集刊》第15期(2008.03),頁120。
13. 台灣回憶探險團,〈1953年的死亡筆記本〉,2015年8月7日,https://www.twmemory.org/?p=8203。
14. 台灣促進轉型正義委員會,《「解碼壓迫體制:台灣轉型正義資料庫研究成果」發表會手冊》(台北,台灣促進轉型正義委員會,2021),https://www.ey.gov.tw/File/B922DF1A4D68C65B/b0db6822-6bec-4563-84c9-81435f035852?A=C。
15. 「國家人權博物館」台灣轉型正義資料庫,https://twtjcdb.nhrm.gov.tw/。
16. 行政院人權及轉型正義處,https://www.ey.gov.tw/tjb/A699EA3CE66CF4CF。
17. 羅承宗,〈真正的中正紀念堂:2.0版〉,《思想坦克》,2019年1月31日,https://voicettank.org/2019-01-31-real-cks-memorial-hall/。
18. 內政部:《塑建總統 蔣公銅像注意事項》,《植根法律網》,1975

年08月05日，https://www.rootlaw.com.tw/LawArticle.aspx?LawID=A040040031007600-0640805。

19. 〈習選出版蔡奇：推動習近平思想入腦入心入魂〉，《中央通訊社電子報》，2023年5月22日，https://www.cna.com.tw/news/acn/202305220352.aspx。

蔣介石與威權體制的建立 [1]

薛化元
政治大學台灣史研究所特聘教授

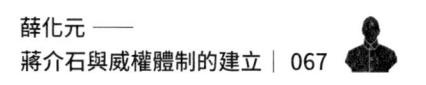

二次大戰結束後,中華民國國民政府根據聯合國最高統帥麥克阿瑟第一號命令接收台灣,並以「一黨訓政」體制進行統治。其後,歷經制憲、動員戡亂、行憲的歷程,特別是中華民國政府 1949 年 12 月敗退來台後,在蔣介石領導的國民黨當局主導下,台灣威權體制漸次建立、強化。不過,其中部分的組成要素如動員戡亂體制,是國民黨當局統治中國大陸時期就已經開始實施。

台灣威權體制的「強人」特質

1949 年敗退來台的中華民國政府,在蔣介石總裁／總統領導的國民黨當局主導下,在台灣建構了學術研究所稱的

「威權體制」。[2] 所謂的「威權主義體制」，一般採用西班牙政治學者 Juan J. Linz 的定義，認為此一體制與極權體制有相當差異。基本上，威權政權領導者的權力行使，背後揉雜不同的政治勢力與利益團體，包含意識型態、統治政權的力量與正當性，以及國際勢力的影響等。也因此，該政體會隨著國內外局勢的轉變，對政治、經濟、社會等各面向進行程度不一的恐怖統治。[3] 但是，此一分析架構與 1949 年以後國民黨當局在台灣的統治體制，並不完全相符。近一、二十年來，已有許多學者對此提出修正。

威權主義體制在台灣

其中吳乃德關於威權恩庇體系（Regime Patronage System）研究是國人進行威權體制研究的重要先驅。他的研究指出：台灣並未採取一元的控制方式，透過政黨侍從主義（Party Clientelism）與選舉侍從主義（Electoral clientelism）的二元方式，由中央層級的政治菁英提供資源與利益組織地方政治人物，而地方菁英則在選舉當中回報以選票的支持。[4] 該研究提供透視台灣政治運作裡，中央與地方層級分疏之處的視野。另外，有鄭敦仁教授提出的「疑似列寧主義的黨國

體制」，提出台灣屬於卻又不完全等同於列寧主義體制的一面。鄭敦仁指出，國民黨在台灣成立與國家官僚體系並行，並予以控制的黨機構，及由黨透過獨特的「政工系統」與軍中黨部來控制軍隊等，皆具有列寧主義式的構造。然而，國民黨仍以「民主憲政」為口號，不像其他列寧主義政黨主張「無產階級獨裁」或由前衛黨獨佔政治。而國民黨亦沒有共產主義式的「目標文化」（goal culture），相反的，國民黨政權仍根植於以私有財產權和市場經濟為正統的資本主義經濟。而就在這類列寧式的組織結構下，國民黨擁有威權體制中所缺乏的社會滲透力與控制力，得以壓制官方意識以外的意識型態，同時禁止統治菁英內的多元主義。[5]

另外，王振寰則採用 Charles Tilly 等人的正統性概念，即政權安定的主要基礎在於掌握影響政權資源的權勢者是否支持。這種掌握權勢者不只存在國家內部，有時也存在於外部。而當這種意義上的正統性發生危機時，政權將會藉由強化原有支持，或尋求其他掌握權勢者的支持，來化解危機。[6]在上述基礎下，學者們引伸出國民黨統治體制的兩個特性：對外部正統性的依存——戰後世界霸權美國的支持，包含軍事、經濟與政治（國民黨政權在聯合國的中國代表權）的支持，以及在以政治菁英二重結構為前提的二重侍從主義機制

中所獲得的內部正統性。所謂的二重侍從主義，即國民黨政權將經濟管制所得到的利益（如：公營企業），先用來保持「外省人」菁英集團的內部團結，再嘗試收編擁有全台聲望的「本省人世家」，如提供一定比例的地方公職與經濟特許等，讓黨國與地方派系間有了恩顧與庇護的關係（Patron-client relationship）。而地方派系領導者則利用「地方壟斷經濟」而產生的資源培養自己在社會上的侍從網絡，並於選舉時利用這種網絡獲得選票，將個別的支持轉化為大眾對國民黨的支持，增強國民黨政權的內部正統性。[7]

　　而若林正丈則在上述二者的基礎上，再加上第一，「以『法統』體制排除大眾」，即中華民國為依「憲法」所組成的政府，為中國唯一的代表，舉凡對國民黨獨佔政治及非民主性等等的反抗，都很容易被曲解為對「法統」與對「中國正統性」的反抗。第二，「政治菁英的族群二重結構」，即由以外省人為主所組成的上層統治菁英，與以本省人為主組成的地方公職體系呈現的「政治菁英的族群二重結構」，形塑台灣型的威權體制面貌。[8]

強人意志及其相關配套

不過,在蔣介石、蔣經國父子主政下的中華民國政治體制,還有一個相當重要的因素,此一影響戰後台灣威權統治體制形成或轉型的關鍵因子,就是「強人意志」。至少在1970年代以前,強人意志皆是主導台灣政治發展的關鍵所在,如掌控情治系統及影響「大政方針」的國防會議、國家安全會議;深入校園,推行黨化教育的救國團系統,甚至是九年義務教育,都在強人的意志下推動。特別是根據蔣介石意志成立的國防會議及救國團,從組織設立到行使公權力,不僅欠缺憲政的基礎,甚至是在連「非常體制」都沒有賦予合法性依據下,長期運作。造成白色恐怖的公權力運作,基本上就是在強人意志下的威權體制,或是強人威權體制下展開的。

不過,如果只是根據統治強人的意志,就會出現只有「領袖」的專制統治,沒有形式上憲政體制的狀況。如此,國民黨當局無論是對外自由民主形象的塑造,對內建構統治基礎的「法統」,連在其宣傳的脈絡中都無法成立,根本不能以「自由中國」自我裝扮。因此,如何在行憲前後,特別是行憲後,建構不合憲法規範的非常體制,提供政府部門動

用公權力壓制人權的「實定法」基礎，或是「惡法亦法」的依據，便與白色恐怖有密切的關係。而在戰後台灣政治史脈絡中，戒嚴常常被視為白色恐怖侵犯人權的重點所在。因此，解除戒嚴有時也被視為是台灣政治自由化的告一段落或完成。不過，如果透過 1950 年代國民黨當局內部對於人權遭到不當侵犯的檢討，以及憲法保障的基本人權遭到壓制，便可以發現總動員體制或是動員戡亂體制的重要角色。[9] 換言之，主要由動員戡亂體制與戒嚴體制複合而成的「非常體制」，[10] 是強人威權統治下，政府部門壓制人權的重要制度性因素。囿於能力，本文對於包括訓政時期即已經存在與「憲法」規定不合的法律與命令，一般侵犯人權的法律（如修正的「出版法」），以及罄竹難書，多如牛毛，無法一一列舉的行政命令、辦法及行政裁量，除必要時提及外，暫時擱置，他日再行探究。

動員戡亂體制

所謂動員戡亂體制，並非始於 1948 年國民大會制定臨時條款，而可以溯及 1947 年 7 月，在國共內戰之下，國民政府透過「全國總動員令」的發布，延續原本「抗戰」期間

「國家總動員法」的效力，並將及適用到台灣。[11] 在某種意義下，動員戡亂體制與開始行憲的中華民國憲政體制之間，原本就存在一定程度的矛盾，而透過修憲程序制定的「動員戡亂時期臨時條款」，制定之初除了凍結部分憲法有關國家緊急權行使的規定外，也賦予動員戡亂體制的憲法依據，形式上舒緩前述違憲的緊張狀態。而就法律的發展脈絡來看，「國家總動員法」是一套範圍廣泛的經貿管制法規體系，源頭可以追溯到 1938 年 10 月 26 日國民政府制訂公布的「非常時期農礦工商管理條例」。[12] 該條例籠統地授權行政部門管制戰時物資，以因應變局。1942 年 5 月 5 日國民政府立法院制定公布範圍更廣泛的「國家總動員法」，[13] 除納入原先在「非常時期農礦工商管理條例」已有的戰爭後勤支援經濟管制之外，並增加金融管制及更明確的進出口管理；此外還加入與政治控制有關的管制項目，如對新聞、言論、出版、通信、集會、結社等自由權利的約束，使得「國家總動員法」成為「實質意義的戰時憲法」。[14]

體制破壞、人權限縮

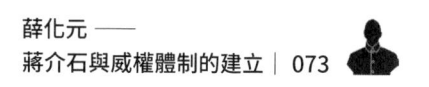

　　戰後，為推行憲政，國防最高委員會曾於 1946 年 1 月

28 日開會討論，認為「國家總動員法」是有礙人民自由的法令，並主張應該予以「廢止」。[15] 次年 1 月 1 日，國民政府公布「中華民國憲法」，並基於訓政時期的必須予以調整，以符合憲政體制的需要，同時頒布「憲法實施之準備程序」，規定自「憲法」公布後，當時法令與「憲法」牴觸者，應迅速分別予以修改或廢止。[16] 但實際上，此一調整程序並未進行。如前所述，1947 年 7 月國民政府下令動員戡亂，正式宣告國民政府以「國家總動員法」為主要依據，針對經濟物資的統制、徵收物資的方式、交通工具之管制加以規範、限制。透過「動員戡亂完成憲政綱要」，在動員戡亂體制下毋須戒嚴令，即已相當程度達成限制人權的效果。[17]

1947 年 12 月 25 日，中華民國憲法實施後，動員戡亂與憲政體制矛盾的問題浮上檯面。就在 1948 年第一屆國民大會開會尚未選出總統、副總統之前，4 月 18 日就制定了「動員戡亂時期臨時條款」[18] 根據臨時條款，動員戡亂時期取得憲法位階的法源依據。從當年國民大會代表提出臨時條款案的理由來看，提案人代表王世杰在國民大會針對提案進行說明時指出，所謂臨時條款的提出，是一種修憲的行為，只是為了表明此一修憲的效力，有一定的時效，希望能夠在戡亂與行憲之間取得一個均衡。[19] 而此時透過修憲程序制定、

修正的臨時條款，規定「總統在動員戡亂時期，為避免國家或人民遭遇緊急危難，或應付財政經濟上重大變故，得經行政院會議之決議，為緊急處分，不受「憲法」第三十九條或四十三條所規定程序之限制」，純就內容來考察，可以發現：透過此一憲政體制的修正，確實對於緊急處分的要件乃至於緊急處分及戒嚴的程序，較憲法的規定放寬，而在 1960 年代以後，在強人的意志下，透過修改臨時條款，對憲法機關的權限及體制的破壞，更是日趨嚴重。[20]

相較之下，「國家總動員法」則早在 1950 年代，就已經對人權造成嚴重的箝制。1957 年行政院在蔣介石總統指示下，完成「中央行政機關組織權責問題調查」，[21] 就指出：在全國總動員令下達的條件下，依據總動員法所頒布的命令不僅具有法律之效力，且就其規定處罰之部分言，如同「刑法」之特別法。根據此一報告，「國家總動員法」頒布以辦法或規程為名的行政命令多達 23 項，種類繁多，處罰廣泛。譬如「取締地下錢莊辦法」，[22]「動員時期民防辦法」，[23]「車輛動員實施辦法」，[24] 各項通訊、電器、收音機的管制辦法，「臺灣省證券商管理辦法」，[25] 港口及船舶的管制或疏散辦法，「動員時期交通人員管理辦法」[26] 等等。次年，蔣介石總統命下令由王雲五負責，成立「總統府臨時行政改

革委員會」。經過委員會研究後，要求政府動用總動員法必須力求謹慎，不宜輕率，並提出下列的具體改革主張：

1、各級政府機關基於辦理某種業務或為某種措施之需要，而欲取得法律上依據者，應就現行有關法律，建議補充修訂，而不應該請行政院，依據總動員法，發布命令。

2、而行政院根據各機關請求，依據總動員法發布命令時，則應切實審核是否確有發布該項命令之必要，同時並應提經院會通過後，使得發布。發布之時，應同時宣告各該命令施行之區域與期限。

3、至於行政院依總動員法所已經發布之各項命令，行政院應下令所屬機關，就其主管業務，切實檢討有無繼續實施之必要，再報行政院查核。[27]

戒嚴[28]

除了動員戡亂體制對於人權的箝制與傷害之外，戒嚴體制無疑是白色恐怖期間，人權遭到壓制的另一個重要原因。戰後台灣實施戒嚴令，始於二二八期間，而中華民國行憲以

後的全國則以依據臨時條款所頒布，並於日後延續的接戰地域戒嚴令為開端，台灣則於1949年5月19日宣布於翌日開始實施台灣省（臨時）戒嚴令。[29] 一般所稱長達三十八年的戒嚴，是指1949年5月19日，台灣省政府主席兼警備總司令部總司令陳誠宣告自20日零時開始的「全省戒嚴」。依據1948年修正的「戒嚴法」第三條：「戰爭或叛亂發生之際，某一地域猝受敵匪之攻圍或應付非常事變時，該地區陸海空軍最高司令官得依本法宣告臨時戒嚴」，「前項臨時戒嚴之宣告，應由該地最高司令官或陸海空軍分駐團長以上部隊長，迅速按級呈請，提交立法院追認。」[30] 陳誠既宣告台灣自20日零時起戒嚴，戒嚴令就該依法提交立法院追認，不過卻遍尋不著由立法院追認的官方記載，法律程序難稱完備。[31]

戒嚴實施過程

1949年8月16日，陳誠擔任長官的東南軍政長官公署以「三十八年署檢亥冬電呈行政院」，呈請行政院核准將台灣（納入之前的全國戒嚴令）劃為接戰區域，行政院會議則於11月2日決議通過並「呈請公布」。[32] 就體制而言，在此時呈請公布的對象應該是李宗仁代總統。不過，代總統李

宗仁則在此一決議通過後，根據報紙報導的行程，沒有到過行政院所在的中央政府辦公。在沒有現代即時通訊儀器和軟體之前，幾乎沒有公布「戒嚴令」的機率，也因此根本看不到總統下令公布或下令使其公布的紀錄。而且在 1949 年 11 月 20 日，李宗仁代總統更告假出國（之後赴美）。根據同年 11 月 21 日《中央日報》頭版刊登的〈代總統書面聲明〉，表示赴港就醫，中樞軍政事宜已經電告委請行政院長閻錫山負責。[33] 行政院長閻錫山之後就執行「中華民國憲法」規定的總統法定職權。事實上，其根據並不只是李宗仁發表的「代總統書面聲明」而已，更有其憲法的依據。「中華民國憲法」第四十九條規定：「總統、副總統均不能視事時，由行政院院長代行其職權。」

11 月 22 日，代行總統職權的行政院長閻錫山將 11 月 2 日行政院通過包括台灣戒嚴案在內，「將全國包括海南島、台灣一併劃作接戰區域實施戒嚴」，以「卅八渝二字第三八六號」咨請立法院「查照」。[34]

12 月 9 日行政院在台灣舉行第一次會議，中央政府正式在台辦公，行政院長代行總統職權，閻錫山對此才有進一步的作為。1949 年 12 月 28 日代行總統職權的行政院長閻錫山，[35] 以臺（卅八）字第〇一五五號代電，通知東南軍政長

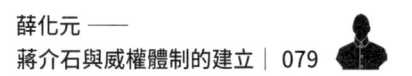

官公署，核准其所提要求，「臺灣省准劃定為接戰地域」，依照「戒嚴法」第二條規定「區劃佈告之」。同時也通知國防部等相關部分辦理後續事宜，至於副本則通知台灣省政府。接獲通知後，1950年1月6日東南軍政長官公署下令公告，並登載在報紙上；[36] 而台灣省政府則在1950年1月6日以參玖子魚府綜法字第75714號登載在《臺灣省政府公報》並通知各單位。[37]

立法院則於1950年3月14日第五會期第六次會議，根據原本「戒嚴法」的程序，議決「予以追認」，並由代院長劉健群咨請行政院及「復行視事」的蔣介石總統查照。[38] 行政院在收到立法院的咨文後，即「令知」國防部、司法行政部及台灣省政府等機關。台灣省政府則在收到行政院公文後，於1950年4月5日以「39卯微府綜法字第22733號」，宣告「電臺灣省政府所屬各機關為奉行政院令知前將全國包括海南島臺灣一併劃作接戰地域實施戒嚴一案業經立法院追認，轉希知照」，並登載於《臺灣省政府公報》上。[39]

就前述代行總統職權的行政院長閻錫山的作為，或是立法院「追認」後行政院的作為，台灣劃入接戰地域實施戒嚴，取得了形式合法性的要件。

相較於動員戡亂體制，戒嚴令之下，更使軍情單位及軍

法體系，以戒嚴法為依據，得以直接對人民的基本人權造成
傷害。至於保安司令部及其後身的台灣警備總司令部，甚至
逕行頒布限制、侵害基本人權的辦法，[40] 或是主導戕害人權
的行政作為。[41]

戒嚴下的人權緊縮及侵犯

依照「戒嚴法」的規定，戒嚴地區如同實施嚴格的軍事
管制。譬如，「戒嚴法」第七條規定：「戒嚴時期，接戰地
域內地方行政事務及司法事務，移歸該地最高司令官掌管，
其地方行政官及司法官應受該地最高司令官之指揮。」；第
八條又規定：「戒嚴時期接戰地域內，關於刑法上左列各
罪，軍事機關得自行審判或交法院審判之。一 內亂罪。二
外患罪。三 妨害秩序罪。四 公共危險罪。五 偽造貨幣有價
證券及文書印文各罪。六 殺人罪。七 妨害自由罪。八 搶奪
強盜及海盜罪。九 恐嚇及擄人勒贖罪。十 毀棄損壞罪。犯
前項以外之其他特別刑法之罪者，亦同。戒嚴時期警戒地域
內，犯本條第一項第一、二、三、四、八、九等款及第二項
之罪者，軍事機關得自行審判或交法院審判之。」

原本在美國第七艦隊執行台灣海峽中立化政策後，當時

080 ｜全面控制

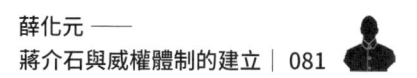

台灣並沒有直接受到中華人民共和國武裝攻擊的威脅，長期戒嚴本來就有正當性的爭議，但國民黨當局仍然繼續戒嚴。只是，如前所述既要宣稱繼續行憲，在現實上或理論上，各級行政及司法機關，便應該在行政與司法體系下運作，而不可全面「軍管」。因此根據前述戒嚴法規定，政府雖然多次修訂軍法及司法劃分辦法，[42] 逐步縮小軍法機關審判非軍人案件之範圍，但是軍法審判過度侵害人權的問題並沒有解決。本文在此以 1951 年制定的辦法和其實際的運作為例，探究當時的主要問題。

行政院於當年 10 月 17 日通過八條「台灣省戒嚴時期軍法及司法機關受理案件劃分暫行辦法」（20 日公布），其中重點在第二條及第三條。第二條規定：下列案件應由軍法機關審判；但與軍事或地方治安無重大關係者，應交由司法機關審判。一、內亂罪；二、外患罪；三、妨害秩序罪；四、公共危險罪；五、搶奪強盜及海盜罪；六、恐嚇及擄人勒贖罪。第三條規定：下列案件應由司法機關審判；但與軍事或地方治安有重大關係者，仍應由軍法機關審判。一、偽造貨幣有價證券及文書印信各罪；二、殺人罪；三、妨害自由罪；四、毀棄損壞罪。《自由中國》便批評，軍法審判往往「未採公開審判方式」，又不能「自請律師」辯護（行政

院 1950 年通過公設辯護人的辦法），[43] 判決後又「不許上訴」，對於判決無罪的被告，又必須要求交保，對人權保障明顯不如普通司法。《自由中國》便主張其中第二條三至六款及第三條四款罪刑仍然劃歸普通司法。[44] 若涉及內亂外患罪，再移送軍法機關審判。並批評整個辦法在劃分案件時，不是以「重大關係」作為判準，否則即是「原則」的規範，沒有「明確的界限」，可能導致「軍法範圍仍任其照舊擴大」，而「人民的安全感減少」。[45]

　　整體而言，雖然制度歷經改革，但軍法體系不僅法官與檢察官身分時常因狀況互易，且實務上時有配合上級意志的現象。從法規面來看，1956 年制定施行的「軍事審判法」明文規定：「最高軍事審判機關高等覆判庭之判決，呈請總統核定後宣示或送達之」，即賦予總統干涉軍事審判判決的法律基礎。[46] 而實際上，總統干預判決的程度則遠超過法律所賦予的權限。以雷震案為例，在 1960 年 10 月 8 日下午 5 時，警備總部高等軍事審判庭宣判前，蔣介石總統已於該日上午 11 時，做出「雷之刑期不得少於十年」的指示。[47] 以上種種，皆導致軍事審判能否獨立審判的條件，較司法系統更差。而軍事審判沒有司法體系的三級三審，判決後只能申請「書面」覆判，制度保障更加不足。再加上軍事審判的範

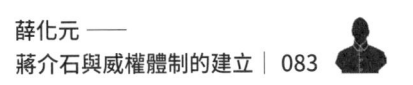

圍常隨著時空環境的轉變，任由執政當局透過相關法令的制
定，或行政裁量，擴張平民受軍事審判的範圍，更是嚴重侵
害人民的基本權利。其中歷經多次延長實施期限，在 1955
年才由立法院修正的「懲治走私條例」，將平民犯走私重罪
者納入軍法審判範圍，[48] 以及 1970 年台灣警備總司令尹俊
宣布：持械搶劫案件，將依軍法科刑，即是其重要例證。[49]

　　而在戒嚴時期，以行政命令形式即直接侵犯人權最重要
的人身自由也不是特例。其中以「台灣省戒嚴時期取締流氓
辦法」，[50] 不經審判即可對人民處以自由刑，爭議最多，政
治異議人士因此獲罪也時有傳聞。該辦法第五條規定「經調
查登記之流氓，由保安司令部審查不法事實明確後，通令各
縣市警察局執行逮捕，解由台灣省警務處轉解由保司令部核
辦」，與憲法第八條保障人身自由的規定直接衝突。1958 年
10 月 27 日，反對派人士籌組「中國地方自治研究會」，發
起人之一，《自治研究》半月刊的編輯孫秋源被情治單位逮
捕後，便被提報為甲級流氓，失去人身自由。[51]

人權保護請求

　　總體而言，相較於動員戡亂體制，在戒嚴令之下，更使

軍情單位及軍法體系，以「戒嚴法」為依據，得以直接對人民的基本人權造成傷害。至於保安司令部及其後身的台灣警備總司令部，甚至逕行頒布限制、侵害基本人權的辦法；[52]或是主導戕害人權的行政作為。[53] 對照於立法院幾乎沒有制定以「戒嚴時期」為名的法律，台灣警備總司令部（台灣省保安司令部）、國防部等機關則頒布許多限制人權的法令。[54] 重要者如：「台灣省戒嚴時期防止非法集會、結社、遊行、請願、罷課、罷工、罷市、罷業等規定實施辦法」（1949 年 5 月 27 日台灣省警備總司令部訂定），「台灣省戒嚴時期新聞紙雜誌圖書管制辦法」（1949 年 5 月 2 日警總訂定，1953 年 7 月 27 日行政院發布，1960 年 5 月 22 日以國防部公布的「台灣地區戒嚴時期出版物管制辦法」替代之），「台灣省戒嚴時期郵電檢查實施辦法」（1952 年 6 月 5 日國防部公布）。而戒嚴時期軍情單位逮捕、偵訊嫌犯的程序及過程，對於人權的傷害相當嚴重，總統府臨時行政改革委員會對此有相當深入的討論。

由於憲法第八條的人身保護是司法體制重要一環，而當時無論司法人員或情治單位，往往未能遵行。因此，總統府臨時行政改革委員會主張：行政院應該申令所屬，切實照「提審法」辦理。並將公務人員違反「提審法」，依法可以

被科處之刑罰，廣為宣示。至於當時人民急切希望能夠改革的部分，如對刑事被告人的濫行羈押、非法刑求逼供，與治安人員於夜間進入民居檢查等問題，由於「刑法」已有處罰條文，總統府臨時行政改革委員會乃主張主管機關應責成檢察官，厲行檢舉公務人員上述不法行為，以保護人民身體自由，並認為這是保障人權的項目。而在有關人身自由保障方面，更具體提出七項建議：

（一）行政院於四十三年十月十四日以法字第六四九三
　　　號令，通斥各機關，遵照提審法規定，不得非法
　　　逮捕拘禁以重人權在案，應由行政院重申前令，
　　　切實遵照提審法之規定，以崇法治。

（二）執行逮捕之機關，應切實遵照憲法第八條之規
　　　定，於二十四小時內，將被逮捕人移送法院，不
　　　得擅以繼續調查證據為由，向法院聲請延長羈
　　　押。法院檢察官，亦不得輕予批准。否則，應負
　　　刑法瀆職罪之責任。

（三）執行逮捕、拘禁之公務人員，於人民被逮捕拘禁
　　　時，未將逮捕、拘禁之原因，書面告知，或於接
　　　到提審票後，不於二十四小時內，將被逮捕拘禁

人，解交提審法院者，依提審法第九條之規定，處二年以下有期徒刑，拘役或一千元以下之罰金。此項規定，應廣為宣告，以資警惕。

（四）刑事被告人之羈押，刑事訴訟法第一百零一條及第七十六條，原有嚴格規定，應由行政院令飭司法行政部，轉知各級法院，切實遵守，不得濫行羈押。否則即依刑法規定，處以瀆職罪。

（五）警察憲兵或其他治安機關人員，不得於午夜十二時後，黎明六時前，以突擊檢查為由，任意進入人民住宅或旅社房間。如為治安上十分必要，而又奉有上級命令者，雖可於夜間檢查，但必須穿著制服，佩帶符號，攜同證件。並儘可能，避免進入臥室，否則以妨害自由論罪。

（六）嚴格禁止逮捕、拘禁、審問機關對於被拘禁之人施行刑訊或疲勞審問。違者依刑法規定，處以瀆職罪。

（七）檢察官明知有本條內（三）（四）（五）（六）項事實，而不予檢舉起訴者，亦均以瀆職罪論處。其中除強調必須重視人權外，對於檢察官、警察、憲兵及其他情治機關人員、司法人員未能

依法執行者，更力主必須依法嚴懲。[55]

而透過這些改革的建議，便可以凸顯當時人身自由受到侵害的狀況。

反共國策下的特別刑法

如前所述，在美國派第七艦隊協防台灣之後，台灣基本上暫時已經免除遭到來自中華人民共和國正規武裝部隊的攻擊，台灣海峽兩岸的軍事衝突，主要發生在中國大陸沿海。在此狀況下，國民黨當局在台灣繼續延續非常體制實施，壓制人權的重要說詞，往往便是無視於台灣相對安全，而武裝反攻事實上並無法實施的現實，繼續以反攻復國、維護國家安全作為宣傳的主軸，以繼續強人威權體制的統治。因此，在以此為名之下，延續 1949 年、1950 年制定的特別刑法，來壓制異己。任何可能威脅到國民黨政權的言論、思想、組織，都受其限制。就白色恐怖時期而論，「懲治叛亂條例」及「戡亂時期檢肅匪諜條例」，是政治受難者最常被羅織成罪的法律。

薛化元 ——
蔣介石與威權體制的建立 | 087

懲治叛亂條例

1949 年 6 月 21 日制定的懲治叛亂條例，[56] 是「刑法」
的特別法。雖然中華民國刑法明白標舉了「罪刑法定主
義」，不過刑法一百條有關叛亂罪的規定，在第一項中除了
規定「意圖破壞國體、竊據國土或以非法之方法變更國憲、
顛覆政府，而著手實行者，處七年以上有期徒刑；首謀者，
處無期徒刑」外，第二項還規定「前項之預備犯，處六月以
上五年以下有期徒刑。」其中有關「意圖叛亂」的認定，不
僅構成要件不明確，而且在有權者解釋下，司法實務上往往
連思想、言論都被視為構成犯罪的要件。如此不合刑法罪刑
法定主義的叛亂罪名，是白色恐怖侵害人權最嚴重的法律。
其中「二條一」的唯一死刑罪，更是白色恐怖時期最為惡名
昭彰的條文。根據本法規定，在戒嚴時期，凡違反懲治叛亂
條例的案件乃劃歸軍法機關審理，更讓嫌犯無法取得一般司
法體系的保障。1950 年 4 月 14 日，立法院通過「懲治叛亂
條例」修正案，此一修正案的基本精神在於：以治亂世用重
典為原則。對叛亂犯採取更嚴厲的處罰，可以沒收其全部財
產；其次，則強調獎勵自新，凡違反本條例而能自首攜帶槍
械、密件來歸者，得不起訴或免除、減輕其刑。由於「懲治

叛亂條例」是在動員戡亂時期，政府處理政治案件時經常引用的依據，因此本法修正後，使得當年的政治犯遭遇到比原條例規定更嚴重的處分。[57]

戡亂時期檢肅匪諜條例

1950 年 6 月 13 日，「戡亂時期檢肅匪諜條例」公布，該法第二條將「匪諜」界定為「懲治叛亂條例所稱之叛徒，或與叛徒通謀勾結之人」，方便有權機關羅織罪名。該條例藉由極其嚴苛之團體連坐制度，要求人民相互檢舉，還廣泛授權「治安機關」偵辦、搜索、扣押與「匪諜」案件之相關人事物；授權「最高治安機關」對於被逮捕人得對「匪諜」依情節輕重決定釋放、交付感化或依法審判，並可直接執行沒收匪諜財產，解交國庫及提領獎金。[58]

圍堵政策與黨國體制

原本根據國民黨的訓政體制理想，「以黨領政」、「以黨領軍」，是理想的狀態。而在北伐以後，由於國民黨內部的分裂，並未形成由蔣介石主導的政治體制。而隨著汪精衛

出走和對日作戰勝利，蔣介石及支持他的派系，主導力大增。但是派系的對立終究影響蔣介石的領導權威。而在 1948年他所屬意的副總統人選孫科，沒有順利當選，而是由坐鎮北平的李宗仁取得副總統之位，顯示蔣介石此時已經無法有效操控黨內的意向。而一向反對和談的他，面對國共戰事不利的狀況，政府與民間高漲的和談聲浪，以及美國在對華政策中所展現的消極態度。在國民黨中央政治會議通過行政院的決議，使與中共的和談成為正式政策後，蔣介石便宣布從總統之位引退。

至於美國則在中華民國政府失利的狀況下，明確表明不支持蔣介石及國民黨的立場。當中華民國政府在大陸戰事節節敗退時，美國政府在該年八月出版的《中美關係白皮書》還直接將國民黨當局在國共內戰失利的責任，歸因於「國民黨的倒行逆施和蔣介石政府的昏庸無能」。白皮書的觀點，尤其是對國民黨與蔣介石的批判，對後來美國對華政策，甚至是學者對中國內戰和美國政策的解釋，皆有深遠的影響。[59] 縱使蔣介石在人事布局上，起用有自由派傾向的親美人士，杜魯門仍於 1950 年 1 月發表不介入台灣的「袖手旁觀」政策。[60] 其主要因素在於，立基於「杜魯門主義」的圍堵政策，是指對蘇聯勢力的圍堵，而非對全部共產勢力的圍

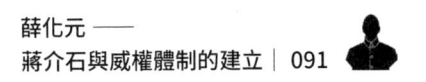

堵，也未包括中國大陸在內。[61] 美國對台灣的態度基本上也是這個政策的一環，而這項政策在韓戰爆發後才產生本質的改變。

因此，雖然早在 1949 年中，蔣介石已經決定推動國民黨改造，卻遲遲沒有展開。而在 1950 年韓戰爆發時，美國也為了避免戰事擴大到台海，進而引起全面戰爭，所以派第七艦隊維持台灣海峽的中立化，以遏止台海兩岸互相的武力攻擊。[62] 在台灣受到的軍事威脅大幅減輕之後，這也成為國民黨改造推動的重要契機。

「中國國民黨改造方案」

在 1950 年 3 月 1 日復行視事的蔣介石總統，便開始以總裁的身分推行國民黨改造，以進一步鞏固政權。國民黨此次改造的原則在使國民黨成為「革命民主政黨」，採取「民主集權制」運作，並建立黨政聯繫網絡，由黨擬定政策，再由從政黨員依法定程序轉化為法律與命令加以施行。這個方向的改造，基本上與前述國民黨訓政時期，「以黨領政」、「以黨領軍」的統治模式有許多相近之處。其差別在於，在中國大陸時期的國民黨，由於派系勢力龐大，黨領導者所推

行的政策必須透過各派系領導人，才得落實。而此次改造的重點目標，便在於解決派系傾軋的問題，讓強人的意志得以貫徹。

7月22日中央常務委員會通過「中國國民黨改造方案」，26日蔣介石總裁宣布遴選陳誠、蔣經國等十六人為中央改造委員會委員，而此十六人大都與蔣介石有師生或部屬關係。[63] 雖然，這十六人包含各派系的人馬，但可看出蔣介石有意打破派系，直接領導的企圖。

其次，蔣介石總裁在安排改造委員會人事時，還表示「過去在黨方面負過責任者，此次不必參加」，[64] 即有意將陳果夫、陳立夫等原先主控中央黨部的 C.C. 派領導人排除在改造委員會之外，隱約可見蔣介石總統避開 C.C. 派等派閥，直接建立領導權的意向。[65] 此外，在這次任命中值得重視的還有蔣經國被指派為中央改造委員會的幹部訓練委員會主任委員，[66] 由於**改造的方向是以黨的組織為核心來取代舊式派系運作的方式**，蔣經國被任命為幹部訓練的負責人，也是他之所以能在日後掌握黨機器的原因。總之，透過改造運動，一方面加強蔣介石總裁對黨的控制，而這個控制則是透過組織的方式進行。另一方面則是削弱黨內原有各派系（特別是陳果夫、陳立夫為主的 C.C. 派）的政治力量。[67] 換言之，原

092 ｜全面控制

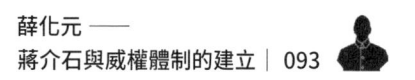

本蔣介石總裁是透過黨內各派系對抗所達成的均勢，以鞏固他個人的崇高地位。至此，他則越過向其效忠的各派系，而更直接地掌握黨的組織。

國民黨這一時期改造的目標與成效，是相當多面向的。[68]而其最基本的運作模式，則是在強人蔣氏父子的控制下，透過黨政關係的運作，建立起其透過民意代表立法和從政黨員實施，將黨通過的決策，落實在國家體制之中，即所謂「黨國體制」的建立。至於在民意機構，則透過黨團組織，配合黨紀，一方面落實黨的決策，一方面則監控民意代表的表現。

如同在訓政時期一般，國民黨改造以後，黨部、黨工在情治工作也扮演一定的角色。如同雷震在回憶中指出的，在台灣內部與國家公務體系情治系統密切互動的，主要是第六組，在黨國體制的互動下，它也介入國民出境的審查工作。

再者，國民黨政府為了控制龐大的軍隊，於改造之時，不惜違反「憲法」規定的軍隊國家化立場，在軍中建立國民黨的特種黨部，以求建立「以黨領軍」的一元化領導。[69]同時，國民黨亦滲透進入官兵的組織中，並將之轉化為黨部的外圍組織。從 1952 年起，國民黨便在各級軍事單位組織中，普遍建立黨團小組，其主要目在「貫徹以黨領軍政策，建立

以黨領軍制度」。[70] 改造之後，以黨領軍的實際內涵表現在主動制定軍事政策、審議重要軍政措施，以及查核重要軍職人事等方面。而與共產黨不同，國民黨的政工在軍中體系下，乃是扮演輔佐主官的主管角色。

國民黨對軍方的掌控能力，主要表現在軍職人事的查核權上。1951 年國民黨特種黨部第一次代表大會通過「組織領導實施大綱」，規定「各級軍事主管同志，對所屬幕僚長及單位主管人事之決定，應先提經同級黨部審議，如同級黨部不予同意時應另提人選再行審議」。隔年進一步規定「各級軍事主管、重要幕僚、政工人員、主辦機要人員，均應以黨員充任，納入組織」。之後，更於 1953 年，將上述相關的軍中人事管理原則納入「特種黨部幹部管理實施辦法」中，成為特種黨部管理幹部的基本法規。[71] 透過人事的查核，特種黨部不只掌握軍職人員升遷的管道，同時也掌握軍職各項個人基本資料，更有效地控制軍隊。

國民黨特種黨部成立後，除了掌握軍隊高層的政策權與人事權外，以蔣經國領導的國防部政治部系統的政工人員為核心，各級黨工幹部由政工人員調兼。[72] 1954 年後更在軍隊中設置專任的黨工，分配到各區級以上的黨部工作，全然違反軍隊國家化的原則。政工人員掌管官兵的忠貞考核，可以

094 ｜ 全面控制

說是情治機構的一種，在黨國不分的情形下成為國民黨滲透、監控軍人的重要機制。在國民黨看來，軍隊的政治工作即是黨的工作，政工人員就是黨工人員。[73]

綜合而言，國民黨以特種黨部、政工機構等組織，環環相扣，在軍隊中編織了一張複雜的滲透與監控網絡，使不論職業軍人或義務役官兵，都受到多方面的監視與控制。黨國體制因而能全面控制軍隊，成為保障威權統治的基礎。[74]

司法控制

司法在憲政體制中，是體制內人權保障的最後一道機制。其中，除了法官獨立審判之外，大法官的釋憲，更是針對有權機關制定違憲的法律或者是頒布違憲、違法命令，加以矯正的憲法機制。

但是，在戰後台灣的司法發展史上，除了維護人權的司法官之外，在強人威權的籠罩下，司法體制也曾遭到國民黨當局強力介入，而無法發揮有效的制衡和保障人權的功能。其中除了黨部在司法領域活動，以及行政部門介入外，司法制度長期違憲也是一大問題。其次，在中華民國憲政體制下，分立制衡原則及法治原則所要求的司法權獨立自主，法

官應獨立審判，以制衡行政權及立法權，在白色恐怖期間，也因為地方法院及高等法院皆隸屬於行政院下之司法行政部，而無法獲得確保。

行政部門的介入

1956 年，陶百川在〈貫澈法治壽世慰親〉[75] 一文中，明白指出：「政府機關最會干涉司法或審判的，莫過於行政機關」。而司法權中十分重要的民事和刑事訴訟的審判，最高法院固然屬於司法院，高等法院和地方法院則「一概屬於行政院」，如果要解決行政干涉司法的問題，所有法院便應該都歸屬司法院。

1957 年，《自由中國》在〈今日的司法〉社論中，舉出著名的「馬乘風案」、「何濟周案」等案例，批評「司法變成了政治的工具」，而「審判缺乏獨立的精神」。同時，以「司法來配合國策」，本已「違反司法獨立的原則」，「失去了民主政治的根本精神」。司法系統因法院及檢察官隸屬於行政院司法行政部，長期便利於上級之干預，以致發生 1958 年怪誕的「奉命不起訴事件」，當時《自由中國》雜誌由夏道平先生執筆，[76] 接連發表數篇社論抨擊，最後並抽絲

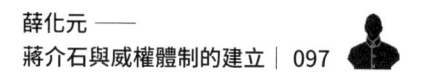

剝繭推斷應是由時任司法行政部部長的谷鳳翔所下令，並要求政府撤換敢於如此違法失職的部長。

事情的大致過程是，當時台灣省政府由台北市搬遷至中興新村，須在南投縣內徵購大量土地，南投縣長李國楨與其他經辦人員涉嫌收賄，經地院判決諸人皆有罪刑，但唯有縣長李國楨無罪。台中地方法院檢察官黃向堅不服，堅決依法提起上訴。台中地方法院的首席檢察官延憲諒勸黃檢察官不要上訴不果，乃直接在黃檢察官所提出的上訴書狀批示「奉命不上訴」五個大字。依照法治原則，檢察官提起上訴不屬於司法行政範圍，而是屬於檢察業務，只受本級法院首席檢察官的監督，上級機關不能干涉。首席檢察官竟敢批示「奉命不上訴」，明顯以上級地位違法干涉，還留下鐵證如山。此外，延憲諒又違法用一紙「行政公文」向刑事法庭抽回黃向堅的「聲明上訴書」，而刑庭方面也居然違法把那份「聲明上訴書」讓地檢處抽回。

當時，《自由中國》雜誌當即指出，「奉命不上訴」案中，台中地院「院」「檢」雙方敢於「共同」違法，就可看出他們所奉的命顯然不是「檢」方一方面的上級命令，也不是「院」方一方面的上級命令。能讓兩個系統同時「奉命」的，只有他們兩方共同的上級長官司法行政部長。

法院隸屬的問題

有關法院隸屬的問題，主要可從總統府臨時行政改革委員會在第七十案「調整司法監督案」看出。該案認為普通法院與高等法院隸屬於行政院下司法行政部，明顯與權力分立原則嚴重衝突。對此，該委員會建議採取下列四項改革措施：

（一）高等法院以下各級法院，改隸司法院，不受司法行政部監督。

（二）檢察官仍為司法官，不宜獨立機構，應維持現行檢察官配置於法院之制度，仍受司法行政部監督。

（三）司法行政部隸屬行政院，無更名之必要。經取消其對高等法院以下各級法院之監督權後，其職掌應酌減。

（四）高等法院以下各級法院，改隸司法院後，其有關民刑審判之行政事項，以及人事行政事項，或由司法院直接監督，或委託最高法院監督，可由司法院酌定，並酌設機構，專司其事。[77]

在總統府臨時行政改革委員會做出建議案後，針對此一問題，監察院也提出釋憲案。1960 年 8 月 15 日司法院公布大法官會議釋字第八十六號解釋：「憲法第七十七條所定司法院為國家最高司法機關，掌理民事刑事訴訟之審判，係指各級法院民事刑事訴訟之審判而言，高等法院以下各級法院及分院既分掌民事刑事訴訟之審判，自亦隸屬於司法院。」但是，在蔣中正總統核定組成專案小組進一步研究，並由該小組提出大體可行的改革方向後，蔣中正總統卻批示：「此案暫從緩議，應待詳加研究後再定」，此一改革建議案乃功虧一簣。[78]

法官保障問題

針對法官保障問題，前述總統府臨時行政改革委員會第七十一案「實施法官保障案」指出，保障法官為「憲法」保障司法獨立的重要措施，並明列保障法官的兩大理由：

（一）依憲法第八十一條之規定，法官為終身職，非受刑事或懲戒處分，或禁治產之宣告，不得免職。非依法律，不得停職、轉任、或減俸。此為我國

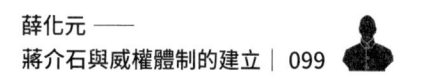

憲法對法官之保障。惟此項保障辦法，規定尚欠具體，現時亦無補充法律，以為實施此項保險之依據。所謂刑事處分，依刑法第卅二條所規定為主刑之種類，有死刑、無期徒刑、有期徒刑、拘役、罰金五種。所謂懲戒處分，依公務員懲戒法第三條，有撤職、休職、降級、減俸、記過、申誡六種。若法官不論受有何種刑事或懲戒處分，即予免職，自非憲法保障法官職位之原意。本案建議凡因案被處有期徒刑以上之刑者，受撤權之懲戒處分者，與受免職之考績處分者，始罷免職，以實施憲法對於法官之保障。

（二）關於憲法同條所定，法官非依法律，不得停職，亦應明確列舉各種停職原因，以為實施保障之依據，查現行法規，有關停職之規定，係對一般公務員共同運用，並無對於法官之專門立法。如公務員懲戒法第十六條第一、第二兩項之停職，與監察法第二十一條之停職，以及公務員請假規則第十一條所定，因病請假逾一年以上之暫令退職均是。公務員懲戒法上休職處分，亦屬定期停職性質。至事實上因犯罪嫌疑被提公訴者，每多先

行停職，以免使審判進行，有所瞻徇。故為實施憲法對於法官之保障，自宜參酌現行法令與事例，列舉停職之具體情事，並明定停職原因消滅後，得於一年內請求復職。[79]

雖然總統府臨時行政改革委員會建議在制度上建立對法官的保障，也有宣示推動改革的意義，但是進展卻相當有限，在現實改革進度上，則直到1960年代行政院改革建議案檢討報告出爐時，原建議案仍完全束之高閣，幾乎沒有進展。[80]

程序正義問題

不僅如此，代表國家從事刑事司法過程中「偵查」、「追訴」、「執行」主要任務之檢察機關，其功能同樣遭受損傷。戒嚴時期軍法審判的範圍大幅擴張，與白色恐怖相關的政治案件，基本上無論受難者的身份，皆無法受到普通法院審判及司法保障，而劃歸軍法審判的範圍。在實務上，不僅司法一元主義無法確保，相關案件的嫌犯，非依法定程序遭到逮捕固然時有所聞，未依法定時限移送法院審理，更是

屢見不鮮，而要求依據提審制救濟，往往徒勞無功。不僅政治案件如此，一般的刑事案件也往往有此問題。

對此，監察院於 1956 年 9 月的月會中通過了一個有關保障人權的提案：「為台灣省保安司令部對於無軍人身份之人民及官吏，往往輒行逮捕，經長期間之扣押偵訊，然後移付法院，不惟逾越軍法劃分之權限，抑且有損法院檢察處之偵查權，擬請司法委員會調查，以重人權，而崇法治。」保安司令部對於觸犯普通刑法之罪犯，可因調查偵訊將嫌疑人犯拘押數日或數十日之久，顯然侵犯了司法機關的權限。[81]

大法官解釋問題

根據憲法本文第七十八條規定，司法院解釋憲法，並有統一解釋法律及命令之權。其中，大法官會議關於違憲審查的職權，在政府機關違憲侵害人權時，原本被視為人權保障的最後一道防線，但是在白色恐怖期間，由釋字第六十八號解釋觀察，大法官解釋不僅未能保障人民的基本權利，反而為了維護違反人權之法律而進一步地侵犯人權。1956 年，監察院向大法官提出釋憲案，解釋文如下：

凡曾參加叛亂組織者，在未經自首或有其他事實
證明其確已脫離組織以前，自應認為係繼續參
加。如其於民國三十八年六月二十一日懲治叛亂
條例施行後仍在繼續狀態中，則因法律之變更並
不在行為之後，自無刑法第二條之適用。至罪犯
赦免減刑令原以民國三十五年十二月三十一日以
前之犯罪為限，如在以後仍在繼續犯罪中即不能
援用。

此一案件之發生是在 1950 年代，有人因為「懲治叛亂
條例」公布施行之前曾參加後來被認定之非法組織而被判
刑。監察院認為軍法機關枉法判罪，而提出釋憲，但大法
官卻在沒有實際上沒有其他事證足以證明繼續參加的基礎
上，認定只要「未經自首或有其他事實證明其確已脫離組織
以前」便視為繼續參加叛亂組織，此已違反「刑法」第一條
的罪刑法定原則，與第二條的從新從輕之原則。如此大法官
解釋不僅未能採取維護人權的解釋方向，反而擴大解釋。至
此，在白色恐怖時期，人權不僅迭受侵害，連原本於體制內
架設，用來保障人權的大法官違憲審查，亦成為侵害人權的
工具之一。

1. 本篇論文是根據筆者的舊作〈威權體制的建立〉修改而成。原載張炎憲等編，《戒嚴時期白色恐怖與轉型正義論文集》(台北：吳三連台灣史料基金會‧台灣歷史學會，2009)。

2. 有關過去威權體制論述的討論，可以參考過去筆者的研究。薛化元、楊秀菁，〈強人威權體制的建構與轉變 (1949-1992)〉，《「人權理論與歷史」國際學術研討會論文集》(台北：國史館，2004)。至於先行者較具規模的整理，則主要參考若林正丈的研究，若林正丈，《台灣》(台北：月旦，1994)。本文的討論主要是立基於此一基礎上的整理，特此說明。

3. Linz認為此一體制與一般極權體制並不相同，不僅欠缺不容質疑的最高意識型態(如共產主義)，也無嚴謹的組織以進行政治、社會、經濟等各方面的控制與強力動員。它允許一定程度的多元思想，然而，這些多元思想的存在並非像民主國家般，其存在本身就具備正當性，而且只要取得選民的支持，隨時有競逐政權的可能。Juan J. Linz, " An Authoritarian Regime: Spain", Erik Allard and Stein Rokkan eds. , *Mass Politics: Studies in Political Sociology* (New York: Free Press, 1970), pp.251-257.

4. Nai-the Wu (吳乃德), "The Politics of A Regime Patronage System: Mobilization and Control Within An Authoritarian Regime" (Ph.D Thesis, Dpt. of Political Science, University of Chicago, 1987), pp.13-14, 337-346.

5. 參考 Tun-jen Cheng (鄭敦仁), "Democratising the Quasi-Leninist Regime in Taiwna," *World Politics*, XLI-4, pp.471-499。特別是前述若林正丈的研究對此有深入的討論。

6. 王振寰，〈台灣的政治轉型與反對運動〉，《台灣社會研究季刊》2卷1期(1989年春季)，頁71-166。

7. 此一部份可以參考若林正丈，《台灣》，頁37-43。

8. 若林正丈，《台灣》，頁101-105、127-131。

9. 參見薛化元，〈總統府臨時行政改革委員會與1950年代官方「政治改革」主張〉，《臺灣風物》，第56卷第1期 (2006.3)，頁12-49。

10. 另外當然包括訓政時期即已經存在與憲法規定不合的法律與命令。

11. 《台灣省政府公報》1947年秋字第18期 (1947年7月21日)，頁275。而有關動員戡亂及戒嚴體制的歷史發展，主要是根據筆者與研究團隊研究的成果。參見，薛化元、陳翠蓮、吳鯤魯、李福鐘、楊秀菁，《戰後台灣人權史》(台北：國家人權紀念館籌備處，2003)。

12. 《國民政府公報》渝字第90號 (1938年10月8日)，頁91-95。

13. 《國民政府公報》渝字第460號 (1942年5月5日)，頁8。

14. 薛化元等,《戰後台灣人權史》,頁96。

15. 《大公報》,1946年1月29日,第2版。

16. 《國民政府公報》第2715號(1947年1月1日),頁1-12。

17. 《中央日報》,1947年7月16日,第2版;《中央日報》,1947年7月19日,第2版。

18. 《第一屆國民大會實錄(第一篇)》,頁124。

19. 王世杰便曾以提案人的身分明白指出,訂臨時條款是「一個修改憲法的案」。《第一屆國民大會實錄(第一篇)》,頁267。

20. 參看薛化元,〈中華民國憲政藍圖的歷史演變——行政權為中心的考察〉,《現代學術研究》,專刊8(1997.9),頁83-110。

21. 行政院及所屬機關組織權責研討委員會,《中央行政機關組織權責問題調查報告》,(未出版,1957年6月30日,no.00054),頁444-447。

22. 《總統府公報》第0348號(1951年5月27日),第2版。

23. 《總統府公報》第0377號(1951年12月16日),第2版。

24. 《總統府公報》第0542號(1954年10月22日),頁3-5。

25. 《總統府公報》第0469號(1954年2月9日),頁2-4。

26. 《總統府公報》第0814號(1957年5月31日),頁3-5。

27. 總統府臨時行政改革委員會編,《總統府臨時行政改革委員會總報告》(台北:委員會自印,1958),頁291。

28. 本節主要參考薛化元等,《戰後台灣人權史》,頁98-106。另外有關戒嚴時期人身自由的部分,筆者的學生洪淑華的研究成果,亦是本文主要參考的依據。洪淑華,《台灣戒嚴時期大法官釋憲與人權發展》(台北:國立政治大學歷史研究所碩士論文,2003)。

29. 第二次戒嚴令延續的是1947年7月4日國民政府委員會第六次國務會議通過實行全國總動員,1948年12月10日宣布「除新疆、西康、青海、臺灣、西藏外,均宣告戒嚴」。第三次則在1949年5月19日,台灣省政府主席兼警備總司令部總司令陳誠宣告自20日零時開始「全省戒嚴」。

30. 《國民政府公報》第3137號(1948年5月19日),頁1-3。

31. 國史館,〈引言〉,薛月順、許瑞浩、曾品滄編,《戰後臺灣民主史料彙編(一)從戒嚴到解嚴》(台北:國史館,2000),頁4-21。

32. 「立法院第五會期第一次關係文書」,頁33。

33. 「代總統書面聲明」,《中央日報》1949年11月21日,版1。

34. 檔案影本,檔案管理局檔號:0039/212/1/1/030。

35. 如前所述,1949年12月中華民國政府敗退來台,原本總統蔣中正已於1949年1月下野,代總統李宗仁11月先赴香港,再前往美國,根據憲法,由行政

院長代行總統職權。

36. 《中央日報》，1950年1月9日。不過1月6日東南軍政長官公署發文給台灣省政府時，即有「分電並公告」的文字（詳下）。

37. 《臺灣省政府公報》，39: 春:5，頁45。

38. 立法院1950年3月16日以臺院議字第〇一一三號咨文將追認台灣劃歸接戰地域的戒嚴令通知總統蔣介石，以臺院議字第〇一一四號咨文通知行政院查照。這兩份公文都沒有提到1949年7月7日的戒嚴令，在立法院的速記錄則有討論的記錄，也可以參見〈監察院戒嚴令調查報告公布版〉，頁6-7。不過，立法院的討論追認案時，已經注意到根據「憲法」1949年7月7日的戒嚴案，11月22日送交立法院時已經超越時效，必須根據「動員戡亂時期臨時條款」才沒有時效問題，而後無異議通過追認。然而，根據「動員戡亂時期臨時條款」的戒嚴程序，毋須立法院追認，根據此時實施的1948年制定的「臨時條款」，立法院「得依憲法第五十七款第二款規定之程序，變更或廢止之」。〈第一屆立法院第五會期第六次會議速紀錄〉（1950年3月14日），收入：薛月順、曾品滄、許瑞浩編註，《戰後臺灣民主史料彙編（一）從戒嚴到解嚴》，頁50-51。

39. 《臺灣省政府公報》39年夏字第6期（1950.4.7），頁88。

40. 如1958年警備總部訂定「請願須知」，「法外」限制「人民的請願權」。短評，〈撤銷警備總司令部！〉，《自由中國》20：1（1959年1月1日），頁42。

41. 如1970年10月8日，警備總部針對「全國性取締嬉痞、奇裝異服、長髮等怪行」，由警總政戰部主任白萬祥主持座談會。當時除了文化局、省市教育廳局、省警務處、台北市警局、安全局、總政戰部等政府機關外，中視、台視兩家電視台亦派代表與會。會中決議以「奇裝異服、蓄留過長頭髮，影響社會善良風尚」為由，「不能容許其在國內流傳」，而要求治安、教育單位「加強取締」。同時更對藝人「奇裝異服」、「蓄留長髮」情事，「一律嚴格取締」之外，並禁止其演出。由警總主導此一座談會，可以看出軍方當時在台灣扮演相當重要的角色，甚至伸展至所謂社會風氣的範疇。而直到1976年10月6日還有千名演藝人員簽署生活自律公約，公約內容仍有「不穿奇裝異服，不蓄不雅長髮」之規定。《中央日報》，1970年10月9日，第6版。《聯合報》，1976年10月7日，第9版。

42. 1951年10月20日，行政院制定公布「台灣省戒嚴時期軍法及司法機關受理案件劃分暫行辦法」，隔年5月10日更名為「台灣省戒嚴時期軍法機關自行審判及交法院審判案件劃分辦法」，其後在1954年10月14日再修正。到1967年4月1日又更名為「台灣地區戒嚴時期軍法機關自行審判及交法院審判案件劃分辦法」，同年9月4日修正第二條，至1987年7月15日解嚴時廢

止。《總統府公報》第317號，第3版、第346號，第1-2版、第545號，頁2、第1841號，頁3-4、第1886號，頁4、第4795號，頁1。

43. 《中央日報》，1950年12月28日，第1版。

44. 其中第二條、第三條條文全文如下，第二條　下列案件應由軍法機關審判；但與軍事或地方治安無重大關係者，應交由司法機關審判。一、內亂罪；二、外患罪；三、妨害秩序罪；四、公共危險罪；五、搶奪強盜及海盜罪；六、恐嚇及擄人勒贖罪。第三條　下列案件應由司法機關審判；但與軍事或地方治安有重大關係者，仍應由軍法機關審判。一、偽造貨幣有價證券及文書印信各罪；二、殺人罪；三、妨害自由罪；四、毀棄損壞罪。社論，〈軍法與普通司法的劃分〉，頁3。

45. 社論，〈軍法與普通司法的劃分〉，頁3-4。

46. 「軍事審判法」第一百三十三條第二項。《總統府公報》第721號（1956年7月10日），頁10。

47. 陳世宏等編，《雷震案史料彙編》（台北：國史館，2002），頁331-332；《聯合報》，1960年10月9日，第1版。

48. 《中央日報》，1955年12月21日，第1版。

49. 《中央日報》，1970年11月2日，第1版。

50. 《台灣省政府公報》1956年春字第12期，頁118。

51. 《自由中國》19卷12期（1958年12月16日），頁3-6。

52. 如1958年警備總部訂定「請願須知」，「法外」限制「人民的請願權」。短評，〈撤銷警備總司令部！〉，《自由中國》20：1（1949年1月1日），頁42。

53. 如1970年10月8日，警備總部針對「全國性取締嬉痞、奇裝異服、長髮等怪行」，由警總政戰部主任白萬祥主持座談會。當時除了文化局、省市教育廳局、省警務處、台北市警局、安全局、總政戰部等政府機關外，中視、台視兩家電視台亦派代表與會。會中決議以「奇裝異服、蓄留過長頭髮，影響社會善良風尚」為由，「不能容許其在國內流傳」，而要求治安、教育單位「加強取締」。同時更對藝人「奇裝異服」、「蓄留長髮」情事，「一律嚴格取締」之外，並禁止其演出。由警總主導此一座談會，可以看出軍方當時在台灣扮演相當重要的角色，甚至伸展至所謂社會風氣的範疇。而直到1976年10月6日還有千名演藝人員簽署生活自律公約，公約內容仍有「不穿奇裝異服，不蓄不雅長髮」之規定。《中央日報》，1970年10月9日，第6版。《聯合報》，1976年10月7日，第9版。

54. 如「台灣省戒嚴時期無線電器材管制辦法」（1949年7月28日警總公布），「戒嚴時期船舶電台航行電信監察條例」（1950年5月1日台灣省保安司令部公布），「台灣省戒嚴時期民用電訊檢查實施辦法」（1950年6月17日台灣

省保安司令部公布），「台灣省戒嚴時期廣播收音機管制辦法」（1953年1月1日台灣省保安司令部公布），「台灣省戒嚴時期戶口臨時檢查實施辦法」（1952年5月10日台灣省保安司令部訂定），「台灣省戒嚴時期民用航空電訊及電訊人員管制暫行辦法」（1954年2月16日行政院公布），「台灣省戒嚴時期取締流氓辦法」（1955年10月24日行政院公布），「戒嚴時期台灣省國際港口登輪管制辦法」（1959年2月6日警總公布；1977年6月6日國防部修正公布），「戒嚴時期台灣地區各機關及人民申請進出海岸及重要軍事設施地區辦法」（1968年7月15日國防部發布），詳見林山田，〈五十年來的台灣法制〉，台灣法學會編，《台灣法制一百年論文集》（台北：台灣法學會，1996），頁97-120。

55. 總統府臨時行政改革委員會編，《總統府臨時行政改革委員會總報告》，頁291-292。

56. 《總統府公報》第0230號（1949年6月27日），第1版。

57. 《中央日報》，1950年4月15日，第1版。

58. 《總統府公報》第0253號（1950年6月15日），第6版。

59. 張淑雅，〈杜魯門與台灣〉，《歷史月刊》23期（1989年12月），頁79；G. Kennan, *Memoirs: 1925-1950*，p.373；Harvey J. Feldman, "Development of U.S.-Taiwan Relations 1948-1987", p.134；張淑雅，〈中美關係白皮書的影響〉，《歷史月刊》23期（1989.12），頁82。

60. 「美國在此時無意於台灣獲取特權或建立軍事基地，美國無意在此時使用武力來介入中國內部衝突，美國政府將不採取任何可能介入中國內部衝突的方針，相同地美國政府將不會提供軍事協助或顧問給台灣」。Ralph N. Clough, *Island China*, p.7。此聲明為1950年1月5日杜魯門總統所作，為著名的「袖手旁觀」政策；李永熾監修，薛化元主編，《台灣歷史年表：終戰篇 I 》，頁103；《台灣新生報》1950年1月6日；Simon Long, *Taiwan: China's Last Frontier*（London: MacMillan Press, 1991），p.112；Harvey J. Feldman, "Development of U.S.-Taiwan Relations 1948-1987", p.134 in Harvey Feldman, Michael Y. M. Kau and Ilpyong J. Kim（eds.），*Taiwan in a Time of Transition*（N.Y.: Professors World Peace Academy, 1988）。

61. 可參見 Kennan 原文及 Henry T. Nash,*American Foreign Policy: A Search for Security*, pp.45-48。肯楠便指出「杜魯門主義」的原則並不適用於中國。G. Kennan, *Memoirs: 1925-1950*, p.320。

62. 張淑雅，〈杜魯門與台灣〉，頁78；李永熾監修，薛化元主編，《台灣歷史年表：終戰篇 I 》，頁114；《中央日報》1950年6月28日；《公論報》1950年6月28日；Thomas B. Gold, *State and Society in the Taiwan Miracle*

（N.Y.: East Gate Books, 1986）；Simon Long, *Taiwan: China's Last Frontier*, p.115；Hungdah Chiu, "The Question of Taiwan in Sino-American Relations" in Hungdah Chiu（ed.）, *China and the Taiwan Issue*, p.158。

63. 龔宜君，《移入政府的滲透能力（1950-1969）：改造後國民黨政權社會基礎的形成與鞏固》，頁34；許福明，《中國國民黨的改造（1950-52）》，頁59；李永熾監修，薛化元主編，《台灣歷史年表：終戰篇Ⅰ》，頁116；《中央日報》1950年7月27日。16人為陳誠、張其昀、張道藩、谷正綱、鄭彥棻、陳雪屏、胡健中、袁守謙、崔書琴、谷鳳翔、曾虛白、蔣經國、蕭自誠、沈昌煥、郭澄、連震東。

64. 雷震，1949年8月21日日記，《雷集》冊31，頁290。

65. 許福明，《中國國民黨的改造（1950-52）》，頁66。而陳立夫的回憶也指出，蔣介石總裁在與C.C.派的黨員開會時，亦明白指出不欲由原有的黨幹部負責改造，而表示他自己要直接負責國民黨的改造，並暗示陳立夫離開黨機器。而國民黨改造時，陳立夫亦沒有主動辦理黨籍登記。參見：陳立夫，《成敗之鑑：陳立夫回憶錄》，頁380-383；梁肅戎，《大是大非：梁肅戎回憶錄》（台北：天下文化出版公司，1995），頁80、88。

66. 若林正丈，《台灣》，頁76-7；伊原吉之助，《台灣政治改革年表·覺書（1943-1987）》，頁99。而原主管非常委員會台灣分會的陳立夫，未列名，正表示陳立夫已脫離台灣的黨務有力者之列，《中央日報》1949年7月21日。

67. Jennhwan Wang, *Political Movements Against The State: The Transition of Taiwan's Authoritarian Rule*（Los Angeles: University of California, Ph.D. Dissertation, 1988），Wang 指出國民黨之改造，除了上述建立蔣介石個人權威，及清除C.C.派外，另外還有一個特點，即讓更多的台灣人因此而加入了國民黨。

68. 關於1950年國民黨改造的目標與成效可參考：許福明的《中國國民黨的改造》、陳三井的《中華民國民國三十九年之改造與台灣新政》（蔣中正先生與現代中國學術討論集編輯委員會編，《蔣中正先生與現代中國學術討論集》第五冊（台北：編者印，1986）等。

69. 本文有關黨軍部分均參考及轉引自龔宜君，《外來政權與本土社會》，（台北：稻鄉，1998），第3章。另參薛化元等，《戰後台灣人權史》，頁116-119。

70. 周國光（國民黨特種黨部化名），《七年來的特種黨務》（1957），頁47。

71. 周國光，《七年來的特種黨務》，頁48；頁64-65。

72. 周國光，《七年來的特種黨務》，頁13。

73. 中央改造委員會秘書處，《中國國民黨中央改造委員會會議決議彙編》（台

北：中國國民黨中央改造委員會，1952），頁37。

74. 本文有關黨軍部分均參考及轉引自龔宜君，《外來政權與本土社會》，（台北：稻鄉，1998），第3章。另參考薛化元等，《戰後台灣人權史》，頁116-119。

75. 陶百川，〈貫澈法治壽世慰親〉，《自由中國》15：9（1956年10月31日），頁22-23。

76. 社論，〈如此司法——「奉命不上訴」〉，《自由中國》19：10（1958年11月16日），頁3-4；社論，〈從官方的報道再論「奉命不上訴」〉，《自由中國》19：11（1958年12月1日），頁8；社論，〈三論谷鳳翔對「奉命不上訴」事應負的法律責任〉，《自由中國》19：12（1958年12月16日），頁7-8；社論，〈「奉命不上訴」為何「不予起訴」〉載於《自由中國》20：2（1959年1月16日）。

77. 總統府臨時行政改革委員會編，《總統府臨時行政改革委員會總報告》，頁31。

78. 行政改革建議案檢討小組委員會，《行政改革建議案檢討報告》，頁123-124、624-625。

79. 總統府臨時行政改革委員會編，《總統府臨時行政改革委員會總報告》，頁299。

80. 行政改革建議案檢討小組委員會，《行政改革建議案檢討報告》，頁124-125、626-628。

81. 《自由中國》15卷7期（1956年10月1日）。

台灣人權發展史上的絆腳「石」
淺談人權文盲蔣介石

吳豪人
輔仁大學法律學系教授

「我要做人，不要做奴隸！」

　　在電影《神鬼戰士2》的片頭，導演雷利史考特引用古羅馬大法律家西塞羅的一句話，點出全片的主旨：「奴隸的夢想不是獲得自由，而是擁有奴隸」。我其實並不知道這句話典出何處。不過在卡繆的《形而上的抵抗》書中，確實寫道：「奴隸最初要求正義，最後則要求一個王國」。其實，人類是否人人天生都擁有追求解放、拒絕隸從的自由心靈？哲學家討論了何止數千年。噢，這句話有點語病，應該說「中國以外的哲學家」討論了何止數千年。直到二十世紀，魯迅才總算感嘆地說：能當主人的時候，就把所有人當奴才；這樣的主人，一旦當起奴才，比誰都奴才。

魯迅講的，自然是中國人。不過他只能形容現象，並不懂得原因何在。然而在歐洲，遠自柏拉圖、西塞羅，下溯到黑格爾，大家都知道，這是因為一個一出生就是奴隸的人，縱使獲得解放成為自由人，也不知道如何真正成為自由人。他唯一學習的對象，通常就是他的老主人。結果他學到的，總是「要證明自己是主人，就必須擁有奴隸」。西塞羅那句名言，談的就是這種狀況。換句話說，如果沒有經過一個學習、思辨的歷程，一個被解放的奴隸，永遠也不知道：徹底廢除奴隸制的唯一方法，就是否定「主人」的存在。而這就是近代人權思想的根源。

人與人之間，主與奴的區分、擁有與隸屬的區分、高貴與卑賤的區分、男有份女有歸的區分，只要堅決主張二元對立——儒家所謂的「差等」——，人間就是地獄。此觀念若無法突破，太平盛世、聖主賢君，都是人類的惡夢。因為幸福人生的前提，必須以賣斷尊嚴與自由為前提。何況即使賣斷了，絕大多數的情況，也只能卑微地苟延殘喘，還自以為「小確幸」，完全不敢想像什麼是幸福。

啟蒙主義最後一位重要的思想家康德，曾簡潔的說明「啟蒙」，就是發揮理性，「不依賴外力，自發地脫離精神上的未成年狀態」。精神上的未成年狀態，亦即無法擁有

114　全面控制

自由意志的準奴隸狀態。因此啟蒙的意思，就是「我要做人，不要做奴隸」。只有人才有人權，而人權不只要消滅奴隸制度，更要消滅精神上的準奴隸狀態。因此，人必須主動掙斷自己身上的奴隸枷鎖。能夠主動掙脫奴隸枷鎖者，就「啟蒙」了。至於已啟蒙者的天職，乃是協助其他人自發的掙斷奴隸枷鎖。「協助」聽起來似乎矛盾，違背了他所設定的「不依賴外力」。其實所謂的不依賴外力，指的是啟蒙並非可以從施捨得來，而必須自發的去追求。因為被施捨的自由、未經「思索並且決意」負起自我責任的自由人，通常都很快、很容易重新回歸奴隸狀態，甚且耽溺於「擁有奴隸的主人」之夢。所以啟蒙思想所預設的政治體制，最終必然是一種為了自由人而存在的共和、民主憲政體制。其間容不得一絲一毫的奴隸思想的復辟可能——不但不允許迫人為奴，甚至宣稱：即使「自願為奴」，也將因為違反人性尊嚴而無效。這種「協助」，其實是創造一個有利於自由人生存的環境，同時使自己免於再度陷入被迫為奴的風險。康德的啟蒙思想，就是現在所有國際人權法的原始理論根據。

獨裁奴隸主與準奴隸

說了這麼多，到底跟蔣介石有什麼關係呢？關係可大了。因為這位本來跟台灣一點關係也沒有的、純粹近代中國產物的獨裁強人蔣介石先生，儘管台灣人不情不願，他自己也不情不願，卻終於莫名其妙的、硬是跟台灣的命運綁了 26年。而他在台灣 26 年的統治，對於台灣從日治時期早就自發性萌芽（啟蒙）的人權發展，所造成的負面影響，可謂至深至鉅，至今流惡難盡。我稱呼他為「台灣人權發展的絆腳石」，純粹諧音哏。其實，蔣介石根本就是阻礙台灣人權發展的「瓦干達汎合金」。

如果大家讀過聯經出版社出版的《失敗的勝利者：蔣介石》這本書，就曉得為什麼在接下來的文章裡，我沒有詳細具體蔣介石所犯的種種人權大罪。（除了因為本書其他作者已經分別詳細說明了各個面向的具體事實之外）最重要的原因是：在他開始與台灣發生關係的那個時代，蔣介石所做的一切，都是「同時代的世界習以為常的」。將他與毛澤東對比到兩個都死亡，不但兩個中國（中華民國與中華人民共和國）裡的中國人，就連外國人——比方《失敗的勝利者》那本書的俄國作家，都覺得蔣既比毛稍勝一籌，而且也不是

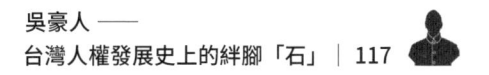

天生暴戾。最近台灣有一群歷史修正主義者，大概因為台灣人不在乎轉型正義，也開始大言不慚地竄改歷史，聲稱蔣是台灣救世主了。這些或崇拜或悲憫蔣介石的高人們，談起蔣介石，永遠是取法乎下，蘋果比爛。卻沒有人想到，「與蔣介石同時代」的大人物，又不是只有希特勒、毛澤東或史達林。尤其這些傢伙們身上強烈的前近代性格，根本遠遠在「同時代」台灣人的近代性認識之外。

所以，我才要決定從「中國統治台灣＝蠻族侵略羅馬」這個角度寫起。我會補充的，是強調蔣介石隔絕了台灣與世界人權的同步發展，使得戰後的台灣人，從羅馬墮落到蠻族，忘卻了自己曾經是文明人。這個傷害有多麼嚴重呢？即使經過了多年的犧牲奮鬥而終於民主化，如今的台灣，別說藍白拖了，即便是民進黨以及某些「獨派」，準奴隸心態也並不比蔣介石時代高明多少。我不想鞭屍，我想解決問題。所以文章的核心，強調的便不會是蔣介石的具體殘暴，而是強調蔣介石的殘暴來自於與他同時代的「中國的人權水準」——這也是如今的中國，沒有資格統治台灣、香港乃至於圖博、維吾爾與南蒙古的理由（如果蔣介石是杜魯門，你覺得台灣會如何記憶他？）這些日子，台灣出現多得驚人的川粉，驗證了我的擔憂。畢竟，川普最近的作為，已經很明

顯的表白了：他想恢復雅爾達密約時代的「強國說了算」。只不過這回是美中俄「三強鼎立」。如果台灣人不願意主觀的從啟蒙的角度，而是始終被動的從地政學的角度，視自己為中國史的一部分，未來就算習近平再一次在台灣大開殺戒，大家還是會當成天災，自認倒楣。

蔣介石是台灣人的一場天災

在那些自認為是中國人的中國史觀——如同「二二八是一種不得已」「二二八怎麼算得上大屠殺」的宏偉史觀——裡，蔣介石既不是一個瘋狂的混世魔王，也不是一個魅力型的民粹煽動家。如果依照他所討厭、卻不敢明目張膽誅除的徐復觀等新儒家們的見解，蔣介石就是「他們中國人」那個時代的中國舊式讀書人以及半桶水的留學生知識份子們，在沒有選擇下的唯一選擇。畢竟與歷代君王相較之下，蔣似乎仍然是一個可以輔佐（受控）的、中等程度的君王。至於毛澤東，則是一個第三國際培養（卻無法控制）的李自成，「華夏」文化的夢魘。香港大學的荷蘭籍學者馮客，在他的戰後共產黨統治三部曲中，證實了從 1949 到 1979，30 年之間毛澤東就弄死了六千萬中國人。這個數字，目前穩居歷史

殺人魔王之冠，別說蔣介石，連希特勒也瞠乎其後。中國共產黨只好誣賴「張獻忠殺的更多」。這意思是就是：蔣介石「哪裡（配）是殺人王了」。

蔣介石終其一生，固然所有政治人物該幹的壞事都幹了，但是他至死仍然夢想一個「內聖外王」的、聖主賢君的太平盛世。如果他老老實實生在中國，長在中國、興在中國、敗在中國、亡在中國……那麼我輩台灣人，對於他也沒有什麼特別意見。不幸的是（對於蔣介石和台灣人都不幸的是），蔣介石畢竟來了台灣，而且因為中國內戰敗亡而來。對於蔣而言，台灣是最後一根可供攀緣的稻草。事實是，他不知道他有多幸運；對於台灣人而言，蔣介石倒像是一場天災，不請自來。「狗去豬來」的咒罵，見證了台灣人的沒見過世面。蔣介石中國的降臨台灣，與動物並無干係，而是一個惡劣到無以復加的歷史玩笑：戰敗國走了，成為民主國家；戰勝國來了，卻繼承了戰敗國的獨裁奴隸主身分。

為什麼說蔣介石來台灣對於台灣人而言是一場天災呢？我必須先指出，所謂天災，絕對不是為蔣脫罪，只是一個歷史敘述的便宜修辭。世界上只有奴才組成的國家，才會把暴君視為天災，不敢抵抗不敢批評，末了乾脆供奉在神桌上膜拜。如果有人不喜歡奴才這兩個字，我可以改為「前近

吳豪人 ——
台灣人權發展史上的絆腳「石」　｜　119

代」，例如清朝滅亡為止的正統中國人思維所構成的國家。有這種前近代思維的蔣介石及其麾下的國民黨常說：台灣人被日本殖民了50年，就是被奴化了50年。所以要迎頭趕上，學習做一個堂堂正正的中國人。這個說法，對於戰爭剛結束的台灣人而言，幾乎與天災無異。這就好像被狗咬了，台灣人的第一反應是趕緊去醫院施打狂犬病疫苗，但是蔣介石卻告訴你，根據偉大的中國晉朝神醫葛洪的「肘後方」，你得「殺所咬犬，取腦敷之，後不復發」。你說他神經病，他卻說你奴化太久了，不認得上國衣冠。

堂堂正正的奴化

問題就出在雙方對「奴化」這兩個字的解釋。說到「奴化」的萬世一系老祖宗，全世界誰都比不上前近代的中國。即使蔣介石時代的中華民國，充其量也只是一個不上不下、徬徨於前近代與近代、徘徊於民主自由與聖主賢君的半吊子啟蒙主義國度。蔣之所以是台灣人的天災，是因為蔣介石在流亡之後痛定思痛，做出來的決斷，居然是他在中國也沒實施的「由聖主賢君領導建設民主自由國度」大業，而且憑藉的手段居然是「軍事戒嚴、凍結憲法」。連他的死亡都未曾

中斷戒嚴體制與憲法凍結。這是不折不扣的帝王制度，偏安的小王朝裡也不存在公民，只存在國民。而國民就是臣民，臣民就是奴隸。在聖主賢君的獨裁統治下，如何當一個堂堂正正的人？答案是：大家都是奴才，就堂堂正正了。蔣介石的黨國流亡體制中人奴性最甚，遠勝於在中國的時候。這一群奴性最甚的一群人，竟然要如何教導台灣人「如何脫卻奴性」？對於當時的台灣人來說，除了天災，還能說什麼？（說了蔣介石也不懂）

（其實啊，甚至當代的共產中國是否已經完全啟蒙了，可以毫不羞愧的高唱國際歌了，還是仍然不改天災本色呢？哈哈哈，我們還是談談台灣自己的問題就好，鄰國的內政暫時不干涉。）

我曾經指出：

> 亞洲第一個痛下決心「脫亞入歐」的日本，對於
> 接受、詮釋與實踐啟蒙主義以來近代性的各種嘗
> 試，在戰前影響近鄰諸國至深至遠；然而敗戰後
> 劇烈的民主轉向，卻並未以相等的力道再次影響
> 近鄰諸國。換句話說，包括台灣在內的東亞近代
> 國民國家的基礎理念中，還有甚多戰前的殘渣餘

餘孽留存至今。這是一個弔詭的現象：戰敗國日本（以及德國義大利）「變成」民主國家，戰勝國中華民國／中華人民共和國卻停留在納粹／史達林時代。1945年這個關鍵的分歧點，祝福了日本，卻詛咒了台灣。

這是一齣悲劇，而悲劇源自於東亞近代國家的想像，都追隨日本模式，全盤接受了普魯士第二帝國的國家與民族想像——一種由上而下、少數菁英主導的 nation-building。這是一種翻轉社會契約論的建國運動，不是先有公民社會（civil society），再由公民社會授權創制國家機器；而是先有國家機器，再創造國民，然後寄望假以時日，國民能成長為公民，形成公民社會，並追認國家權力來源的正當性與合法性。這種翻轉社會契約論的建國運動，起初是迫不得已的選擇。但是，政治權力永遠難以抵擋掌控國民的誘惑，所以「軍政－訓政－憲政」的理想很快的淪陷，實際的情形則是「軍政－訓政－再訓政－又訓政」。再加上啟蒙思想家所未曾預料到的變數——資本主義，與近代國家的共生關係，最終的結果，就

是「國民，永遠是，也永遠只能使國民」。國家
用盡全力，阻擋國民成為積極主動的公民，阻擋
馴服的國民社會成長為有能力承認、中止、變更
社會契約的公民社會。

　　簡單的說，就是中國人想像中台灣人的五十年「奴化」，
是一種前近代的奴化，如同漢人被滿洲人征服、強迫剃髮之
類的想像。中國人卻忽略了日本人的殖民，是西方式近代殖
民，與中國歷史的改朝換代或者華夷之辨，本質完全不同。
例如新渡戶稻造雖然說日本是桃太郎，台灣是鬼島，但是
他也承認明治維新成功之前，日本也是鬼島，歐美才是桃太
郎。所以新渡戶說：台灣再努力一點，就會成為桃太郎，然
後去教化其他鬼島。這完全是啟蒙主義的邏輯。跟「中國就
是目的、就是終點」的盲信正好背道而馳。舉例而言，其中
一個完全非中國的特質，就是法治主義。而法，就是人權保
護。因此統治最終的預設，就是要型塑出值得被保護的「自
由人」，如此才能證明殖民者的基本政治價值具有普世性。
　　德希達（Jacques Derrida）曾經試圖解構「法＝權利」
的近代法公式：西歐人權史上，所謂享有法＝權利的主體，
最初只限於「具有肉食性供犧能力的歐洲成年白人基督教男

子」，而且到了二戰之前，這種限制並無根本性的改善。易言之，被歐美歌頌為「普世性的」法＝權利概念，其實一點也不「普世」。權利＝法藉由普世性的外殼，進行不斷的排除。而這種排除並不符合正義。被排除於法＝權利大門之外的人們如何獲得救濟呢？非常弔詭的，德希達認為，只有將法＝權利的虛假「普世性」化為真正的普世性，並真正及於被排除者。易言之，法＝權利的設定，最初雖必然發生排除現象（有權利者與無權利者的區分）；然而法＝權利若為求其版圖的擴大（普世性），就不得不負擔起救濟被排除者的義務。所以無論殖民者願不願意，被殖民者最終會發現，打敗／趕走或者最少獲得高度自治的最佳手段，不是武力對抗，而是逼迫殖民者承認他們自己的法＝權利的政治價值具有普世性，從而必須放棄殖民，承認所有人的權利。否則殖民者就背叛了自己的政治價值。這就如同美國獨立革命的時候，「為了保護被墮落的英國拋棄的、偉大的英國民主自由價值，美國必須獨立」的革命邏輯。你講假的，我偏偏要求你玩真的，否則你就是騙子流氓。你若是騙子流氓，你的統治還有什麼正當性？還有什麼合法性？

獨裁者帶來的虛假福音

所以，只有對西歐近代法的價值信心堅定的「敗者」，才會致力於法＝權利的自我增殖。因為這些來自歐美的殖民主義者，總是以「帶來現代福音」為藉口，以正當化其掠奪；但是其邪惡處並不在福音本身，而在於不斷拖延福音的實現，甚至有時候對於國內也來這套軍政／訓政／憲政的三段論詭辯。

真正的福音，並不是宗教，而是啟蒙的成果——人權思想。真正的桃太郎，是一個自由民主憲政秩序的信奉者。平心而論，蔣介石，或者其幕僚的知識，勉強夠到了訓政的最低水準。但是以國民黨政府對於法＝人權保護的啟蒙主義的總知識量，最多只能在中國進行新生活運動，宣導什麼宿營挖廁所，洗澡避女人。在台灣卻是笑話，更何況，儘管蔣介石的訓政，和他的現代化老祖宗明治政府「在所有方面都是國民的導師」的訓政前提完全一致，但是日本無論在人口規模與平均素質，或者社會安定性而言，都遠遠超過古老顢頇的中國社會。所以明治政府這一套訓政，進入 1920 年代的大正時代就開始崩潰了。其崩潰的程度，甚至連他們殖民下的台灣新興知識分子，都能夠心領神會威爾遜的十四點民族

自決原則，開始運用法律戰、思想戰來對抗殖民者，甚至還懂得狀告國際聯盟。這個來自被訓政國民、甚至於被殖民者的憲政要求，在中國的蔣介石直到丟掉江山，從來沒有運氣經歷過。所以他始終停留在 1920 年以前的日本，或者 1934 年以後的納粹德國。但是如同前面所說的，1945 年蔣介石所幻想的「被奴化台灣人」，早就在 20 幾年前，就開始憲政層次的抵抗了。所以他來台灣，要帶領台灣人走出「奴化」，如果不是笑話，當然就是天災了。

蔣介石其實是帶領台灣人退回到 1895 年的唐景崧。畢竟台灣民主國，就是一個擁有「民主」——「人民之主＝總統＝唐景崧」的國家。正確的說，可稱為台灣「民王」國。唐景崧的滑稽外行構想，居然在五十年後讓蔣介石給辦成功了。所以台灣人送走了一個自甘墮落的日本，卻迎來了一個民王希特勒。而且買一送一，預支了另一個遲至二十一世紀才終於勉強達到希特勒時代的、法匪水準的厲害了我的國。這個歷史事實，因為國民黨長期壟斷台灣歷史的詮釋權，所以接受黨國教育的戰後新生世代——其中又以目前主導台灣的五、六年級世代為甚——幾乎完全無知。等於父祖打疫苗，子孫殺狗取腦貼傷口，直到曾孫輩，才再一次知道，原來還有疫苗這種選項。而且，對岸又有流氓來強賣狗腦藥膏了。

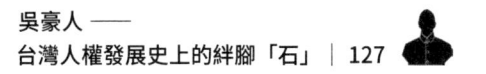

或許因為中國太大，又堅持一定要維持什麼「統一」
「分久必合」的地方史觀，所以總是自不量力而作繭自縛，
造成其人權程度總是大幅拉低全世界平均值的大不幸。而中
國看不起的小國，比方那些幾乎都在上世紀 1950 年代成功
獨立的前殖民地國家，卻沒有這種問題。他們雖然趕走了殖
民者，卻都留下了這些啟蒙的政治價值，也簽署了世界人權
宣言與兩大人權公約。即便是集權的蘇聯，其正牌馬克思意
識形態，也相當程度的迫使歐美接受社會權的概念，否則經
濟社會與文化權利國際公約，不見得能夠問世。冷戰結束不
到二十年，全球化資本主義以絕對的自由經濟為名，完全捨
棄社會權的概念，立刻席捲全世界，結果就是選擇與國家主
權聯手，不斷的推翻自由民主政治。（不然你以為習近平、
普丁和川普這種人，是如何崛起的呢？）戰後的國際人權歷
史，只有中國毫無貢獻。無論是 1971 年以前的中華民國，
或者之後至今的中華人民共和國。

蔣介石當然只能負責到 1975 年自然死亡為止。但至少
他在 1971 年選擇退出聯合國這件事情，就讓台灣的國際人
權知識與實踐，與國際水準完全脫鉤，乃至於落後了三十
年。這個影響，比他關起門搞內聖外王獨裁還嚴重。他的兒
子與黨國成員，儘管回天乏術，仍然拼命想維持台灣人權絆

腳石的角色。其後台灣雖然歷經了民主化，但是因為無論什麼政黨當家，從來都未曾有能力，或者有能力卻不認真進行轉型正義，所以這個絆腳石角色，始終百足之蟲，死而不僵。2024 年以來，不少精神上的未成年人，甚至轉而投靠中國共產黨，以便持續絆台灣人的腳，以冀重回「擁有奴隸的奴隸國度」。麻煩的是，這批人與蔣介石的前近代性格缺陷，有本質性的差異。如果蔣介石耽誤台灣人權進步，是出於缺乏知識（或者逃難逃錯國家？），目前的這批人，就是完全的確信犯，完全是知道自己不但喜歡當奴隸，也絕對不讓別人不當奴隸的流氓。杜魯門曾經說過蔣介石政權「他們都是賊」；我們也可以模仿杜魯門，說「他們都是流氓」，無論披著的外衣是政客、學者、地方派系、宮廟、黑道或者高中國文老師。

安葬台灣的人權絆腳石們

蔣介石一生功過，要以在中國，與在台灣為分水嶺，分別評價。台灣可不是奧地利，從未公投自願成為德意志第三帝國的一部分。以中國的水準，他大概算是個勉強合格的政治領袖，在中國幾千年歷史上的排名大概是中上。他是個想

要成為聖主賢君的小流氓，不幸卻敗給一個無可救藥的大流氓。但這個說法，畢竟是是取法乎下的前近代標準，而且是純屬中國的前近代標準。在 1945 年的台灣不適用。把 1945 年的台灣，交給蔣介石統治，無異是將羅馬交給蠻族統治。同理，把如今的台灣，交給習近平統治，台灣等於三次被殖民，其中兩次被打回 1895 年的倒楣鬼。

儘管如此，百分之百否定蔣介石，也不是一個正確的歷史認識，他也講對、做對了一件事情──蔣介石堅決反共。這是他留給台灣唯一的政治遺產。姑且不提已經解體的蘇聯，反中共才是蔣介石從來的重點。假如我們能夠召喚出蔣介石、蔣經國的鬼魂，這對父子檔，一定會告訴我們：目前台灣出現的憲政危機，基本上就是共產黨策動本黨叛徒所進行的政變。畢竟蔣介石，大概是「與他同時代的國際政治人物」裡，最透徹認識「中國共產黨絕對不可信任」的政治領袖。連史達林都不太相信老毛會不聽話，更別提邱吉爾羅斯福了。只不過蔣介石對於中國共產黨的深刻認識，既不來自近代知識，也不是因為堅決擁護民主自由人權。他的認識，來自於和他纏鬥終生的敵人毛澤東。這一對背叛革命的獨裁者活寶，都是中國的產物，也都是前近代的產物。只是蔣介石不學無術，又莫名其妙、名過於實的「被成為」他所無力

勝任的民族救星，只好模仿日本與德國的「訓政」路線，呼攏自己與老百姓。毛澤東則不學有術，是個把馬克思主義給水滸傳化闖王化的流寇皇帝。兩個人都是妨礙人權思想普及的浩劫。但蔣介石並沒有本領妨礙到中國——那是一個無法妨礙的自給自足的帝王思想的國度——，他只恩將仇報的妨礙了台灣幾十年。毛澤東則不但完全阻斷人權思想在中國的生機，他的奴子奴孫，甚至在二十一世紀的前 20 年，還巨幅的拉低了全世界的人權水準。其結果，甫提嚴重危及了台灣好不容易萌芽的人權，造成台灣奴才主義者的復辟熱情；甚至幾乎使得三百年的啟蒙思想，與八十年的世界人權宣言所代表的人類理想，都陷入空前的危機。

毛澤東的言行，就是一個黑道虛無主義的極致版本，在歷史上，無人能及的對人權與人性尊嚴的冒瀆與蔑視。如今中國給予台灣所有的威脅，極大部分來自於中國人無力阻止自己成為毛澤東的奴隸所致。所以強大的中華帝國，底子由十幾億自願為奴，又迫人為奴的奴才集團所構成。也因此，我個人主張，應該讓蔣介石與蔣經國在台灣安葬。讓一個人死了五十年不得安葬，實在也是違反人權的極致了。何況若把他倆送回中國，今天笑納明日鞭屍，比起把政治犯送回本國，更加慘無人道。如果有人說，至少如今的中國是強國

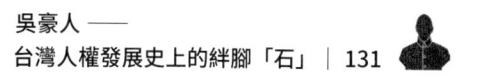

了，蔣介石應該含笑九泉，恩仇了了。那就未免太不瞭解老蔣。他是漢賊不兩立的內聖外王，而且知識水平雖然介於前清秀才與民國高中學生之間，總也大大強過文革中學生的習近平。

全世界唯一能夠保護蔣介石父子倆身後尊嚴的，似乎也只剩下台灣了。他們不是好人，但是最壞的一群人，其實是把他們捧成民族救星的奴才們。如今這些奴才，以及奴才的奴才們，改捧民族救星死對頭的徒子徒孫為民族救星。不必等待轉型正義，蔣氏父子已經蓋棺定論了。他們就是他們祖國的失敗者，流亡到他方，夢想著捲土重來，結果出師無門身先死，身後眾叛親離，還帶衰居停，引狼入室。

對於蔣氏父子，乃至於其廣大受害者而言，既然台灣人放棄了轉型正義的責任釐清，那麼唯一的安魂之道，就是速速令其父子入土為安，不必身後再受不肖黨員嫁禍消費。只要自由的台灣存在一天，蔣氏父子及其真正家屬，都不必擔心破墓鞭屍之禍。總之，讓兩蔣永遠安葬於自由之國台灣，毋寧正是最終極的人權象徵，最終極的「好的撒馬利亞人」典範。甚至，習近平如果擔心死後被中國自己人鞭屍挖墳，禍延祖考，我猜我們台灣應該也很樂意讓他安葬在台灣。我們願意讓活著不肯做人，也不讓別人做人的習近平，至少死

吳豪人 ——
台灣人權發展史上的絆腳「石」 | 131

了之後，可以學習好好做鬼。

　　台灣願意擔任全球的萬應公、恥辱柱、不義遺址！所有害怕被鞭屍的獨裁者及其家屬，歡迎來台灣，大家葬起來！

蔣介石的文化霸權 [1]

吳俊瑩
台灣大學歷史學系助理教授

埋於台灣土地的霸權遺毒

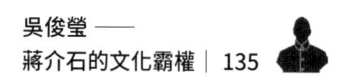

1950 年 3 月 1 日蔣介石在台北宣布復行視事，重任總統，到他 1975 年「崩殂」於五連任的總統任內，[2] 在台灣是無比巨大的存在，[3] 從政治制度、教育政策到社會文化，留下深刻烙印，甚至在死後，透過官方政策與紀念工程，存在感一度更大。蔣介石在國家之上，表現在軍隊的五大信念排序：主義、領袖、國家、責任、榮譽，[4] 既然「領袖」在「國家」之前，蔣介石與國民大會進行政治交換，藉《動員戡亂時期臨時條款》的毀憲之舉，自然也不令人意外。

透過黨、政、軍、警、特（特務）、教、報（媒體）等「七位一體」的相互作用，[5] 蔣介石在常民生活中取得論述

與價值的主導與優勢地位，建構與統治體制連帶的優位價值體系，學術上稱為「文化霸權」，[6] 目的是為鞏固既有的政治優勢地位。值得留意的是，蔣介石的文化霸權是長在經歷二二八事件與白色恐怖的黨國暴力清洗後的台灣土地，既廣又深。

本文先以 1966 年蔣介石發起的中華文化復興運動為引，展開討論，此時的台灣「去日本化」殆告成功，然而中華民國國際地位動搖，當在國際上作為「中國」代表的現實，愈來愈難以維持下，轉而對內從文化層面尋找施力點，試圖以更全面的官方運動肯定中國傳統文化，作為維持「中國正朔」的新資源。[7] 繼而探討蔣介石如何透過教育體制推展中華民族主義、生前的偉人領袖崇拜，以及死後如何以政策手段維繫精神不死。

一體兩面、相互支援的政治威權與文化霸權

1966 年 11 月孫科、王雲五、孔德成、閻振興、陳立夫、張道藩、張其昀等 1,500 多名黨國大老呈請行政院，發起中華文化復興運動，行政院再呈請蔣介石核定，但這是蔣介石的構想。文復運動名義上是因應中共發動文化大革命，欲藉

此運動成為思想戰與文化戰的利器，建構反共鬥爭的堅強心理。實則在政治外交形勢上已無從反攻大陸下，展開的是一場比起過往文化運動，更為全面、更具組織性，以蔣介石為核心的精神動員運動。

蔣介石主持孫文一百零一歲誕辰紀念暨中山樓落成典禮並發表紀念文告明定今日為中華文化復興節。
圖片來源：〈領袖照片資料輯集（六十三）〉，《蔣中正總統文物》，國史館藏，數位典藏號：002-050101-00065-171。

被打造出的道統傳人

在文復運動展開之初，孫科等人的發起啟事就已將蔣介石打造成道統的一部分，以及道統傳人。[8] 所謂的道統及其承繼關係，用蔣介石話來說，即是「遠承堯舜禹湯文武周公孔子之道統，近紹國父三民主義，五權憲法之宏規，以發揚我中華民族文化之傳統」。[9] 堯舜傳下來道統，至孔子集大成亦終絕，後由孫文恢復。蔣介石強調孫文繼承道統，發明三民主義，使五千年中華文化歷久彌新，欲彰顯「中華民國」繼承的才是中華文化的道統與正統。

1966 年 11 月 12 日蔣介石上在陽明山中山樓發表〈中山樓中華文化堂落成紀念文〉，如此提到自己：「嗟呼！隔水西望，滿目瘡痍，渡頭落日，青山一髮者，莫非中原！淚哭血乾，死生無告者，莫非吾胞與骨肉焉！是以中正雖歷經艱難險阻，與侮辱橫逆之來，猶予日孳孳，而忘其身之老，責之重也！」[10] 蔣介石表明他的歷史責任感，孫科、王雲五、孔德成等黨國政要與文化人早就不待指示，稱「總統蔣公繼承國父志業」，[11] 以蔣介石的思想傳自孫文，將「道統─國父─蔣介石」、「三民主義＝文化復興＝反攻大陸」連起來思考。[12] 於是「國父手創，總統遵行」，[13] 蔣介石順勢嵌入

這個道統系譜。

蔣介石操作形式合法，先是 1953 年 9 月 23 日國民大會代表透過蔣介石的一紙總統代電，適用憲法第 28 條第 2 項規定「每屆國民大會代表之任期，至次屆國民大會開會之日為止」，不必改選。[14] 1954 年 1 月再透過司法院大法官解釋，以「值國家發生重大變故」為由，第一屆立法委員、監察委員繼續行使職權，打造萬年國會，鞏固代表中國的政治法統，繼而在 1960 年代藉文復運動確立在文化道統的傳人地位。道統與法統，對蔣介石的文化霸權而言，前者提供文化價值與歷史正統性，後者則賦予制度上的正當性。兩者猶如鞏固中國正統的車之雙輪、鳥之雙翼，缺一不可。[15]

國家神話破滅下的領袖鞏固

文復運動號令一響，民間動員活動目不暇給、政府機關通令配合，中國國民黨方面展開中華文化復興運動推行委員會的籌備工作。1967 年 7 月 28 日文復會正式成立，恭請蔣介石擔任會長。文復會設國民生活輔導、文藝研究促進、學術研究出版、教育改革促進、基金等委員會，另設與省市政府機關、學校平行的分支機構（總支會、分會、支會

等）。[16] 文復會是一個由政府預算支撐運作的另類「社運」團體，工作內涵無不以鞏固蔣介石崇高地位為主調。[17] 中華文化復興運動經國家安全會議通過，取得執行名義，行政院列為施政重點，成為有關機關的年度施政重點考核與績效項目。[18] 且文復會就業務推展，尚能要求政府機關配合。[19]

1970 年代開始，中華民國的國際地位面臨空前挑戰。以 1971 年 10 月 25 日聯合國 2758 號決議為始——「**承認中華人民共和國政府的代表是中國在聯合國組織唯一的合法代表**……決定：恢復中華人民共和國的一切權利，承認她的政府的代表為中國在聯合國組織唯一合法代表並立即把蔣介石的代表從它在聯合國組織及其所屬一切機構中所非法占據的席位上驅逐出去」。[20] 中華民國代表「中國正統」的政治宣傳破滅，但六天後蔣介石「八十晉五華誕」，《中央日報》社論以「智者無悔・仁者無敵」作為蔣介石的生日獻詞，稱「總統蔣公領導我們國家與國民，為了正義和平，由支持國際聯盟而維護聯合國，更由聯合國的首先創議而終於退出，**誠然可謂體常而盡變**，不拘於一隅，**亦可謂持險應變而曲當，舉事棄疑而無悔**」。蔣介石在中國代表權危機應對過慢、讓步太遲，[21] 竟被宣傳包裝為不受限固定立場，危機中靈活應變的決策。

140 ｜全面控制

當中華民國政府為中國唯一合法政府的神話動搖乃至破滅後，文復會配合莊敬自強運動，加大對於效忠領袖的要求。[22] 當外部的危機感升高、國際地位下降，政治宣傳鬆動之際，轉向強化對蔣介石的道統地位與領袖的個人崇拜與忠誠，凝聚統治正當性。文復運動不只是對內的思想文化動員，同時也是對國際社會，特別是所謂海外華人訴求中國道統的正當性，與中華人民共和國的「中國」競爭話語權。

貶抑台灣文化

蔣介石在推動中華文化復興運動的過程中，其實質作用在於建構全民性及長期性的「中華大國民運動」，在此運動下強調台灣只能作為中華文化的載體，其背後反映出怕台灣文化「不夠中國」的深層焦慮。[23] 換言之，有關「台灣」的歷史文物、鄉土文獻，出現在中華文化復興運動的脈絡下，必然是強調台灣與中國的淵源，目的在證實台灣的「中華源流」。甚至對台灣原住民，假學術研究之名，強調「台灣山胞絕大多數來自中國大陸」，包納在所謂「中華民族」之內。[24] 台灣本土文化成為附庸還不夠，還擔心「深度不夠」的台灣文化影響優良中華文化的推動，[25] 這讓本地人子弟無

形中養成凡是「台灣的」，都是次等，甚至是低俗的。[26]

去台灣化，再（更）中國化

文復會對本土文化的壓抑，其實反映出當局對「年輕一代」大中國意識消退的焦慮。1971 年 2 月文復會秘書長谷鳳翔道出這層思考：「在文化資料的整理上，在機構的設施上，應如何使其精神貫注於**全國的觀念**，對於年輕的一代，應如何消除其僅偏於台灣一隅的**狹小觀念**，增強其光復大陸的信心，可函請……有關單位加以注意研究。」[27] 故任何以台灣為單元的思考與作為，概在防堵之列。1972 年文復會工作計畫「加強民族精神教育」工作項目，實施要點即有：「消除當前社會上部份分歧複雜思想，加強各級學校本國語文史地教育」。[28]「本國」就是中國而非台灣；「分歧複雜思想」是國民黨當局所擔心的台灣意識、台灣獨立思想。故提倡「認識台灣」遭貶抑為偏狹、提倡分離主義，結果使許多學子是書讀的愈多，愈加疏離鄉土，離自己所住的島嶼愈遠。[29]

壓抑台灣文化的政策中，又以國語運動為最，而且當局採取「打擊」、「壓制」母語的手段，建構北京話成為具優

越地位感的語言。[30] 國民黨在中國沒有辦法充分推廣的、做不到的，來到台灣後卻是雷厲風行，成果斐然。「加強推行海內外之國語運動」始終是文復會歷年重點工作。文復會明白表示，凡有關「推行方言」主張，不宜予以提倡。蔡培火多次提出希允准以「方言」作為文復運動的輔助語言，始終不被接受。[31] 相關的國語運動工作，根據林果顯的研究，包括恢復 1962 年陸續裁併的各縣市國語推行委員會、檢查台北市公車路線沿線商店說國語情形，甚至考慮讓「電視歌仔戲國語化」等，這都使得台語逐漸在廣播、電視、流行歌失去版圖，被壓縮到社會的邊緣。[32]

從大眾傳播媒體所的語言政策來看，1970 年代本土語言遭到嚴格緊縮與限制，此時是蔣經國擔任行政院副院長、院長，從幕後走向台前主政的年代，過去在政治上常以「本土化」評價他，但從電視台語節目所反映出的語言文化政策，蘇致亨指出蔣經國的執政時代反而是「去本土化」特別有效的年代。[33] 1970 年代不僅台語淪為語言階級的下層，台灣基督長老教會的牧師更觀察到：「政府為了要推廣國語，所以，似乎要把本地語言的使用都消除掉。」[34] 1975 年 1 月國民黨政府再以羅馬拼音聖經有違國家語文標準化政策為由，加以沒收。[35] 在雷厲風行語言政策外，文復會大力整理國

劇、國樂,提倡國醫,[36] 乃至「國民生活須知」、「國民禮儀範例」,建構出全民均應學習、代表中國的標準文化。[37]

教育洗腦

蔣介石大力提倡中華民族主義與民族精神教育,國民黨當局緊抓國文、公民、歷史、地理課程不放,[38] 目的無非是強化所謂的民族感情,有助於形成中國認同。文復運動展開時,1966 年教育部內設中華文化復興運動推行委員會,國立編譯館配合改編國民學校「公民與道德」、「社會」、「史地」等課本,初中「國文」、「公民」、「歷史」、「地理」標準教科書,以及高中和大專院校「中國文化基本教材」與「中國文化史」等課本,加重中華文化之教材份量。[39]

蔣介石的教育觀,忽視人文多樣性,脫離現實與實際生活經驗,[40] 灌輸特定政黨意識形態的內容,更是違背妝點「自由中國」的《中華民國憲法》。教育從課程到活動,有相當多是「反教育」,還有歧視與虛構的教材。[41]

1950 年 6 月教育部頒布〈戡亂建國教育實施綱要〉,第一項就是「關於加強三民主義教育」。[42] 1951 年 3 月 29 日中國國民黨中央改造委員會召開第 105 次會議,當日主席為

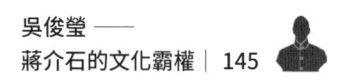

陳誠。會中雷震、洪蘭友就國民黨改造路線，特別提及應廢止目前學校的三民主義課程及軍中黨部，理由是兩者是具有「一黨專政意味之措施」，黨化教育色彩過於明顯。學校方面可以公民課程方式行之，在軍隊可由政治部灌輸主義，不用如此露骨，可採間接方式實施。雷、洪二人及黨部方面意識到，三民主義課與軍中黨部「違反憲法關係重大」的言論時有所聞，友黨亦常以此為攻擊國民黨。但蔣介石在這類會議記錄的摘呈文件，罕見做出批示，指斥兩人「殊違本黨之意志，昧於大勢，希由張秘書長面加告誡」。[43] 二人基於憲法提出的黨改造意見，避免教育黨義化、貽人袒護某黨口實的建言，卻被蔣指為「昧於大勢」。

三民主義課程，戰後先在大專院校恢復，1953 年 12 月教育部頒發三民主義課程標準，增列三民主義一科，要求高三學生每週修習 2 小時，加強對學生的「思想訓練」。1954 年蔣介石的文膽張其昀接掌教育部，視推展三民主義教育為己任，列入大專聯考的考科，算總分，迫使學子不得不讀，[44] 直至 2000 年才廢考。經過近半世紀，方結束灌輸特定政黨意識型態考科。

高中國文科教學，過去還有獨立成科的「中國文化基本教材」。這種將特定的信念體系內容（僅儒家四書選本

耳），當作一國之真理的「中國文化基本教材」的出現，也是出自蔣介石。

1936 年蔣介石在中國時，對縣市政府行政人員要求研讀「中國政治典範」的四書五經。[45] 1952 年 6 月蔣介石頒發如何研習經書的訓詞，[46] 視為國民黨改造運動的一環。[47] 蔣介石強調：「若要保存和發揚我們中國的文化，就應該以經書為我們文化的基本教材。」同年 12 月蔣稱中國的經書是道統寄託之所在，「其應愛護研究，自當遠出於宗教的教義經典之上」。[48] 1954 年教育部長張其昀據以推動將四書選本納入高中教材，以「中國文化基本教材」之名，包裝讀經傳統。「中國文化基本教材」這個強調文化本質主義的科目名稱，也是張其昀報給蔣核定的。1954 年 10 月 27 日蔣介石在反共抗俄總動員運動會報指示：「四書乃師範生必須研讀之基本書籍……孟子一書如能多加研究尤足增進反共抗俄之信念。」[49] 由此可知，「文化基本教材」是用來配合當局的政治目標。該課程先在師範學校試教後，1956 年開始在高中「加授」論語、孟子、學庸，起先刪除國文標準本的部分課文，每週勻出國文教學時數 1 小時為授課時間。[50] 1962 年列入國文科課程標準。[51] 中國文化基本教材師資培養，後來也是文復會在教育工作的加強規劃實施要點。[52]

146 ｜全面控制

國民義務教育中的黨國色彩

九年國民義務教育決定開辦後，1968 年 2 月蔣介石積極介入教育內容與教育方針。[53] 蔣質疑當時教育「重外輕內、崇拜外物」，將過去民族之倫理與先聖之哲學，棄如糟粕，[54] 蔣藉此機會使教育內容朝傳統回歸。1968 年 2 月 11日蔣介石召見教育部長閻振興，指示貫澈其對於革新教育之手令及整頓教育部人事案，並在日記大罵以北京大學為首的五四新文化運動，蔣稱「中國教育之敗壞，實由於北京大學所提倡之新文化，只知民主與科學，而排除民族倫理開其端，又以遷台以來，梅、黃（按：梅貽琦、黃季陸）二部長無主義與不負責之行政，結其惡果也」。[55] 蔣同時指示國民及各級學校，以孫文「知難行易」、王陽明「知行合一」學說，以及「余對以上二說之哲學解釋講詞」，作為「我國哲學教科書之標準」，而且各級中學及師範學校第一年以此為「第一課程」，列為畢業分數之「重要部門」。[56] 這究竟是在讀書，還是讀訓？！

為配合九年國民義務教育之實施，1967 年 9 月教育部已完成國民小學暫行課程標準修訂，1968 年 1 月 1 日公布，規定自秋季實施。1968 年 4 月 12 日蔣介石在課程標準公布

上路後，突頒發〈對國民教育小學「生活與倫理」課程中學「公民與道德」課程之指示〉，對教科書編纂、教學方法、學生如何實踐，一一提示到瑣碎地步。蔣介石揭示教育目標之一是要教育學生成為「堂堂正正的中國人」，足以表現出「中華民族的道德文化」。[57] 我在 1980 年代初出生，蔣介石去世多年，但國小作業簿的封底依舊印著「做個活活潑潑的好學生；做個堂堂正正的中國人」的蔣公遺訓，源頭就來自蔣介石上開指示。

在蔣介石一道自認「頗費心神」的教育革新令指示下，[58] 原本已定案的國小「公民與道德」科目名稱，變更為「生活與倫理」（公文竟謂之「正名」。顯然無視制訂課程標準的審議機制，只為迎合領袖）。[59] 根據許哲瑋研究，在蔣介石介入下，國中小公民課程教科書朝道德教育偏移，離公民教育愈來愈遠，[60] 欠缺現代國民國家意識的培養。在蔣介石意志指導下，儒家道德價值觀滲透到教育體制，強調的是從統治者的角度出發，而非個人的公民身分，重視難以捉摸的「正心」，忽略實際可見的行為。[61] 蔣介石在談論公民教育時，偏重儒家的五倫觀、四維八德，對現代公民知識並沒有那麼看重，甚至認為公民教育得由歷史、地理課來打基礎，而非拿外國的教材來講。[62]

後來的中華文化復興運動推行重點工作，以 1970 年為例，仍標舉著蔣介石對小學注重「生活與倫理」，中學注重「公民與道德」之教育指示，力求貫徹，加強**民族精神**教育，並須注重大專學校之訓育活動與**中國文化**之陶冶，執行單位為教育部、台灣省政府、台北市政府，並找來中國青年反共救國團為協辦單位。[63] 1968 年 12 月救國團根據中華文化復興運動推行委員會指示，就該會與各大中學校分支會聯繫工作，一般活動方面，「則請救國團統一指導」。[64] 文復運動之所以有救國團的角色，是該團成立之初就是國民黨內重要青年運動機構（國民黨的附隨組織），對高中、大專學生，藉自強活動之名，「以享樂換取青年效忠」。[65]

生前偉人崇拜

透過對於政治象徵物的空間布局，深化對於領袖地位的認同，是獨裁極權國家的常態，戰後台灣的蔣介石亦不例外。2019 年行政院促進轉型正義委員會依據《促進轉型正義條例》移除威權象徵的法定要求，調查全國兩蔣塑像及遺像與命名空間數量。2019 年的初步清查結果如下：

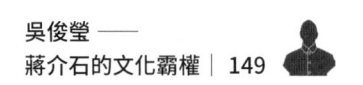

統計時間	蔣介石塑像	蔣經國塑像	蔣中正遺像	蔣經國遺像	合計	命名空間	全國總數
2019.07	1,075	39	97	24	1,235	579	1,814

資料來源:促進轉型正義委員會,《任務總結報告第三部促轉會規劃之推動轉型正義方案》,頁73。

蔣公銅像無所不在的前因,與現果

　　以 2021 年促轉會管考的 966 個兩蔣塑像及遺像,命名空間 580 處來看,平均每一縣市約有 70 個、全台每 20 平方公里就有一個威權象徵盤據在公共空間,其中又以蔣介石為大宗。分布場域,扣除全台到處都有的「中正路」等,上開威權象徵高度集中在校園（58.6%）與軍方營區（16.5%）,兩者合計 75.1%。而在全國各級學校有多達 530 個兩蔣塑像,蔣介石 516 個,以小學 241 個最多,連幼兒園都有 1 個。[66]

　　這些無所不在、密度之高的蔣公塑像／銅像是藉由公共空間的視覺儀式化建構領袖崇拜,早在戰後就開始。1945 年 12 月中國國民黨台灣省執行委員會召集台灣省行政長官公署、台北市政府、報館各代表商談慶祝 1946 年元旦及民國

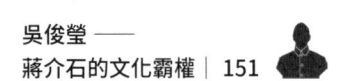

成立紀念辦法，其中就有成立台灣省各界籌建國父暨主席銅像籌建委員會，[67] 委由陳澄波女婿、也是雕刻家的蒲添生製作，原本預定 1946 年 5 月 5 日前完成，但蒲並未見過蔣介石，據說只能靠 5 張相片翻模，相當不容易。[68] 但銅像籌建委員會知蒲添生無法如期完成後，1946 年 4 月 19 日常務會議討論延期處置對策，決議蔣主席的石膏模型限 5 月 30 日前完成，委員會如認為不合格，扣除工程及材料費 1 萬 5 千元外，其餘已付款項應令退回；認為合格，則限 6 月 30 日完成銅像，並派員前往「監造」，會議記錄甚至有「如不能如期完成**扣押承造人法辦**」等字眼。民事契約竟有所謂「扣押」法辦之理，殊難想像，可想見蒲添生承受的壓力。[69] 後因通貨膨脹等經費因素延宕，「蔣中正戎裝像」終於在 1946 年 12 月 25 日揭幕，成為戰後台灣第一座政治性銅像。[70]

蔣介石雖曾禁止各界為他鑄造銅像祝壽，但台灣各鄉鎮籌建塑像仍不絕如縷，以「民族救星」定位，感念蔣收回台澎，率領大軍保衛台灣，保護本省人民。[71] 1956 年嘉義市以蔣介石為「民族救星」，崇敬總統「豐功偉蹟」為由，編列經費籌建，銅像模型還得先送總統府或中央黨部「鑑定」，經費方面有見透過勸募或攤派，營造軍民擁戴的意象。[72]

1956 年 1 月至 4 月陸軍預一師師長孫竹筠與部屬浮報烏

日訓練基地工程建築費，以少報多，詐領工款 19 萬餘元，又為建造總統銅像暨資料室等工程，苦無預算，向承攬廠商先後以捐助師部建築工程為名，於訂約後工程進行中，索取回扣，用於各項未奉撥預算之工程或挪補他項工程。國防部高等審判庭以其犯罪動機純係「邀功心切」，昧於好勝，誤觸法網，判處有期徒刑 7 年。1958 年 12 月國防部再為孫竹筠簽請蔣介石依《赦免法》第三條規定特赦免其刑之執行，獲蔣批「如擬」，加恩宥恕；但因罪責仍存，不合復職要件。1959 年 10 月參謀總長彭孟緝還專簽為孫竹筠報請破格復職，以國防部高參任用，獲蔣批可。[73] 孫竹筠為了表忠、邀功，向廠商索回扣蓋蔣介石銅像的部分，最終由蔣介石批示赦免、違法復職，可說是另一種令人玩味的銅像政治。

全面造神運動

除了銅像這種硬體，[74] 但 1950、60 年代的報章媒體、廣播電視、歌曲的軟性載體，在反攻抗俄的政治神話下，充斥著對蔣介石的歌功頌德的內容，因為反共「戰爭」需要英雄，所以必須擁護領袖。[75] 李筱峰認為蔣介石的個人主義，與國家主義、民族主義互為表裡，使得台灣在 1950、60 年

代是一個瘋狂造神的時代。[76] 蔣介石的偉人形象塑造，多管齊下。小學課本充斥著他的身影。小二國語〈先總統蔣公小的時候〉，講他到河邊看小魚努力向上游的故事：

> 蔣公看了，心裡想：「小魚都有這樣大的勇氣，
> 我們做人，能不如小魚嗎？」
> 蔣公從小就做事快，不怕難，又有勇氣，所以長
> 大了，能為國家做許多事。

　　小三再讀〈愛國的蔣總統〉說蔣總統從小就很勇敢，又很愛國，勇於跟日本教官爭辯泥土與寄生蟲的不當比喻。小五還有〈忠勇的蔣總統〉說 1922 年陳炯明叛變，孫文在永豐艦上避難，蔣總統不顧危險登上永豐軍艦，蔣一人「好像增加了兩萬援軍」，強調兩個時代偉人的相遇。小五還有〈自強不息的蔣總統〉，課文最後提到：「在他的領導下，必能消滅共匪，使青天白日的光輝，重新照耀在大陸上。」[77] 蔣不僅在課文反覆現身，還印在新台幣，出現在郵票票面的次數，前無古人，後無來者。[78] 總的來說，蔣介石是「民族的救星，時代的舵手，世界的偉人」，[79] 無所不在的巨大存在。

這種洗腦力量，不容易抵擋，特別是對年輕人。李筱峰自言在 1964 年唸初中時，書桌曾擺著一張蔣介石的照片，對蔣介石興起如英雄崇拜般的宗教信仰，不光是他，他那一代的人對黨國符碼如癡如醉。[80] 李筱峰研究戒嚴時代的愛國歌曲發現，對蔣介石的個人崇拜是重要的創作類型，〈領袖萬歲歌〉、〈效忠領袖〉、〈歡呼〉、〈團結力量大〉、〈總統誕辰歌〉，歌名露骨，歌詞灌輸人民對領袖的絕對效忠，令人咋舌，稱蔣介石是「大革命的導師」、「大時代的舵手」，「我們永遠跟您走」；「人類的救星」、「時代的巨人」也是填詞的素材。[81]

在日常生活中，每年 10 月 31 日的總統華誕，官方祝壽活動有如歌頌傳統君王。小說家李黎提到，每年到了這一日，電影廣告就變得很奇怪，不好字眼如「鬼」、「死」、「殺」之類都不見了，[82] 不小心都不行。10 月 31 日也是西洋萬聖節，但在白色恐怖年代命喪黃泉的《台灣新生報》副總編輯童常，罪名之一正是曾在 10 月 31 日的副刊登出〈鬼節〉，被認為是對元首大不敬。司法行政部調查局指控童常罪名就有：「故意選載『爸爸的鼻子』、『鬼節』、『妙老頭』、『下鄉去吧』等內容不妥文字，用以**影射譏評，污衊元首**」。[83] 在鬼節不能講鬼字，正因為是蔣介石的生日。

面對大規模動員的全民為他過生日，蔣介石常上山避壽，這讓當地居民反而陷入另一場動員活動。[84] 蔣介石時在華誕之日前公開表示希各界停止祝壽，但官方與民間祝壽活動，不因而止，反而興起各種暖壽、祝壽酒會，連總統府也開設壽堂，供民眾排隊行禮、簽名致意。[85] 傅正指出蔣介石若真心不愛別人祝壽，外界何敢「逆旨」，照辦不誤？[86] 蔣介石的「謙辭」，襯托出民間的主動自發。蔣介石曾在日記流露出他在意祝壽規模。1955 年 10 月 31 日：「**參閱各報祝壽情形**，華僑各地來台祝壽者六百餘人，印尼與緬甸、馬來為共匪建交各地壓迫僑胞最兇者，青年球隊皆不顧險難，自動回國祝壽，以表示其擁戴之赤忱，殊為感慨。」[87] 1971 年 10 月 31 日：「各地遊藝祝壽表現，與設立壽堂拜賀，**人民擁護之愛忱足慰**」。[88] 對這些祝壽活動，蔣介石其實看在眼裡，視為效忠的表現。

1972 年 10 月 31 日是蔣介石 86 歲華誕，也是救國團 20 週年團慶，成功大學在 10 月 30 日先辦「暖壽晚會」，31 日清晨在體育場司令台「恭設壽堂」，全校 5 千餘師生集體對蔣介石遙拜祝壽，由外文系四年級龍應台同學帶頭恭讀祝壽詞。[89] 這個場景，如今只出現在極權獨裁國家，常被傳媒當作軼聞揶揄，但回頭看看自己，不也上演過這種戲碼。

死後以政策手維繫精神不死

國民黨政府以明顯政策手段鞏固蔣介石近乎神聖般的地位，是出現在 1975 年 4 月 5 日蔣介石過世後。1975 年 4 月 9 日蔣介石的靈櫬搬到國父紀念堂的講台，讓萬民瞻仰遺容的點子，出自國防部總政治作戰部主任王昇向蔣經國「竭力主張」，改變幾日來只准高級人員瞻仰的作法，王昇特別提到「院長〔按：蔣經國〕採取了賢明的決定」。[90] 4 月 10 日起開放民眾瞻仰遺容，蔣經國在日記稱「人海如潮」，「天下無一人如此受人敬仰者」。[91] 瞻仰時間從早九晚五，改成早上 6 點到晚上 12 點，後來變成 24 小時全天開放，還有人從中南部北上，披麻帶孝，還有前一晚 8 時排隊站到翌日天亮，還有人瞻仰一次還不夠再排隊。[92]

弔唁的哭聲與歡喜的噗聲

蔣介石的文化霸權的極致展現，就是 1975 年 4 月 5 日死後長達一個月的國喪。[93] 當時擔任行政院長的蔣經國，1975 年 5 月 8 日主持行政院會，主席致詞伊始，就對從停靈國父紀念館至 4 月 16 日大殮移至慈湖，民間哀痛嚎泣的表

現，感動不已：

> 總統蔣公崩逝，舉國同悲，全體國民，無分男女老幼，都哀毀逾恒，野祭巷哭，同申悲慟哀悼之致意，在停靈國父紀念館期間，二百多萬民眾餐風沐雨，排隊瞻仰遺容，奉厝大典之日，更多的民眾匍匐道旁，恭送靈櫬。這種發自內心的孺慕之誠和呼天搶地之痛，在中外歷史上都沒有可以比擬的先例，這是全國國民感念總統 蔣公一生對國家的重大貢獻和二十五年來建設台灣的偉大成果之自然流露，誠令人感動。[94]

如果台灣仍舊維持住當前的民主體制，這種規模的「野祭巷哭」，大概是空前絕後的場景。如他兒子蔣經國所言，中外歷史上沒有這種先例，蔣經國在日記特別提到「歷史上有記載者，只有堯帝有此情形」[95]——出殯當日，馬路上跪了一排又一排的人，從台北延伸到桃園，人山人海。[96] 那年剛為台大歷史系教授的李永熾回憶：蔣介石的靈柩運到大溪那天，「馬路上跪了一排又一排的人，張曉風也跪了，為了一個獨裁者之死，每個人披麻帶孝，如喪考妣」。[97] 蔣家的

喪事當作全民的「家喪」在辦，透過動員，使蔣介石的文化霸權內化於台灣人心中。對於服膺黨國教育且深信無疑的那一代，對這位唯一的總統逝世，披麻帶孝，呼天搶地，有些很難說不是出於「我們需要領袖」的真誠反應——這也意味著思想教育成功，已然內化。在台灣戒嚴年代資訊封閉和思想箝控背景下，加上絕大部分台灣人不知戰後台灣的歷史，或只知作為宣傳的「歷史」，領袖英明的形象深植腦海，根本無從動搖，[98] 而且透過教育與文化持續複製。

不過，暗地慶幸蔣介石死訊，[99] 消極不配合者，當然也有，那是值得我們留意的少數。李永熾就對國民黨用盡各種方式強迫所有人手臂紮黑布很反感，那陣子乾脆不去系辦公室，上完課就走人。[100] 當時人被關在景美警總軍法處看守所的陳列，從電視獲悉消息後，他和「同學」默默注視著電視畫面，「但不時會交換一個意味深長的眼神，然後在私底下掩不住喜悅地竊竊交換一些看法」，活得比老蔣久，「大大振奮了我們的心志」。陳列說：蔣介石的死亡「帶給我們很久不曾再有的真心快樂，也給了我們從入獄之後就不曾有過的希望」。[101] 但這究竟是少數。在蔣介石時代甚至死後，國家很長時間凝聚在蔣介石這個人身上，毛榮富扼要切中地指出：「在蔣介石時代，這個國家形象基本上和法西斯主義

相近，都是以領袖為中心的凝聚，將領袖神化，成為結合宗教、軍事、王權的一個核心，在獲得合法化之後，往往又凌駕到憲政秩序之上，成為不受法律約束者。」[102]

全面造神運動・再續

1975 年 5 月 7 日國民黨主席蔣經國在國民黨中常會，通過將清明節訂為「蔣公逝世紀念日」（按：掃墓祭祖同時緬懷民族救星？！）、「編纂蔣公豐功偉業教材」、「各地豎立蔣公銅像」、「懸掛蔣公遺像」，以及統籌興建中正紀念堂。先是，1975 年 4 月 11 日嚴家淦發布〈奉行故總統蔣公遺囑令〉，號令全國海內外同胞，「務須一致敬謹接受」，[103] 當時中小學生都要能背誦秦孝儀執筆的〈蔣公遺囑〉，台北市立商專決議將遺囑列為該學期國文教材，令學生背誦。[104]

內政部從政同志繼而擬出「紀念總統蔣公有關事項」，提 1975 年 5 月 15 日行政院第 1424 次會議核定，號令全國實施。蔣介石為何常相左右，實源於此：

1、由政府明定：

（1）每年民族掃墓節（清明節）為蔣總統逝世紀念日，全國放假一天，並舉行紀念儀式。

（2）每年十月三十一日為蔣總統誕辰紀念日，全國放假一天，並舉行紀念儀式。

2、由政府統籌於台北市興建一座「中正紀念堂」，所需經費除政府撥款外，接受各界自由樂捐，其他各地不必分別另建。

3、由教育部制定總統蔣公紀念歌，頒行全國。

4、由教育部以總統蔣公畢生豐功偉業之事蹟，經天緯地之思想，編為各級學校適當之課程教材，垂諸永遠。

5、各機關學校部隊之禮堂、會議室、以及正式集會之場所應於正面牆壁懸掛國父遺像，對面牆壁懸掛總統蔣公遺像。

6、即日籌編「總統蔣公哀思錄」，於本年總統蔣公誕辰紀念日發行。[105]

紀念記事項中要求頒行全國謳歌演唱的〈總統蔣公紀念歌〉（張齡作詞，李中和作曲），[106]連跟蔣公失之交臂的我，都還記得怎麼唱，原來是教育部要求各級學校普遍加強

160 ｜全面控制

演唱。[107] 1977 年教育部還將蔣介石死去的四月分訂為「教孝月」,「以發揚蔣公生前豐功偉業及忠孝至德」,要求各級學校與社教機構,透過各式活動掀起宣教高潮。[108] 紀念事項要求各縣市均須塑立蔣介石銅像,會議、集會空間,對掛孫文與蔣介石遺像。在蔣經國指示新建銅像應有統一規格,[109] 內政部訂出《塑建總統蔣公銅像注意事項》,對銅像的神貌、神態、服裝、高度、台座碑文、環境、維護逐一規定。銅像神貌「**應充分顯示蔣公慈祥、雍容之神貌,並含蘊大仁、大智、大勇、堅毅、樂觀之革命精神**」;神態「**應採用自然立姿,神態挺拔、舒適、栩栩如生**」,高度不得低於 1.7 公尺,環境**應**有常綠植栽,配置燈光、椅凳,供民眾「獻花、瞻仰、致敬」。[110] 試問戰後全世界有哪個號稱「堅守民主陣容」(見〈蔣公遺囑〉)的國家領導人有這種規格。更不用說,蔣介石還有一座占據台北市精華地段的紀念堂,這也是蔣經國交辦 1975 年 6 月 26 日行政院會議討論(「院長交議」事項),設置院聘中正紀念堂籌建小組,負責「建堂事宜」。

蔣介石死後二月餘,抔土未乾(但蔣介石並未下葬),行政院就「迅即籌劃進行興建」,[111] 說蓋就蓋。楊卓成參考南京孫文中山陵的傳統宮廷式設計脫穎而出,推翻其他參

與競圖的現代主義作品，最終蓋成中國帝王宮殿式建築，蔣宋美齡相當程度左右了評選結果。[112] 1980 年 4 月 4 日中正紀念堂落成啟用儀式的巨幅照片擺設來看，活像個大靈堂，他的兒子蔣經國就站在蔣介石的巨幅遺像之前致詞。兩廳院（國家音樂廳與國家戲劇院）在基地的配置，與堂體構成左昭右穆的皇帝陵寢格局，[113] 無怪乎民間謂之「中正廟」。

陳玉珍敏銳地觀察到蔣介石死後的大規模的官式紀念活動與工程，還有替蔣經國的接班鋪路的目的。為了合理化「父死子繼」，國民黨當局透過傳媒，刻意打造蔣經國「思親」與「報國」的形象，凸顯忠孝價值，再採「移孝作忠」論述，合理化蔣經國的接班，[114] 讓「子承父業」變得更加理所當然，無庸懷疑。蔣經國亦在守靈期間期勉自己，「未來之日，乃我報國報親之歲月也」。[115] 中正廟位在堂體兩側的出入口，取名為大忠門、大孝門，堂內展示刻意置入蔣經國「銜哀奮勵」單元，都是在頌揚歌詠子承父業。[116]

戳破民族救星的假象

蔣介石的文化霸權，建立在一套以「中國文化」為核心的國家認同敘事之上，並透過中國文化復興運動進一步深化

這種統治正當性，特別是當國際上逐步喪失「中國代表權」時，轉而在國內透過加強領袖崇拜、宣揚蔣介石為捍衛中國文化的道統傳人來鞏固內部統治的象徵意義，使得台灣文化被視為附庸，遭到貶抑。黨國的語言政策在 1970 年代轉趨嚴厲，壓制本土語言，教育與學術研究被引導強調台灣與中國的歷史淵源，這些旨在防堵人們逐漸「回歸現實」而產生的本土認同和以台灣為單元的思考。

在教育體系方面，蔣介石緊抓國文、公民、歷史、地理等科目，灌輸全面性的中華民族主義，力推三民主義與中國文化基本教材，將特定政黨的意識型態與儒家倫理，藉教育升學機制推行。1968 年九年國教上路前夕，蔣介石將「公民與道德」改為「生活與倫理」，削弱現代公民教育，使其更偏重統治者視角的道德規範。黨的附隨組織救國團配合政府，利用青年活動滲透學校教育，塑造對政權的忠誠，形成學校、教材與課外活動三位一體的政治教化體系。

就蔣介石個人而言，透過公共空間布局、課本教育、媒體宣傳與政治儀式，形塑「民族救星」的形象，使個人崇拜滲透至社會各層面，在政治體系成為表忠與升遷的工具。這種模式與極權國家的政治動員手法如出一轍——數以千計蔣介石塑像的分布，小學課本中的「英勇故事」，宣揚無條件

效忠領袖的頌揚歌曲。蔣介石的個人崇拜並非靜態的，更透過年復一年的儀式來強化，每年 10 月 31 日的總統華誕不僅是全國性的官方慶典，更透過民間動員與媒體宣傳，使忠誠表現內化為政治常態。

　　蔣介石去世後，國民黨政府透過一系列手段、政策與紀念工程，打造精神不死。蔣介石靈櫬移至國父紀念館講台，開放萬民瞻仰遺容，此舉最初是由國防部總政治作戰部主任王昇向時任行政院院長的蔣經國建議，促成全民參與的弔唁活動。蔣介石的國喪歷時一個月，期間政府透過儀式、宣傳與政策動員，企圖使全國陷入空前的「舉國同悲」，打造蔣介石與國家命運無法切割的歷史定位。蔣介石的個人崇拜並未隨其逝世而終止，國民黨當局反而透過一連串政策與物件延續象徵地位，同時推出「移孝作忠」的論述，將「父死子繼」合理化，為蔣經國接班鋪路。

　　蔣介石的文化霸權，仗恃黨國獨裁政治權力，透過教育體制、語言政策、大眾傳播、物體與環境的符碼化等多層次手段，鋪天蓋地灌輸中華民族主義近半世紀，[117] 蔣介石的文化霸權所建構中華民族主義心態，在台灣社會深植根基，即便蔣介石逝世五十年，由其文化霸權所滋養的中華民族主義，仍影響著當代政治的認同與政策走向。

1. 本文發表於2025年3月9日「去世50、除垢未盡一總體檢蔣介石獨裁統治對台灣的影響」，承蒙與談人歐蜜‧偉浪牧師與台大城鄉所黃舒楣教授提供認識觀點。國立台灣大學歷史學系碩士生劉欣儒協助蒐集相關研究文獻，後再蒙李禎祥先生從材料與觀點，提供本文相當大的協助，併此致謝。

2. 《中央日報》頭版標題使用天子皇帝死亡的「崩殂」字眼。見〈全民哀痛‧舉世同悲總統蔣公昨夜逝世　昨尚曾垂詢蔣院長工作入夜後因突發性心臟病崩殂遺訓國人務必達成革命責任〉，《中央日報》，1975年4月6日，1版。

3. 周婉窈，《臺灣歷史圖說（三版）》（台北：聯經，2016），頁282。

4. 「主義」與「領袖」是蔣介石參考美國陸軍的基本精神「責任、榮譽、國家」加進去的，順序也是蔣介石排的。1975年蔣介石去世後，統籌國軍政戰工作的王昇，很快在1975年4月9日及文宣心戰會報決定軍中的「思想中心」，仍舊是五大信念，不作改變。2007年陳水扁執政時才拿掉主義與領袖。莫大華，〈軍人基本信念調整與軍人價值觀教育〉，《復興崗學報》第91期（2008年6月），頁71-72。歐素瑛、張世瑛、蕭李居、林映汝、陳梅萱編輯校訂，《王昇日記1975-1977》（台北：國史館，2023），1975年4月9、14日，頁55、58。

5. 周婉窈，《少年臺灣史：寫給島嶼的新世代和永懷少年心的國人》（台北：玉山社，2019），頁306。

6. 廖炳惠編著，《關鍵詞200：文學與批評研究的通用詞彙篇》（台北：麥田，2003），頁130-131。

7. 楊聰榮，〈從民族國家的模式看戰後台灣的中國化〉，收入劉華真、張君玫編，《建立台灣的國民國家》（台北：前衛，1993），頁147-148。

8. 〈國父誕辰紀念日 定為文化復興節〉，《聯合報》，1966年11月13日，1版。

9. 〈總統致中華文化復興運動推行委員會成立十週年紀念大會訓詞〉（1977年7月28日），《監察院公報》第1109期（1977年9月），頁14141。

10. 〈總統事略日記55.10~55.12〉，《蔣中正總統文物》，國史館藏，數位典藏號：002-110101-00040-032。

11. 〈國父誕辰紀念日 定為文化復興節〉，《聯合報》，1966年11月13日，1版。

12. 林果顯，《「中華文化復興運動推行委員會」研究》（台北：稻鄉，2005），頁85。

13. 〈舉國一致熱烈響應中華文化復興運動〉，《中央日報》，1966年11月14日，1版。

14. 〈總統代電〉，《總統府公報》430期（1953.9），頁2-3。

15. 此比喻見張知本，〈談道統與197-198法統〉，《法令月刊》第21卷1期

（1970.1），頁12。

16. 〈抄發「中華文化復興運動推行委員會臺灣省各縣市支會改組為總支會實施要點」〉，《臺灣省政府公報》58年秋字第19期（1969.7），頁2。

17. 林果顯，《「中華文化復興運動推行委員會」研究》，頁83-129。

18. 〈行政院秘書處核釋推行中華文化復興運動有關工作考核問題案〉，《臺灣省政府公報》，58年春字第13期（1969.1），頁9。

19. 文復會為使其出版事業順利展開，就著作權問題，要求司法行政部研辦「對侵害著作權涉訟案件請迅速審結」。1969年9月司法行政部令台灣高等法院院長孫德耕、首席檢察官周旋冠，以出版事業與文化復興關係甚大，各級院檢偵審侵害著作權案件涉訟案件，「務必依法妥適辦理，並迅速審結為要」。〈准中華文化復興運動推行委員會函建議對于侵害著作權涉訟案件請迅速審結乙案〉，《司法專刊》第223期（1969.10），頁35。

20. 「二七五八（二十六）·恢复中华人民共和国在联合国的合法權利」，聯合國，網址：https://www.un.org/zh/ga/documents/gares2758.shtml。

21. 陳翠蓮，《重探戰後臺灣政治史：美國、國民黨政府與臺灣社會的三方角力》（台北：春山，2021），頁268-272。

22. 林果顯，《「中華文化復興運動推行委員會」研究》，頁192-200。

23. 楊聰榮，〈從民族國家的模式看戰後台灣的中國化〉，頁168。

24. 林果顯，《「中華文化復興運動推行委員會」研究》，頁138-139。

25. 張中復，〈從反共的道統論到國族主義的轉型—中華文化復興運動在台灣〉，頁76。網址：https://shizuoka.repo.nii.ac.jp/records/8211。

26. 周婉窈，《臺灣歷史圖說（三版）》，頁286。

27. 轉引自林果顯，《「中華文化復興運動推行委員會」研究》，頁136。

28. 〈抄發「中華文化復興運動61年度推行重點工作計劃表」〉，《臺灣省政府公報》59年冬字64期（1970.12），頁5。

29. 周婉窈，《少年臺灣史：寫給島嶼的新世代和永懷少年心的國人》，頁211。

30. 鄭欽仁，〈國語與方言〉，收入鄭欽仁，《生死存亡年代的台灣》（台北：稻鄉，1989），頁341-342。該文原發表於1985年3月1日《關懷》第40期。

31. 林果顯，《「中華文化復興運動推行委員會」研究》，頁141。

32. 黃裕元，〈威權體制下台語流行文化：以台語流行歌為例〉，《史匯》第5期（2001.8），頁175-183

33. 蘇致亨，〈重新分期臺語電視史：黨國資本主義、強人的沉默和蔣經國時期的雙面本土化〉，《中華傳播學刊》第42期（2022.12），頁72-77。

34. 轉引自李台元，〈同化政策：國民黨政府對族語聖經翻譯的壓制〉，《原住民族文獻》，第38期，網址：https://ihc.cip.gov.tw/EJournal/EJournalCat/450（瀏

覽日期：2025/3/14）。

35. 〈羅馬拼音聖經有違政府規定〉，《教育部公報》第5期（1975.5），頁14-15。

36. 〈抄發修正「中華文化復興運動59年度推行重點工作計劃表」〉，《臺灣省政府公報》57年冬字第74期（1968.12），頁3-4。

37. 林果顯，《「中華文化復興運動推行委員會」研究》，頁140-142。

38. 王文隆、管美蓉，〈蔣中正的教育觀與1950年代臺灣教育〉，收入黃克武主編，《重起爐灶：蔣中正與1950年代的臺灣》（台北：國立中正紀念堂管理處，2013），頁207-209。

39. 〈擴展文化復興運動 教部決設推行委會〉，《聯合報》，1966年11月25日，2版。

40. 脫離現實的教育，可以中學的地理課程為例。常有人戲謔說「地理教的是歷史」，內容停格於1949年以前中國。有關地理教科書建構領土的空間想像與反共抗俄的信念，偏離教育求真求實的本質，參見王文隆，〈臺灣中學地理教科書的祖國想向（1949-1999）〉，《國史館館刊》第17期（2008.9），頁201-251。

41. 國小「生活與倫理」教科書在「正義」德目，將漢人「教化」原住民的吳鳳神話長期用作課文。1969至1987年間的國小生活與倫理第一冊第九課〈正義：捨身取義的吳鳳〉。另外，在社會課本第三冊講鄉賢故事「改革壞風俗」，用的也吳鳳神話，音樂課本甚至還有〈吳鳳歌〉。在原住民與民間積極抗爭下，1987年9月15日教育部通令刪除。管仁健，台灣小學課本裡的吳鳳，PChome個人新聞台，網址：https://mypaper.pchome.com.tw/kuan0416/post/1322272358；〈現行國民小學「生活與倫理」及「社會」有關吳鳳教材部分，決定刪除〉，《教育部公報》第154期（1987.10），頁16。

42. 內容包括：（一）加強中小學公民史地及專科以上學校三民主義之講授。（二）各校敦請名人講演，闡發三民主義思想及戡亂建國之意義。（三）中等以上學校舉辦三民主義論文比賽，並組織學術團體研究三民主義。（四）出版有關三民主義及反共抗俄之刊物。〈其他圖書〉，《國家教育研究院》，檔案管理局藏，檔號：AA09040000E/0039/B100017/2/0001/002。

43. 史料故事，不當黨產處理委員會，網址：https://cipas.gov.tw/stories/233?fbclid=IwZXh0bgNhZW0CMTAAAR0vunvnUtXJlvFqhVXO1pcqhFVmN7JJrpZN5eE-dMF8znBSB3iNLPs84DE_aem_krjUvJSChJSQio5UYW1mkQ。

44. 王文隆、管美蓉，〈蔣中正的教育觀與1950年代臺灣教育〉，頁221-222。

45. 呂芳上主編，《蔣中正先生年譜長編》（台北：國史館、國立中正紀念堂管理處、財團法人中正文教基金會，2014），1936年3月13日，頁32-33。

46. 〈總統重要訓詞：整理文化資產改進民族習性〉，《中央日報》，1962年6月

16日，1版。

47. 呂芳上、源流成主編，《蔣中正日記（1952）》（台北：民國歷史文化學社、國史館，2023），1952年6月14日上星期反省錄，頁161。

48. 〈當前幾個重要問題的答案主持革命實踐研究院第十七期研究員結業典禮講〉，1952年5月12日，《總統蔣公思想言論總集卷二十五》，中正文教基金會，網址：http://ccfd.org.tw/ccef001/index.php?option=com_content&view=article&id=1209:0006-32&catid=175&Itemid=256&limitstart=1。

49. 轉引自許哲瑋，〈臺灣1960年代學校公民教育道德化的過程與起因〉（台北：台灣大學政治學研究所碩士論文，2022），頁161。

50. 〈令省立各中學、函各縣市政府為奉教育部令以高級中學應加授中國文化基本教材一案，轉希遵、查照〉，《臺灣省政府公報》45年冬字47期（1956.11），頁597-599。

51. 上開關於中國文化基本教材的討論，參見陳弱水，〈「中華文化基本教材」問題在哪裡？──一個局內的觀點〉，收於陳弱水，《人文與民主的省思》（台北：允晨，2023），頁153-162。

52. 〈檢發「黨政機關與社會團體如何配合中華文化復興運動推行計劃之實施以加速達成三民主義文化建設」等案〉，《臺灣省政府公報》59年冬字36期（1970.11），頁3。

53. 呂芳上、源流成主編，《蔣中正日記（1968）》（台北：民國歷史文化學社、國史館，2024），1968年2月6、7、8日，頁38-39。

54. 呂芳上、源流成主編，《蔣中正日記（1968）》，1968年2月10日，頁40。

55. 呂芳上、源流成主編，《蔣中正日記（1968）》，1968年2月12日，頁41。

56. 呂芳上、源流成主編，《蔣中正日記（1968）》，1968年2月12日，頁41。

57. 對國民教育小學「生活與倫理」中學「公民與道德」課程之指示，1968年4月12日，總統蔣公思想言論總集卷三十七別錄，中正文教基金會，網址：http://www.ccfd.org.tw/ccef001/index.php?option=com_content&view=article&id=835:0004-128&Itemid=256。

58. 呂芳上、源流成主編，《蔣中正日記（1968）》，1968年4月13日上星期反省錄，頁92。

59. 〈教育部將國民小學暫行課程標準「公民與道德」一科正名為「生活與倫理」〉，《臺灣省政府公報》57年夏字75期（1968.6），頁15。

60. 許哲瑋，〈臺灣1960年代學校公民教育道德化的過程與起因〉，頁107、178-179。

61. 陳弱水，〈「中華文化基本教材」問題在哪裡？──一個局內的觀點〉，頁158。

62. 民生主義育樂兩篇補述，總統蔣公思想言論總集卷三，中正文教基金會，網址：http://www.ccfd.org.tw/ccef001/index.php?option=com_content&view=article&id=535:0002-4&catid=110&Itemid=256&limitstart=8。

63. 〈抄發修正「中華文化復興運動59年度推行重點工作計劃表」〉，《臺灣省政府公報》57年冬字第74期（1968.12），頁3-4。

64. 〈教育部轉知中華文化復興運動推行委員會各大中學校分支會聯繫工作案〉，《臺灣省政府公報》58年春字第73期（1969.1），頁16。

65. 〈吳叡人：救國團 負責黨的青年運動〉，《自由時報》，2017年10月25日，網址：https://news.ltn.com.tw/news/focus/paper/1146309。

66. 促進轉型正義委員會，《任務總結報告第三部促轉會規劃之推動轉型正義方案》（台北：促轉會，2022），頁75。

67. 〈黨部商議民國成立紀念辦法，籌建國父及主席銅像〉，《民報》，1945年12月14日，2版。

68. 陳譽仁，〈藝術的代價──蒲添生戰後初期政治性銅像與國家贊助者〉，《雕塑研究》第5期（2011.5），頁10。

69. 〈籌建國父暨主席銅像〉（1946-01-08），《臺灣省行政長官公署》，國史館台灣文獻館，典藏號：003-2224。

70. 陳譽仁，〈藝術的代價──蒲添生戰後初期政治性銅像與國家贊助者〉，頁11-12。

71. 〈總統銅像揭幕〉，《中央日報》，1952年11月1日，1版。

72. 促進轉型正義委員會，《任務總結報告第三部促轉會規劃之推動轉型正義方案》，頁63-64。

73. 〈孫竹筠等判刑赦免其刑執行〉，《國防部軍法局》，檔案管理局藏，檔號：B3750347701/0047/3136174/174。此條材料蒙國立台灣師範大學公民教育與活動領導學系劉恆妏教授承告，特此致謝。

74. 〈大貝湖畔總統銅像已建竣〉，《中央日報》，1955年10月19日，5版。

75. 林果顯，《「中華文化復興運動推行委員會」研究》，頁46-47。

76. 李筱峰，《台灣人應該認識的蔣介石》（台北：玉山社，2004），頁117。

77. 管仁健，台灣小學課本裡的「蔣總統」，PChome個人新聞台，網址：https://mypaper.pchome.com.tw/kuan0416/post/1281895766#google_vignette。

78. 李盈佳，〈戰後臺灣的郵票與黨國認同之形塑〉（台北：國立台灣大學歷史學系碩士論文，2017），頁45。

79. 李筱峰，曾經是我心目中的「偉人」，李筱峰個人網站，網址：https://www.jimlee.org.tw/article_detail.php?SN=8765&currentPage=5&AtricleCategory=3。

80. 李筱峰，《小瘋人生：李筱峰69回憶錄》上（台北：玉山社，2021），頁

164-168。

81. 李筱峰，〈兩蔣威權統治時期「愛國歌曲」內容析論〉，《文史台灣學報》第1期（2009.11），頁128-130。

82. 轉引自胡慧玲，《百年追求：臺灣民主運動的故事 卷三 民主的浪潮》，頁35-36。

83. 〈童常叛亂〉，《國防部後備司令部》，檔案管理局藏，檔號：A305440000C/0059/1571/177。

84. 不過即使上山避壽，蔣還是接受當地居民的動員祝壽活動。1951年蔣在阿里山「山上小學生百餘人來寓祝壽，遊戲」。1950年蔣在角板山「山上民眾來壽者千人，跳舞獻壽」。1953年蔣在角板山「接受老幼民眾祝壽，跳舞、歌唱為樂，七十以上老者十餘人，贈以袍料、禮品……」呂芳上、源流成主編，《蔣中正日記（1950）》（台北：民國歷史文化學社、國史館，2023），1950年10月31日，頁304；呂芳上、源流成主編，《蔣中正日記（1951）》（台北：民國歷史文化學社、國史館，2023），1951年10月31日，頁293；呂芳上、源流成主編，《蔣中正日記（1953）》（台北：民國歷史文化學社、國史館，2023），1953年10月31日，頁299。

85. 周俊宇，〈「一人有慶，兆民賴之」─蔣中正在臺時期的祝壽現象及其領袖形象塑造〉，《臺灣文獻》第58卷3期（2007.9），頁125-129。

86. 周俊宇，〈「一人有慶，兆民賴之」─蔣中正在臺時期的祝壽現象及其領袖形象塑造〉，頁130。

87. 呂芳上、源流成主編，《蔣中正日記（1955）》（台北：民國歷史文化學社、國史館，2024），1955年10月31日，頁286。

88. 呂芳上、源流成主編，《蔣中正日記（1970-1972）》（台北：民國歷史文化學社、國史館，2024），1971年10月31日，頁348。

89. 周婉窈，〔龍應台2020的反戰姿勢〕黨國青年和黨國文化的精深細節，台灣放送，網址：https://www.telltaiwan.org/?p=2925。

90. 歐素瑛、張世瑛、蕭李居、林映汝、陳梅萱編輯校訂，《王昇日記1975-1977》（台北：國史館，2024），1975年4月10日，頁56。

91. 歐素瑛、張世瑛、廖文碩、陳昶安、陳梅萱編輯校訂，《蔣經國日記1975》（台北：國史館，2023），1975年4月14日，頁111。

92. 歐素瑛、張世瑛、蕭李居、林映汝、陳梅萱編輯校訂，《王昇日記1975-1977》，1975年4月12日，頁57。

93. 1975年4月6日繼任總統的嚴家淦以總統令發表誌哀辦法規定：一、全國軍、公、教人員應綴佩喪章一個月。二、全國各部隊、機關、學校、軍艦及駐外使館等應自即日起下半旗誌哀三十日。三、各要塞、部隊及軍艦均應

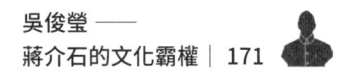

自升旗時至降旗時止，每隔半小時鳴放禮炮。四、全國各娛樂場所，應停止娛樂一個月。而1988年蔣經國過世，也有類似誌哀辦法，但少了部隊定時鳴放禮炮，娛樂場所停止娛樂三日。〈故總統蔣公於4月5日病逝，茲將「誌哀辦法」規定〉，《總統府公報》，第2869號（1975.4），頁4；〈蔣總統經國先生逝世，經於中華民國77年1月13日行政院臨時會議決議宣佈國喪30日〉，《總統府公報》，第4874號（1988.1），頁4。

94. 〈行政院會議議事錄　臺第四三〇冊一四二一至一四二四〉，《行政院》，國史館藏，數位典藏號：014-000205-00457-003。

95. 歐素瑛、張世瑛、廖文碩、陳昶安、陳梅萱編輯校訂，《蔣經國日記1975》，1975年4月19日，頁115。

96. 胡慧玲，《百年追求：臺灣民主運動的故事 卷三 民主的浪潮》，頁41。

97. 李永熾口述，李衣雲撰寫，《邊緣自由人：一個歷史學者的抉擇》（台北：游擊，2019），頁405。

98. 周婉窈，《轉型正義之路：島嶼的過去與未來（二〇二二增訂版）》（台北：玉山社，2022），頁201。

99. 2017年台灣民間真相與和解促進會舉辦「戒嚴是什麼東西？『我們的戒嚴記憶』徵集活動」，收到民眾黃佩玉投稿。1975年時他父親剛好70歲，每天早上都騎著腳踏車到朋友家的店看報紙，聊聊社會事。蔣介石死訊公布那日，父親照樣騎車出門，沒多久急忙趕回來報「喜訊」，他回憶父親「笑得像小孩一樣：死去囉，死去囉，蔣介石死去囉」，歡喜見人家辦喪事；但高興才兩天，又氣憤起來——政府宣布全國軍公教綴佩黑喪一個月，父親說：「哼！我都還沒死，我兒子就幫我戴孝了。」https://www.facebook.com/photo/?fbid=141433953086625&set=a.118181005411920。

100. 李永熾口述，李衣雲撰寫，《邊緣自由人：一個歷史學者的抉擇》，頁405。

101. 陳列，《殘骸書》（新北：國家人權博物館；台北：印刻，2023），頁159-161。

102. 毛榮富，〈國家神話與國家認同〉，收入劉華真、張君玫編，《建立台灣的國民國家》，頁211。

103. 〈總統令〉，《臺灣省政府公報》64年夏字第30期（1975.5），頁2。

104. 〈故總統蔣公遺囑臺北商專列為國文教材〉，《中央日報》，1975年4月19日，5版。

105. 〈行政院會議議事錄　臺第四三〇冊一四二一至一四二四〉，《行政院》，國史館藏，數位典藏號：014-000205-00457-004。

106. 紀念歌經行政院核定，頒行全國，以表示對「總統蔣公的懷念與崇敬」。張齡，66歲，湖南湘潭人，曾任湖南省、浙江省縣長、軍事委員會委員長侍

從室秘書、三民主義青年團中央候補幹事、內政部民政司司長、台灣銀行副總經理業務專員，時任東吳大學暨銘傳商專教授。李中和，59歲，江西九江人，作曲家，曾獲得世界大學音樂藝術博士學位。〈總統蔣公紀念歌昨經行政院核定〉，《聯合報》，1975年10月16日，3版；〈總統蔣公紀念歌教育部評選公布〉，《中央日報》，1975年10月16日，4版。

107. 〈總統蔣公紀念歌業經教育部頒行全國希各機關學校轉知普遍演唱〉，《臺灣省政府公報》64年冬字第22期（1975.10），頁6。

108. 〈教育部訂定每年4月為「教孝月」，各級學校及社教機構應舉辦各項有關文宣比賽〉，《臺灣省政府公報》66年春字第47期（1977.3），頁7。

109. 院長指示：「關於在各縣市建立總統蔣公銅像一節，各縣市凡原已鑄有總統蔣公銅像者，不必另建，新建者其規格由內政部統一規定之。」〈行政院會議議事錄　臺第四三〇冊一四二一至一四二四〉，《行政院》，國史館藏，數位典藏號：014-000205-00457-004。

110. 〈內政部訂定「塑建總統蔣公銅像注意事項」〉，《臺灣省政府公報》64年秋字43期（1975.8），頁4-5。

111. 籌建小組召集人俞國華，委員林金生、蔣彥士、高魁元、趙聚鈺、費驊、賴名湯、謝東閔、蔡鴻文、周宏濤、秦孝儀、張豐緒、林挺生、辜振甫、徐有庠、王永慶。〈行政院會議議事錄　臺第四三二冊一四二九至一四三一〉，《行政院》，國史館藏，數位典藏號：014-000205-00459-002。

112. 陳玉珍，〈展示與政治——故宮博物院、中正紀念堂、台北二二八紀念的政治論述〉（台北：台灣大學政治學系碩士論文，2016），頁63-68。

113. 「中正廟」誕生秘話：帝王陵寢為何出現在台北市中心？，凌宗魁聊建築，網址：https://youtu.be/N0KFpim8UEo?si=uFP9ZLGMnZxpnW8q。

114. 陳玉珍，〈展示與政治——故宮博物院、中正紀念堂、台北二二八紀念的政治論述〉，頁59-63、81-82。

115. 歐素瑛、張世瑛、廖文碩、陳昶安、陳梅萱編輯校訂，《蔣經國日記1975》，1975年4月30日，頁124。

116. 陳玉珍，〈展示與政治——故宮博物院、中正紀念堂、台北二二八紀念的政治論述〉，頁76-80。

117. 陳弱水，極權主義與中國威脅（3），個人臉書，張貼時間：2025年3月10日。

蔣介石與二二八
蔣介石在二二八事件中的責任

李筱峰
台北教育大學台灣文化研究所榮譽教授

二二八的政治責任與歷史責任

　　二二八事件雖然是一個歷史的課題，但是由於它的影響以及懸而未決的問題，一直延宕至今，因此，它又是一個政治課題。政治課題必然會帶動歷史課題的討論；而歷史課題的討論，也可以提供政治課題的解決。例如，導致二二八事件會有如此重大的傷亡，以及造成全島的社會菁英幾乎在同一時間被消除殆盡，最重要的關鍵人物是誰？這個問題的檢討，過去因受政治環境的限制，往往避重就輕，或有所隱諱。論者每每將造成二二八事件重大傷亡的責任，推給台灣省行政長官陳儀、警總參謀長柯遠芬、高雄要塞司令彭孟緝等人。然而，陳儀已於 1950 年遭槍決；柯遠芬長期避居國外，且已

於 1996 年過世；彭孟緝也已過世於 1997 年。責任由他們分攤，政治課題似乎單純化不少，然而歷史課題卻因此更加模糊。

陳、柯、彭等人固然有其不可旁貸的責任，但是除了他們之外，並非不再有可議之人。筆者以為，當時的國民政府主席蔣介石，在此事件中的許多處置決斷，亦不無可議之處。本文的主要目的，在討論二二八事件中蔣介石的角色、其對時局事態的認知，以及他的一些決斷所造成的影響，進而討論他在事件中的責任問題。

此處所謂「責任」問題，可分「政治責任」和「歷史責任」而言。然二二八事件發生至今已屆半世紀，而蔣介石也已過世 20 多年，則所謂政治責任，對於已死去的蔣介石而言，毫無意義。蓋因已死之人，自無須負任何政治責任。然而，人既已蓋棺，自無法逃於後人之自由論斷，因此，有關蔣介石在二二八事件中的「責任」問題，自然指的是他在此一歷史事件中所造成的負面影響，此即「歷史責任」的討論。如果時光倒流，回到蔣介石主政的時代，此一「歷史責任」則成為他應負的「政治責任」（雖然他未曾負過任何政治責任）；而他當年應負卻未負的「政治責任」，在時過境遷的今日來看，則成為吾人討論的「歷史責任」。

事件前的不當措施

　　1945 年初，二次大戰漸入尾聲，台灣將於戰後受中國國民政府接管的態勢亦漸明顯。是年的 2 月，蔣介石主導的國民政府在重慶成立「台灣省行政幹部訓練班」。在成立會上，蔣介石致詞說：「日人治台多年，成績甚佳，吾人接管之後的治績，若不能超過日人，甚或不及日人，皆為莫大之恥辱，不僅有違諸生來此學習之目的，而且對不起國家民族。」

　　蔣介石對於「日人治台多年，成績甚佳」這一認識，大抵是不錯的。只是，對於治績不錯的台灣，應以什麼態度來接管，這是一項重大的考驗。過去，蔣介石未曾料到台灣會成為他主導的政權所管轄的土地，甚至到了對日抗戰前，蔣介石都還援引過去孫文的談話，將台灣和朝鮮相提並論，贊成朝鮮和台灣兩地的同胞能恢復獨立自主。[1]因此當大戰接近尾聲，而接管台灣頓成定局之時，對於如何接管台灣，顯然有措手不及之感。雖然已意識到「日人治台多年，成績甚佳」，但他對台灣的了解，其實仍相當有限。此時，「台灣學」確是蔣介石亟需加緊充實的課業。

蔣介石缺漏的「台灣學」課業

雖然蔣介石用以了解台灣現況的管道不多，但當時投奔在中國的一些台籍人士（俗稱的「半山」）的意見，應該是蔣介石用以了解台灣的最佳管道。當時，半山人士在重慶創辦有《台灣民聲報》，自 1945 年 4 月 16 日創刊至 10 月 7 日總共發行十期，這份標榜「擬請祖國人士正視台灣民眾所追求的理想和目標」的半月刊，在蔣介石政府接管台灣的前夕，向蔣介石當局提出許多有關接管台灣應注意的寶貴意見。試舉其中重要建言如下：

曾經在 1920 年代馳騁於台灣的社會運動場的謝南光（春木），呼籲要制定台灣省憲、實行台灣的地方自治，他說：

> 「任何軍政府不能得到人民的協助，它的軍力怎樣雄厚也是空的。我們首先要取得人民合作就要實施憲政，實行地方自治，尤其是民主主義運動有了五十年歷史的台灣，地方自治有廿五年歷史的台灣，不尊重人民的自治，政治就不容易上軌道，反容易造成各種混亂。」[2]

178 ｜全面控制

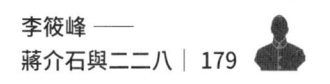

任職軍委會政治部台灣義勇隊區隊長的謝掙強，也發表類似的看法：

> 「為要保持台灣原有的繁榮與進步，為要爭取台
> 灣人心的內向，我主張要將台灣提早實施憲政，
> 以作國內各省實施憲政的示範。……台灣人民受
> 教育的佔百分之九十五以上，遠較國內普遍，文
> 盲極少，且其程度也較國內為高，同時已有廿五
> 年的地方自治的經驗，……」[3]

署名「孝紹」的作者，更把六百萬台灣人民比擬成留日學生，要蔣介石當局善待他們：

> 「要祖國上下以留東五十年老留學生看待台灣人
> 民。這觀感非常重要。倘如以日本殖民或日本奴
> 隸（一般台灣人都具有反抗精神的）看法對付台
> 人，那麼中國之收復台灣，就無異中國之殖民台
> 灣了。……要之，台灣人民是留東五十年的老留
> 學生，確非誇張其事。五十年學習日本的科學技

術，現在已有可觀的成就，耕田人懂的改良種子，增加農產的理論和實際，工人不但懂得運用機器，還可配修機器，甚至製造機器，對於複雜精巧的機器，譬如飛機艦艇，能駕駛者，既大不乏人，其能製作配備者亦大有人在，其他等等，真是不遑枚舉。好了，不久之將來，這一大批老留學生快要畢業回國了。祖國應該好好地看待他們，不宜再有歧視輕蔑的心理。」[4]

以上這些建言，若能聽進蔣介石的耳中，或許後來不致於有形同日本總督府復活的「行政長官公署」制的出現，對台灣也許也不致於造成往後那麼嚴重的差別歧視。然而，這些建言，顯然沒有對蔣介石產生作用。

蔣介石眼中最初的台灣

日本投降後，國民政府隨即設立與中國大陸各省制度迥異的「台灣省行政長官公署」。蔣介石於 1945 年 8 月 29 日親筆特任陳儀為台灣行政長官，又於 9 月 7 日特派陳儀兼任台灣省警備總司令，9 月 20 日公佈「台灣省行政長官公署組

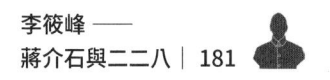

織條例」，行政長官公署受中央的委託，得辦理中央行政。行政長官公署對於在台之中央各機關有指揮監督之權，並可在職權範圍內發佈署令及制定單行規章。長官公署制度與各省的委員制不同，各省的省府實行合議制，委員與省主席同為簡任官，而台灣省行政長官公署之各處及秘書長都是行政長官的幕僚人員，都是簡派。所以，戰後台灣省行政長官制係集行政、立法、司法、軍事於一身的特殊化統治方式，誠如學者鄭梓所評論的：「對照於戰前日據下的台灣總督，則不論其象徵性的地位抑或實質上的權力運作，又都極為類似。」「長官公署兩面性的隔離治台政策不過是在保障部分大陸的舊官僚、舊政客一方面跨海掠地以鞏固派係地盤，並嚴防其他各路勢力的入侵及搶奪，另一方面則便利迎合中央當局的強徵調取以投入內戰。」[5]，所以戰後台灣即進入特殊化的統治時期。[6]

這種「行政長官公署」制度的設計，幾乎是日本殖民統治的延續，無怪乎半山人士連震東當時就為文告誡：這將使台灣人民產生「總督制復活」的錯覺。[7]台灣民眾當時也以「新總督」來稱呼行政長官陳儀。

被稱為「新總督」的陳儀，後來曾經為這種備受詬病的新殖民體制辯稱說：

「人家攻擊我在台灣不該實行政治建制和經濟建制的特殊化，其實這是主席 [指蔣介石] 交代我的兩項根本政策……」[8]

誠然，造成這種新殖民體制在台灣延續，蔣介石是難辭其咎的。其中，除了因為蔣介石對台灣的無知之外，也可能係因其對台灣的輕視。丁果就曾經這樣評論：

「戰後初期，台灣在蔣介石看來並非那樣地重要。在大陸上的重要省份及都市的「接收」工作均由蔣氏以親信行之，而在台灣，可以想見，便以非嫡係的陳儀行之。舉一例以明之。主要為陳儀所負責擬定的「接管計劃綱要草案」，於完成之後便被束之高閣，遲遲未作審查。其後發表陳儀為台灣行政長官時，草案未經慎重討論，便逕由最高國防委員會草草通過。由此事或可略窺台灣之不受重視。」[9]

草率派「賊仔兵」駐台

　　除了在台灣建立起讓台灣人大失所望的「行政長官公署」制之外，蔣介石選派駐台部隊之草率，亦有相當可議之處。蔣介石既然知道「日人治台多年，成績甚佳」，理應派素質最好的部隊（如青年軍）來台，以免有礙觀瞻於充滿期待的台灣人民，更可免正在熱烈迎接祖國的台灣民眾因受騷擾而致心碎。然則，蔣介石未能聽進滯留中國的台籍半山人士的意見，結果派遣一支軍紀敗壞的七十軍來台，造成台民極度的反感。

　　七十軍的軍紀如何敗壞？且看當時擔任憲兵第四團團長的高維民，對七十軍的一段回憶：

> 「廿五日接收以前，我便裝到台北各地走過，發現這個地方秩序井然，現象真好，並從新職人士中得知『夜不閉戶，路不拾遺』。商店訂價後不作興討價還價，店東可說是童叟無欺，對每個人都很和藹、誠實。風氣太好了，我非常感動。但是七十軍的部隊實在太糟，該軍在基隆未下船前，雖有零星上岸，披著毯子，拖著草

鞋，隨便在船邊大小便者，而因範圍小，影響不大，正式下船時，雖然整隊而行，其服裝破爛，不堪入目，於夾道歡迎的人群中，頓使台省同胞失望，……七十軍是先我一週來台的。這些兵於十月廿五日開始接收之日放出來以後，問題多了。……〔中略〕當時台胞普遍都騎腳踏車，譬如到郵局辦事，都把車停在郵局前面的車架裏，那些兵一看沒鎖，也沒人看，騎了就走。〔中略〕那時候沒鐵門，也沒有圍牆，只是用幾塊石頭，圍成院子種些花草，也有少數士兵一看屋裏沒人，跑進去拿東西，這在過去從來沒有的。還有，不守秩序，他們習慣的坐車不買票。搭火車不走正門，從柵欄上就跳進去；上車也不走車門，從車窗就跳進跳出。當時只有一家大陸口味的大菜館蓬萊閣，該軍一少校參謀吃飯時，對女招待動手動腳，惹起反感，乃開槍示威。」[10]

　　隨軍來台的軍人作家張拓蕪說，台灣民間稱七十軍為「賊仔兵」。且聽張拓蕪對這群所謂「賊仔兵」的一段敘述：

「台灣在日本統治之下其最大的成就是夜不閉戶
的良好治安,以飼養的家禽來說,居民都是一籠
籠,一簍簍放在自家門外,和腳踏車一樣從來不
加鎖的,也從來沒有遺失過。然而自從這個中央
軍進駐以後,雞籠、鴨簍以及腳踏車甚麼的便時
常無故失蹤。……」[11]。

派遣這種軍隊入台,造成對台灣人民心理上的極大創
傷。這是蔣介石自始至終所不曾檢討反省過的一大失誤。

對台灣民意無知

台灣省行政長官公署的新殖民體制,終於帶來政治與經
濟的全面壟斷。台灣人民在經過短暫的慶祝「光復」、迎接
「祖國」的狂歡之後,逐漸收斂起他們天真的笑容,開始面
對經濟的蕭條與凋蔽、目睹政治的腐敗與不公、飽嚐社會的
動盪與不安、忍受軍人的欺辱與騷擾……。終戰隔年的台
灣,民心之向背已有極大的轉變。然而,蔣介石顯然沒有能
力去了解當時台灣民心的轉變。

1946 年 10 月 21 日起至 28 日,蔣介石親臨台灣做了為

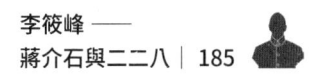

期一週的視察，這應該是他接近台灣民眾、探查台灣民瘼、
了解民間疾苦的好機會。當時由林茂生主持、黃旺成擔任總
主筆的《民報》，以〈迎迓蔣主席蒞台〉為題，發表一篇語
重心長的社論，該社論借歡迎蔣介石之便，夾帶提出訴願。
社論中說：

「我們台胞之歡迎蔣主席，是有特別的意義和感
想。」「……今得主席親臨台疆，其喜不言可
知。……光復以來，已經過一年餘，因由祖國移
來不少的壞習氣，加之貪污案情續出，而且有以
征服者之對待被征服者的優越的態度，使台胞們
發生了極大的憤懣與不快，甚至有生起悲觀，放
棄了對於將來的希望。此或免不了有性急之嫌，
但可以推察台胞們是期待過大，故有這樣的失
望。……倘使為政者能明察台胞們的隱衷，善用
其愛國的熱情，致信起用，如目前視為難事的維
持治安，救濟失業，增加生產，抑平物價，振興
農村，運營工廠等事，又何難實現？主席甫臨本
省，在表示滿腔熱誠的歡迎之中，夾談了許多帶
有訴願之意的情事，或許要被斥為野人不知禮，

唯因抑不下愛台灣愛中國一片的熱情，所以顧慮不了體裁，略陳台灣的概況及人心的好惡。想主席關心民瘼，既於政務多忙之中，特地來臨，必有裨補於台灣時艱，以慰台胞們的渴望。」[12]

然而，蔣介石對這類民間輿論，顯然視而不察、置若罔聞。在他來台「視察」期間，只看到他不是祭拜忠烈祠，就是到日月潭、紅毛城、基隆炮台等名勝古蹟尋幽訪勝，要不然就是接受民眾歡迎歡呼、接受高山族歌舞致敬……。[13] 他並未能真正了解台灣人民的心聲。「光復」以來台灣民心之向背，他不僅絲毫不能體察，反而還在他的日記中，得意洋洋地自我滿足於他巡視台灣的「收穫」。在 10 月 26 日記本週反省錄中，他這樣寫到：

「台灣尚未被共黨份子所滲透，可視為一片乾淨土。今後應積極加以建設，使之成為一模範省，則俄、共雖狡詐百出，必欲亡我國家而甘心者，其將無如我何乎！余此次巡視台灣，在政治上對台灣民眾之心理影響必大也。」

10 月 31 日記本月反省錄中，他又記載：

「巡視台灣之收穫，較諸巡視東北之收穫尤大，
得知全國民心之所向。」[14]

蔣介石實際上對台灣的民心一無所知，卻自以為來台灣走一趟，必能對台灣民眾心理產生影響，這正是獨裁統治者的心理通病。

事件中的不當處置

蔣介石視察台灣的四個月後，台灣爆發二二八事件。

真正釀成二二八事件的重大傷亡，並不在事件爆發初期（2 月底 3 月初）的抗官民變，而是在 3 月 9 日晚上國府軍廿一師軍隊登陸台灣之後所展開的一連串鎮壓與屠殺，以及隨之而來的所謂「清鄉」。而配合「綏靖」與「清鄉」的同時，全島各地的許多社會菁英很明顯地遭到有計劃的捕殺，造成台灣社會難以彌補的損失。在此過程中，蔣介石的處斷，有無可商榷之處？

聽信特務一面之詞，貿然出兵

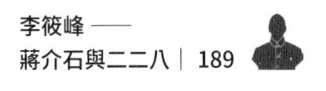

據陳儀的報告，二二八事件自發生起至 3 月 6 日之間，共有兩次電文呈報蔣主席，第一次即 28 日向蔣介石簡報事件之發生及實施臨時戒嚴情形，由於該摘錄電文中未提及派兵之事，無從判斷有請兵之事。第二次電文係於 3 月 1 日發出，雖然內容不詳，但其給蔣氏的印象是情況並不嚴重。[15]

但據當時台灣警總參謀長柯遠芬稱，3 月 2 日陳儀言已電請主席派整編廿一師一個加強團至台。[16]

又據一位當年在陳儀身邊負責收發信件的人員舒桃（本名舒元孝）指出，[17]1947 年 3 月 1 日早上，台灣警備總部參謀長柯遠芬來面見陳儀，要求指示處理群眾聚集的方式，陳儀表示要等候蔣介石命令，隨後事態愈形嚴重，柯遠芬要求動武，陳儀只得發電報向蔣介石請示，晚上即傳來回電，舒桃經手該電報，親眼看見該電文中寫明「格殺勿論」「可錯殺一百，不可錯放一人」等字。

在目前可查到的史料中，雖無上述舒桃所言之資料。不過，蔣介石這種「格殺勿論」的處斷方式，並非無前例可循，試看 1936 年西安事變前，中國的愛國學生在西安市示威請願時，張學良替學生向蔣介石請命，蔣介石卻怒斥道

「對於那些青年，除了用槍打，是沒有辦法的。」[18] 揆諸蔣介石過去這種迷信赤裸裸暴力的性格，他在面對「新征服區」台灣的群眾抗議事件，可能採取「格殺勿論」態度，似乎也就見怪不怪了。

自 3 月 1 日凌晨南京中統局接到台灣調查統計室的十萬火急電文，報告事件的發生起，以後每天急電二次，中統局局長葉秀峰向蔣介石主席建議加派勁旅三師赴台。中統局刻意強調事態之嚴重，例如 5 日電稱參加暴動者多屬前日軍徵用之海外回來浪人，全省計約十二萬人。憲兵團長張慕陶亦指稱台灣局勢已演變至「叛國奪權階段」，地方政府完全失卻統馭能力，暴民已收繳各地軍警武器，總數在四千枝已上，而指責陳儀「似尚未深悉事態之嚴重，猶粉飾太平。」[19]

但是蔣介石並非只接到在台特務單位的單方面情報，在另一方面，三日上午「二二八事件事件處理委員會」議決上電蔣主席報告事件真相，旋於下午四時以台灣省民眾代表大會之名義上電，指控長官公署放任軍警胡亂開槍，射殺民眾，惹起省民公憤，光復以來政治惡劣，不法橫行，屢經省民要求改善卻一無效果，籲請中央速派大員來台調處以平民憤，並速實行地方自治[20] 同日（3 日），台灣旅滬同鄉會

190 ｜全面控制

理事長李偉光代表也上書蔣介石，請求徹查慘案真相，嚴懲慘案造成的法律和道德責任，以及澄清吏治，以新台人耳目。[21] 由上可見，蔣介石在同時也接到來自台灣民間的意見與聲音。但是，很明顯的，他只聽取在台情治單位的片面之詞，而對於民間的聲音，似乎置若罔聞。

3月5日，蔣介石已決定派廿一師赴台。根據廿一師師長劉雨卿後來的回憶，劉在3月5日即已接奉蔣介石的命令：「師屬各部應立即準備赴台」，3月6日，劉雨卿飛抵南京謁蔣介石，蔣面授機宜，並發給六百枝手槍。3月7日午前，劉雨卿由南京乘美齡號專機飛台灣旋即晉見陳儀，面陳蔣介石的意旨。[22] 3月5日，蔣介石以急電告知陳儀，已派兵一團及憲兵一營，限於3月7日由上海出發。[23]

3月6日陳儀又再度呈報國府主席蔣介石，在電函中表示駐台兵力不足，明白要求中央派兩師的軍隊來台「消滅叛亂」，以下是這通電函中，請求派兵的幾段關鍵語：

「自二月二十七日事情發生，奸黨、御用紳士等，即乘機鼓動排斥外省人反抗政府。緝私誤傷人民，就事論事，本甚簡單，民眾如有不滿，請願可也，提出意見可也。但此次事件發生以後，

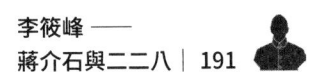

即發生下列行為，毀壞公私器物，毆打外省人（此次外省公教人員吃虧甚大）散布謠言，奪取槍械，包圍縣市政府，可知其決非普通民眾運動可比，顯係有計畫、有組織的叛亂行為……此次事情發生後，職之處置甚感困難。就事情本身論，不止違法而已，顯係叛亂行為。嚴加懲治，應無疑義。惟本省兵力十分單薄，各縣市同時發動暴動，不敷應付。……〔中略〕……對於奸黨亂徒，須以武力消滅，不能容其存在。」

因此陳儀在電函中向蔣介石要求：「台灣至少需要紀律嚴明，武器精良之國軍兩師，派大員主持。……〔中略〕……為保持台灣使其為中華民國的台灣計，必須迅派得力軍隊來台。」

同樣在 3 月 6 日陳儀呈電請兵的當天，台灣省全體參政員復緊急上電蔣介石主席，重申光復以來公署嚴重失政，積成民怨，以致爆發事件；要求根本改革台政，以符合地方自治和保障人權的規定；籲請速派大員來台協同處理，勿用武力彈壓，以免事態擴大。[24] 同日，省參議會議長黃朝琴電呈事件經過，表示除嘉義尚有軍民衝突外，其他各地秩序已漸

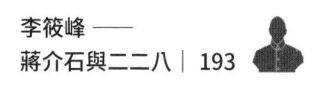

恢復，但省民殷望徹底改革台政，擁護中央熱誠如故，請中央「速決治台方針，簡派大員來台處理，以免事件擴大，貽笑外人。」[25] 然而，蔣介石對於這些來自台灣民間的聲音，依然不予理睬，因此絲毫未改變其派兵的決定。

蔣介石在決定調兵來台的當天，台灣的「叛亂」是否更加激烈化而致非派兵來台不可嗎？以下，我們來檢視一下3月5日全島各地情勢狀況。根據翌日（3月6日）《台灣新生報》的有關全島各地情勢狀況的新聞標題──

「市內商店全部開市／交通均恢復 學校照常上課」（一版）

「台中市連日情況／市區秩序已恢復」（二版）

「台南市內以告平靜／軍政民共同商洽處理辦法」（二版）

「花蓮民情極為平穩／軍隊自動撤回兵營／憲兵表示不甘涉民間行動」（二版）

「彰化曾一度騷動／三日秩序完全恢復」（二版）

「嘉義群情不安／陳少將抵地接洽／紅毛埤方面衝突停止／機場衝突尚未告平靜」（二版）

以上新聞，除最後一則的嘉義地區之外，其餘都顯示出各地秩序已在恢復之中（這是二二八事件事件處理委員會及各地分會連日來經過協商調處，有以致之），但在各地秩序逐漸恢復的情況下，蔣介石卻聽信陳儀及在台情治人員的一面之詞，冒然派兵來台。

不理國際警訊，卻諉過於人，放縱陳儀

當蔣介石派兵赴台的消息傳出，台灣社會上風聲鶴唳、人人自危的時候，在台北的美國領事向其駐南京的美國大使館請求即刻派飛機到台灣接運其眷屬離台，因為他們認為軍隊一到，情勢必將惡化，在台美僑勢必遭池魚之殃。為了此事，美國駐華大使特於三月七日向蔣介石查詢有關消息。此外，上海的台灣人民間團體「台灣省政治建設促進會」也透過外國領事館轉一電給蔣介石，籲請蔣切勿派兵來台，否則情勢必更惡化。但是，面對這些重要的警訊與民間反映，蔣介石不但「置之不理」（蔣自己的用語），而且將他「置之不理」的態度，還特別電告在台灣的陳儀。以下是這通電文的全部內容（原文無標點）：

194 ｜ 全面控制

「台灣陳長官：據美使館接其台灣領事來電稱，
請美使即派飛機到台灣接其眷屬離台，以為今後
台灣形勢恐更惡化云。美使以此息告余，一面緩
派飛機，一面覆電問其領事究竟如何云。又接台
灣政治建設促進會由外國領館轉余一電，其間有
談勿派兵來台，否則情勢必更嚴重云。余置之不
理，此必反動分子在外國領館製造恐怖所演成。
近情如何？盼立覆。中正」[26]

　　派兵本就不該兒戲，其後果結局將會如何，早該做預先
評估。對於原本誇大不實的特務情報不能明察，已屬失誤，
更何況外國使館及台灣民間團體提出重要的警訊，蔣介石不
但不加謹慎檢討，反而「置之不理」；不但「置之不理」，
而且還反過來責罵人「反動分子」、「製造恐怖」；不但罵
人，更且把他罵人的話電告陳儀。陳儀在獲得援兵之後，已
經有恃無恐，如今再接到這種鼓舞的電文，他當然就更加明
目張膽了。

牽強的派兵藉口

蔣介石又於 3 月 10 日的「總理紀念週」上，對二二八事件發表談話指出：

「緣自去年收復台灣以後，中央以台灣地方秩序良好，故未多派正規軍隊駐紮，地方治安悉由憲警維持。一年來台灣農工商學各界同胞，原有守法精神與擁護中央精誠之表示，其愛國自愛之精神，實不亞於任何省份之同胞。惟最近竟有昔被日本征兵調往南洋一帶作戰之台人，其中一部份為共產黨員，乃藉此次專賣局取締攤販，乘機煽惑，造成暴動，並提出改革政治之要求，中央以憲政即將實施，而且台灣行政本應早復常軌，故凡憲法規定地方政府應有之權限，中央儘可授予地方，提前實施。陳長官秉承中央指示，以公開宣佈定期改設省政府，取消長官公署，並允於一定期限內，實施縣長民選，全台同胞皆對此表示歡欣，極願接受，故此次不幸事件，本已可告一段落。不料上星期五（七日）該省所謂『二二八

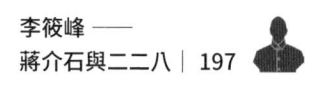

事件處理委員會』突提出無理要求，有取消台灣
警備司令部，繳卸武器由該會保管，並要求台灣
陸海軍皆由台灣人充任，此種要求已踰越地方政
治範圍，中央自不能承認，而且昨日又有襲擊機
關等不法行動相繼發生，故中央已決定派軍隊赴
台，維持當地治安。」[27]

　　依蔣介石的說詞，他決定派兵赴台一事，乃是因為
「二二八事件事件處理委員會」提出「無理要求」之故。蔣
介石所提及的有關二二八事件處理委員會的要求，是否真的
「踰越地方政治範圍」，姑且不論，但是設若其要求果真已
踰越地方政治範圍，充其量也僅只是「要求」而已，中央儘
可不必答應其要求，何以竟將「要求」視成「叛亂」？世上
難道有地方人民向中央政府要求讓他們叛亂的邏輯嗎？若真
要叛亂，何須向中央提出要求？

　　根據吳俊瑩研究，我們更清楚蔣介石的派兵情形，3月
8日晚間憲兵部隊抵臺，3月9日起整編第21師部隊相繼登
陸。證諸多方史料，3月8日聽到的機關槍掃射，則是基隆
要塞司令史宏熹所主導。[28]

　　其實蔣介石決定派兵，早在3月5日就已做成決定，當

時二二八事件處理委員會，尚未提出所謂「無理要求」，即我們後來知道的三十二條要求。[29]

以「綏靖」為名的屠殺行動

對於一個正在恢復秩序的地區，卻派大兵來「綏靖」「鎮壓」，是一件荒謬的事。事實上，自3月8日大軍陸續抵台以後，軍憲的角色，「屠殺」大於「鎮壓」。因為真正擁兵反抗的地方很有限，需要軍隊「鎮壓」的地區，僅限於嘉義附近、中部一帶而已。其他許多市鎮，儘管出現有民眾挾持警所武器的情事，但有些地區是以維持地方治安為目的，有些地方，雖確屬抗官民變，但在軍隊來臨之前，因地方處理委員會的斡旋調解，早已趨於平靜，因此來台軍隊所遭遇的抗鬥，規模並不大。無怪乎，廿一師一位駱團長在參加此次來台「平亂」後，有感而發道：「此次戰鬥是多年戰場經驗中最輕易的戰鬥，可說連警戒戰都說不上。」[30]然而，對於沒有反抗的民眾進行「鎮壓」，實際就是「屠殺」。試看軍隊一登陸之後，不分青紅皂白，便對民眾胡亂開槍掃射的情形——

根據一位基隆市民向台灣史學者楊逸舟作的目擊證

言，說：

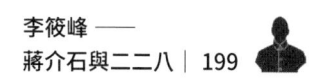

> 「登陸的士兵對著碼頭工人與苦力，未加任何警
> 告就突然用機槍掃射，瞬時有數十名、數百名的
> 工人應聲倒下，悲鳴與哀號四起。市民見狀，便
> 亂奔亂竄，慢一步的人就成為槍口獵物。惡魔突
> 然降臨，橫掃市街，死傷者倒在路面，到處皆
> 是……。」[31]

　　住在基隆的許曹德，當年約十來歲，軍隊登陸當天，他
躲在門縫後，窺見殺戮的場景。以下是他的片段回憶：

> 「我不知道什麼時候軍隊登陸，但聽到風聲，家
> 裏準備緊閉店門、防止意外的下午，便聽到南榮
> 市區方向傳來可怖的槍聲、人群奔逃嘶叫聲、軍
> 隊對行人吆喝站立聲、不斷的雙方向射擊聲。從
> 店門的縫隙看出去，看到軍隊舉槍對任何起疑的
> 人物，無論大人小孩一律射殺的恐怖鏡頭。我軟
> 躺在門邊，趕快爬進後面臥房，一聲不響的掩臥
> 在被褥中，母親、大哥也躲到後面天井的醬菜倉

庫。直到黃昏，我們仍然不停的聽到外面恐怖的槍聲、機關槍聲、抓人的命令聲、喊冤枉的呼救聲，子彈甚至都打到店門，樓房外牆柱子也感到軍隊槍托的碰撞聲。直到深夜，整個市區戒嚴，平常晚上必然聽到的盲人按摩的幽怨吹笛聲、行人聲、馬路卡車聲，一下戛然而止，化為死城。第二天，恐怖加劇，街上任何人物移動、任何抗拒，當場射殺。我們聽到一批批青年在槍尖下押向市區，看到一輛輛軍用卡車載著面露恐懼的青年駛向市區。我們看到馬路邊從昨天躺臥到現在，今天又增多的一具具屍體。我看到比戰爭時期被轟炸、被飛機射殺的場面，更驚怖百倍的鏡頭：射殺一個人就像踩死一隻螞蟻一樣。我們整天都活在極度的恐懼中，不知道這些野蠻軍隊，會不會衝進我們店裏搜捕。我看到媽媽從未如此害怕過，只看她不斷唸大悲咒、唸阿彌陀佛。我們最怕大哥發生意外，他是鎮壓軍隊懷疑的對象。此時，任何二十歲的台灣人，只要踏出門口，休想活著回來。」[32]

美國國務院所刊行的《對華白皮書》中，也曾提到當時軍隊濫殺的情形，茲引一段如下：

「三月九日起，發生廣泛而無差別的殺戮行為。在美國領事館員的宿舍前面，工人並未有任何挑釁行為，就被刺刀刺死。也看到軍人搶奪行路人的錢財。婦女從家中被拉走，老人跑出去抗議，即被兩個軍人砍倒。服務於教會的加拿大籍護士，勇敢地奔梭於槍彈中，搶救受傷的人們。當她帶領負傷者往醫院的途中，軍人從後面開槍把負傷者射死。年輕的台灣青年被綑縛起來，用鐵線貫穿手掌，拉過街道盡端。教會附近，一個小學女教師從後面被擊，被掠奪。有一美國婦人的家，受到附近陣地的機槍的射擊，一個英國企業家要去救她，子彈貫穿了他的衣服，幸未打中他的身體。另外一個人看到一個騎自行車的青年，被憲兵叫下來，用刺刀刺穿了手掌。有人要躲，有人要逃，可是人們被射擊。軍人看到任何喜愛的東西，即掠奪過來。三月十日，領事館附近萬華一帶，許多商店主人被射擊。」

然而，如此進行殺戮與劫掠的軍隊，在蔣介石的觀念中卻是「秩序亦佳」。蔣在3月10日的「總理紀念週」的發言中說：

「……據報所派部隊昨夜已在基隆安全登陸，秩序亦佳，深信不久當可恢復常態。同時並將派遣大員赴台協助陳長官處理此事件。本人並已嚴電留台軍政人員，靜候中央派員處理，不得採取報復行動，以期全台同胞親愛團結，互助合作。」[33]

蔣介石心目中的「秩序亦佳」的軍隊，被令「不得採取報復行動」，實則軍隊在台的行動，正進行著一場比「報復」更為殘忍的無辜屠殺與劫掠。

對社會菁英的有計劃捕殺

更令人痛心的是，全島各地的許多社會菁英名流，都在幾乎相同的時間裡（3月9日起）被捕遇害，例如，台灣第一位哲學博士，台大文學院代理院長林茂生、從美國哥倫比

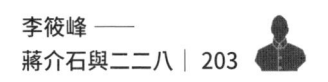

亞大學學經濟歸來的台灣金融家陳炘、省參議員王添燈、制憲國大代表林連宗、省教育處副處長宋斐如、高等法院推事吳鴻麒、曾任新竹地檢處檢察官的建中教員王育霖、台北律師公會會長李瑞漢及其律師胞弟李瑞峰、醫學博士施江南、台灣新生報總經理阮朝日、台灣新生報日文版編輯吳金鍊、專賣局煙草課長林旭屏、淡水中學校長陳能通、台北市參議員黃朝生、徐春卿、李仁貴、陳屋、基隆市參議會議長楊元丁、省立宜蘭醫院院長郭章垣、制憲國大代表，花連縣參議會議長張七郎及其兩名醫師兒子張宗仁、張果仁、著名畫家陳澄波、嘉義市參議員潘木枝、盧炳欽、三青團嘉義分團主任陳復志、台南縣商會理事長，縣參議員黃媽典、台南市的著名律師湯德章、岡山教會牧師蕭朝金、屏東市參議會副議長葉秋木……。

　　這些不勝枚舉的台灣各地的社會菁英，幾乎在 3 月 9 日以後的一個月中被捕遇害。他們絕大部分都未涉及暴動，但卻無故遇害，部隊既是前來「平亂」的，為何卻連沒有「亂」的人也要「平」？顯然這些人不是被誤殺的，因為不可能在幾乎相同的時間裡有那麼多社會菁英人士會如此「巧合」被誤殺，足見那是一場有計劃的謀殺。問題是，誰有那麼大的權力和膽量敢決定這種大規模的政治謀殺與整肅？

是行政長官陳儀？警總參謀長柯遠芬？還是憲兵第四團團長張慕陶？抑或是軍統局台灣站站長林頂立？以他們的職權，誰能承擔這個有計劃的大規模政治謀殺與整肅行動的後果？1992年柯遠芬在美國接受學者賴澤涵的訪問時表示，當時一切措施係依照蔣介石的指示。他說：「當時的局勢雖然有點亂，但只要依照先總統蔣公的指示辦理，執行起來就沒有什麼困難。」柯遠芬是在推諉責任呢？抑或他真在吐露真情？

非常諷刺的是，蔣介石在派兵赴台時，曾給陳儀一通「嚴禁報復」的電文：

> 「台灣陳長官○請兄負責嚴禁軍政人員施行報復
> 否則以抗令論罪中正」[34]

然而3月9日以後對全島各地社會菁英的大捕殺，正是一場藉機報復的大整肅。蔣介石既然有令在先，「嚴禁軍政人員施行報復否則以抗令論罪」，則事後應該有追究責任、糾舉過失的處置。然而，實際上，事後並沒有聽說有那位主事者因此而以抗命罪被論處，沒有人因濫捕、濫殺、施行報復而遭追訴。陳儀雖於事後被調離台灣，改任國民政府顧問，但隔年6月，又被蔣介石拔升擔任浙江省主席。[35]

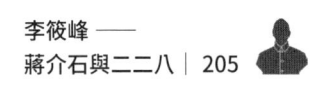

（他後來雖被處決，但罪名係以通匪名義，與二二八事件無關）；在「清鄉」期間捉拿不少「人犯」的警總參謀長柯遠芬也沒有受到任何嚴重處分，反而後來還被蔣介石任命為金門防衛部司令；半山出身的軍統局台灣站站長林頂立，於事件後受層峰讚賞，旋出任全民日報社社長，並於1951年、1954年擔任台灣省議會副議長。（雖然他後來被鬥倒，是另一波的派係政爭，與二二八事件無關）[36]；而在高雄大屠殺的要塞司令彭孟緝，於事件後，不但沒有任何政治責任，反而被記大功二次，傳令嘉獎，並於事件二個月後被擢升為台灣警備司令，且於次年元旦敘勳，奉頒四等雲麾勳章。這些濫殺無辜、實施報復的執行者，沒有一個被嚴懲，反而被蔣介石升官重用，則所謂「嚴禁報復，違者以抗令論罪」之說，不啻成了障眼的煙幕了。

台灣的傷痕，蔣介石的責任

蔣介石身為中國國民政府的主政者，一向以「民族救星」自居，卻不能了解戰後台灣社會與民心之所須，竟以征服者之心態，在台灣設置形同日本時代總督府復活的「台灣省行政長官公署」制度，且派來軍紀敗壞、欺民擾民的

軍隊接管台灣。二二八事件發生後，一味縱容在台軍政情治人員，聽信其一面之詞，而置民間意見於不顧。在台灣的秩序漸趨恢復的情況下，竟貿然派兵來台；於派兵來台之前，不能明察實情；於派兵之中，得到國際及台民重要警訊，猶不知謹慎檢討、防患未然，反而一意孤行，諉過於人；縱容地方上的軍憲特務，濫捕濫殺；而於血腥整肅之後，不但沒有懲凶糾謬，反而獎惡賞瀆……。這些錯誤，不僅造成台灣社會永遠無法彌補的損失，也使往後的台灣社會烙下痛苦的傷痕。

這一切當年蔣介石沒有負起的政治責任，今天我們只能以平和的態度來探究其無可旁貸的歷史責任。

1. 1938年4月1日，蔣介石在中國國民黨臨時全國代表大會發表演說。見台灣革命同盟會編，《台灣問題言論集（第一集）》（重慶，國際問題研究所，1943）。
2. 謝南光，〈制定台灣省憲〉，《台灣民聲報》創刊號，1945年4月16日。
3. 謝掙強，〈實施憲政與台灣〉，《台灣民聲報》創刊號，1945年4年16日。
4. 孝紹，〈試假定我是台灣人來提出三項管見〉，《台灣民聲報》第五期，1945年6月16日。
5. 鄭梓，〈戰後台灣行政体系的接收與重建——以行政長官公署為中心之分析〉，《思與言》第29卷4期（1991.12），頁217-260。
6. 1944年4月17日軍事委員會委員長蔣介石在中央設計局成立「台灣調查委員會」，統籌規劃接收台灣的事宜，尚有一些較周詳的接管計劃，但後來棄之不顧，改以行政長官公署的設計，其一切大政方針與原先的「台灣調查委員會」所研具的方案大相逕庭。（詳參鄭梓前引文）
7. 連震東，〈台灣人的政治理想和對做官的觀念〉，《台灣民聲報》第9、10期合刊，1945年10月7日。
8. 何漢文，〈台灣二二八起義前因〉，《二二八起義資料集》上冊（廈門：中國廈門大學台灣研究所，1981），頁2-3。
9. 丁果著，陳俐甫、夏榮和合譯，〈台灣二二八事件之一考察：以陳儀與台灣省行政長官公署為中心〉，《台灣風物》41卷1期（1991.3），頁105-128。
10. 高維民口述，福蜀濤記錄，〈台灣光復初時的軍紀〉，《中華雜誌》25期（1987.2）。
11. 張拓蕪，〈我走過那段歲月——二二八事件的回憶〉，《大成報》副刊，1990年11月21日。
12. 社論，〈迎迓蔣主席蒞台〉，《民報》，1946年10月22日。
13. 蔣介石在台視察的所有行程，詳見1946.10.22至29日台灣各報報導。
14. 以上日記，引自《蔣總統秘錄》第十四冊（台北，中央日報，1977），頁68。
15. 賴澤涵等，《行政院二二八事件研究報告》（台北，時報，1994），頁202。
16. 柯遠芬，〈事變十日記〉，《台灣新生報》，1947年5月13日，二版。
17. 舒桃係於1995年3月2日向立法院民進黨黨團及新黨黨團陳情，詳見《自由時報》1995年3月3日，2版。
18. 詳見司馬桑敦，《張學良評傳》（台北：傳記文學，1989），頁244。
19. 引自賴澤涵等，《行政院二二八事件研究報告》，頁203。
20. 《民報》1947年3月6日。
21. 《文匯報》，1947年3月4日。

22. 劉雨卿，《恥廬雜記》（台北，劉雨卿將軍遺著編印紀念委員會，1982），頁109-111。

23. 總統府，《戡亂時期重要文件分案輯編》，第卅八冊，頁52。

24. 《民報》1947年3月7日。

25. 總統府，《戡亂時期重要文件分案輯編》，第卅八冊，頁67。

26. 總統府，《戡亂時期重要文件分案輯編》，第卅八冊，頁71-73。

27. 見《中央日報》，1947年3月11日，二版。

28. 吳俊瑩，〈二二八事件的中央派兵、部隊抵臺與血染基隆〉，《台灣放送》，2025年3月7日。網址：https://www.telltaiwan.org/?p=11311。

29. 陳君愷，《解碼228》（台北，玉山社，2013）。

30. 見江崇林，《台灣二二八事件親歷記》（台北：正義，1947）。

31. 楊逸舟著，張良澤譯，《二二八民變》（台北，前衛，1991），頁130。

32. 許曹德，《許曹德回憶錄》（台北，前衛，1990），頁116-117。

33. 見《中央日報》，1947年3月11日，二版。

34. 引自《蔣總統祕錄》第十四冊，頁105。

35. 廖蓋隆等主編，《現代中國政界要人傳略大全》（北京，中國廣播電視，1993），頁510。

36. 詳參謝德錫，〈墜落半山的政壇流星──林頂立〉，張炎憲等編《台灣近代名人誌 第三冊》（台北，自立晚報，1987）。

蔣介石與政治案件的審判

林政佑
輔仁大學法律學系副教授

伸入軍法的手

本文主要探討蔣介石時期關於政治案件之審判。首先從當時政治案件審判的架構進行討論；接著介紹與政治案件審判有關的軍事審判程度的形成與變遷；最後則透過個案觀察蔣介石如何介入和影響政治案件的審判，以及包含軍法官在內的參與審判者們如何對應蔣介石的指示。

關於蔣介石時期的政治案件審判之探討，已經有不少先行研究的累積，有些研究透過 1950 年代政治案件判決或補償基金會資料的分析，指出政治案件的審判過程與結果呈現量刑過苛、程序保障之不足、行政干預司法、秘密審判戕害人權等問題，並且也有研究指出涉及政治案件的政治刑法欠

缺實質正義。[1] 這些研究有助於思考蔣介石時期的政治案件審判呈現的不法性。有些研究則全面性地針對政治案件的處理流程：自偵查到執行等階段，利用檔案分析，確認蔣介石透過核定制度介入政治案件的審判。[2] 有的研究則是在前述研究的基礎上，提供戒嚴時期法律制度的宏觀圖像。[3] 有鑒於有些聲音認為轉型正義是以今非古，先行研究也指摘轉型正義不是單純的以今非古，而有必要回頭檢視當時的歷史看到該時期的制度、學說，由此作為評判基準，檢視當時統治集團的行為是否已經不合法。[4] 就此部分的深化，可以透過法律史研究加以呈現。因此筆者也以軍事審判制度之形成與變遷之探討，並結合政治案件之分析，由此看到軍事審判制度之不備。[5]

不僅如此，隨著政治檔案以及轉型正義資料庫等的使用，有助從更多面向探討政治案件。尤值一提的是先行研究採取量化研究取徑看到蔣介石核定過的政治案件，有較高機會被判處死刑、[6] 或是蔣介石如果在前一年有較多的不同意之核定指示，會影響到軍法官更加地遵循上意進行審判。[7] 他方面，也有先行研究分析特定個案，由此看到軍法官在參與個案審理當中的有限能動性。[8] 這些研究成果，對於吾人思考蔣介石對於政治案件的介入和負責審理案件的軍法官之

間的關係，帶來許多的啟發。

　　本文則是在上述的研究成果基礎之上，一方面簡介戒嚴與軍事審判制度所呈現的軍法之治，由此看到蔣介石與政治案件審理的關係；另外一方面，也嘗試結合個案分析，觀察蔣介石與其他參與審理者的互動，思考軍法官們的能動性問題。

戒嚴與軍事審判

　　1947 年因為二二八事件的關係，台灣歷經戰後第一次戒嚴；其後 1948 年，金門、馬祖等地區進入戒嚴狀態，直至 1992 年解嚴。台灣本島與澎湖則是因台灣警備總司令部公布《台灣省戒嚴令》，從 1949 年 5 月 20 日起開始施行戒嚴直到 1987 年。[9] 長期戒嚴體制是戰後台灣的一大特色。依照學理而言，戒嚴是以一定時間與地域擱置或限制特定的權利，回應憲政無法處理的危機與戰爭，藉此希望回復憲政秩序。[10] 無疑地，戒嚴是一種例外手段，可是從台灣歷史來看，例外卻變成了常態，戒嚴長期化起且日常化，這樣的歷史經驗對於台灣社會而言具備深遠的影響。

戒嚴＝反共的謬誤

伴隨著國民黨在中國大陸的失據，以反共戰爭為名，結合總動員體制的動員戡亂臨時條款與戒嚴令形成非常體制。在此體制下，戒嚴法第8條規定軍事機關在接戰地域中可以取得特定刑事案件的審判權，使得接戰地域有關國防軍事或對社會治安有重大關係之刑事案件，皆由軍事機關審判，期望由明快簡當的即決裁判穩定秩序。[11] 如此，許多原本由普通司法系統審理的案件，改由軍事審判系統審理。政治異議者的行為如果涉及到懲治叛亂條例與檢肅匪諜條例等條文，亦由軍事審判系統審理。可以說非常體制加強了國民黨政府對台灣社會的軍法統治。[12]

對於蔣介石而言，以戒嚴體制塑造人民對於反共的向心力與紀律是非常重要，他曾在雷震案的處理過程中，於日記言及：「取消戒嚴法或請求開釋匪諜有關嫌疑犯，乃是要解除政府反共武裝，並以民主反共為名，而以救共亂國為實，再進一步即可實現其投共陷臺的故技，大陸殷鑒能不警惕，能不寒心」。[13] 因此戒嚴與反共兩者，對於蔣介石而言可以說是連結成一體，解除戒嚴等同於容許共產黨，如此將可能使得國家存續有所不保。

但是我們可以進一步思考：如欲反共，勢必一定需要長期戒嚴？這不無疑問。如果以同樣在戰後走入冷戰體制，亦有反共需求的韓國來看，並不是採取長期戒嚴的方式，從戰後到 1987 年這一段期間，戒嚴是點狀，且發布的區域與戒嚴程度也有所不一。[14] 附帶一提的是，韓國司法對於其中幾次的戒嚴發布是否具備合法性與正當性，在民主化以後也加以檢視。例如 1979 年，朴正熙政權因應釜馬民主抗爭，發布戒嚴布告第 1 號，限縮釜山民眾的集會遊行等自由，但該布告不符合當時維新憲法所規定的發布戒嚴之要件，亦即軍事需求，由此而被大法院認為戒嚴布告第 1 號違法、違憲而無效。[15] 因此我們可以思考：長期的戒嚴是否具備正當性與合法性？

軍事審判制度

　　1930 年，國民政府正式頒布《陸海空軍審判法》，該法採取糾問主義、無審檢之分、未提供辯護、不公開審判等方式，對於被告保障甚為不足；並且該法第 36 條到第 38 條規定判決呈轉核定，雖然有解釋此舉是為了慎刑，[16] 但也提供軍事上級介入的空間。

曾任中央軍人監獄監獄長的胡逸民直指《陸海空軍審判法》與舊有《陸軍審判條例》幾乎無異；並且與日本1883年的《陸軍治罪法》進行對比，便不難發現《陸海空軍審判法》在初擬時並未經過深入研究，沿襲日本舊有的軍事審判制度。並且日本自1921年起已推行《陸軍軍法會議法》，取代《陸軍治罪法》。如果國民政府在1930年修法時，能深入了解日本軍事審判制度的變革，即便仍以日本為參考對象，也應當借鑑1921年的《陸軍軍法會議法》。顯示國民政府對軍法制度缺乏重視，使軍事司法體系未能實質進步。[17]

軍法制度的缺失與（不完善）改革

1941年，因應戰時需求，原有的《陸海空軍審判法》因為程序較為繁複，於是國民政府另行發佈《戰時陸海空軍審判簡易規程》以簡化軍事審判程序，由此轉為以軍法官審判為中心。[18]該法為命令位階，應與作為法律位階的《陸海空軍審判法》有別，無法取而代之。但是1943年修正之《戰時陸海空軍審判簡易規程》第8條規定，於本規程未規定之情況下，得適用《陸海空軍審判法》及《刑事訴訟法》之規

定，但不得與《陸海空軍審判法》相牴觸。如此提供軍事審判制度適用《刑事訴訟法》之可能，降低糾問主義色彩的可能。

1956 年《軍事審判法》的修法契機，主要受到國內外多方面因素的推動。一方面，美軍及國際社會對當時的軍事審判制度提出批評；另一方面，國內對軍事審判制度的檢討也日益深入。[19] 自 1951 年起，部分立法委員便開始推動修法，監察院則針對軍事審判的諸多問題提出糾正案，包括一審一核制度的缺陷、軍法審判與軍法行政的界線模糊，以及軍法官的資歷與待遇應予提升等問題，這些討論與建議共同推動了軍法制度的改革。[20] 此外，1954 年爆發的軍法局長包啟黃貪污受賄案，更進一步暴露了軍事審判制度的不透明性。這些因素促成軍事審判制度改革的可能。《軍事審判法》相較於《陸海空軍審判法》，條文規範更為詳細，審檢辯三方之權限也較為清楚；軍事審判應公開為之，除非涉及國防機密或軍譽；雖仍賦予上級有核定權限，仍是維持上級介入審判的可能，儘管規定判決最終決定權仍然屬於軍事法庭，不得逕為變更，且覆議只以一次為限；從一審一核制變成三級二審制；准許選任辯護人；強調軍事審判獨立。

由此可以看到，軍事審判制度自過往之極度不備，再到

1956 年的修法，參考《刑事訴訟法》將其法制化的過程。不過，如果以當時的比較法來看，仍有不足之處。像是韓國政府在 1963 年施行的《軍法會議法》則因應 1962 年的《憲法》，軍法會議屬於特別法院，《軍法會議法》的審級為三審級，一審為普通軍法會議，二審為高等軍法會議，三審為大法院。如此審級保障較充足，且亦受到普通司法之檢視。

　　整體來看，軍事審判制度儘管有所調整，如同先行研究已經提到實踐上仍是存在著像是刑求、過度偏重供述證據等問題，對於不少被告的權益有所侵害。

行政干預審判

　　威權統治時期軍事審判制度的核定規定，提供蔣介石介入政治案件審理的可能，如此行政權可以堂而皇之地干預軍事司法。這也與民國中國時期的行政兼理軍法的制度軌跡有所關聯。當時縣長可以兼理軍法，造成軍事權與行政權結合侵蝕司法權。[21] 如此在強調權力分立的近代法繼受過程中，行政可以介入，侵蝕司法的範疇，如此導致原先權力分立的體質已經不是很穩固的中國，在實踐和意識上，對於司法與行政的分離，更加難以扎根於法體系之中。並且由於軍法相

218 ｜全面控制

較於普通刑法更為嚴刑峻罰，如此形成對「治亂世用重典」
的社會控制模式之依賴。

「治亂世，用重典」方針

對於這樣的軍法擴大侵蝕司法的情形，孫立人將軍姪
子孫克寬，曾於北平中國大學學習法學，針對當時中國的軍
法運作如下批評：「第一，『治亂重用』的原則，是否為
救時良藥？……以我們現在的基層人員的現狀而論，甚難免
有裁贓誣害的情形，草率審理，草率處決，實在不是事理
之平！……第二程序方面……軍法審判，何嘗不要適用刑事
訴訟法規定的手續？簡潔，迅速，只應該在案件進行時注
意，不應該省却必要的手續，復次，就辦案成績方面考察，
各縣過去軍法方面的濫押人犯，積壓案件，幾乎無人稽考，
與司法方面的積案清理情形，恰成一個絕烈的對照，辦案的
速度，也未見得比較司法方面進步。從這兩點，各方面主張
軍法的人們，祇不過傳統的『威權觀念』在作崇而已！」、
[22]「豈有號稱法治國家的現在，僅僅為著剿平一時之患的共
匪，即不惜以國家的法律做孤注，授予地方官吏以生殺大
權，給一般人民以『軍法之治』的威脅？利害權衡。實在不

值得！」。[23]

　　從上述批評可以清楚地看到軍法與普通司法之差異外，以及軍法擴大對於法治國所形成的衝突。雖然隨著第二次世界大戰的結束，國民政府內部的法治派試圖進一步落實普通司法原則。然而，國共內戰的爆發再次助長軍治派的勢力，強化軍事審判的正當性。隨着內戰局勢惡化，軍事統治與軍事審判權的擴張愈加合理化。台灣因為長期戒嚴的緣故，確立軍事審判在社會控制中的核心地位。蔣介石也認為：「在剿共未平以前，惟有軍法之治，以軍統政，而黨只可在幕後主持，不能顯露，免為民主國家所誤會」、[24]「在危急紛亂無政府之狀態，以及美援絕望之際，如何統一事權，集中力量，以挽救危局於萬一，惟有親任陸海空軍總司令（而不復總統之位），以軍法治理臺灣為反共基地，澄清現局」。[25]

　　固然《陸海空軍審判法》並未對核定的限制有清楚的明文規範，不過隨著 1950 年代初期軍事審判制度的變革，例如：選任辯護人的導入等倡議，核定本身也受到討論。蔣介石曾經與胡適在 1953 年 1 月的一場聚餐見面，胡適告知蔣介石總統只能減刑，不能夠加刑。[26] 如此限縮核定的使用權限。但是蔣介石在中國大陸時，偏向採取治亂世用重典的方針，[27] 減刑或者對「匪」仁慈，可能不是他所樂見，他曾認

為：「軍法審判共匪與舞弊案皆從輕發落，此乃大陸淪亡，為官吏討好匪犯以致大亂、不能遏制之最大原因，故嚴斥改正」[28]。

蔣介石的核定指示有像是將原擬判 12 年以上徒刑者，一律改判死刑，或是原總統府參軍長擬判無期徒刑，蔣介石則指示判處死刑。[29] 另外，1951 年，徐會之為黃埔一期生，曾任綏靖公署中將副主任、漢口市市長。徐會之接受共產黨的安排，來台工作策反彭孟緝與吳國楨。軍事檢察官郝德潤對此認為徐會之的行為違反《懲治叛亂條例》第 2 條第 1 項，將本案送軍法審判。軍法局依照徐會之身份應組織高等軍法會審，除了指派軍法官陳文明和解寄寒外，並勾選上將戰略顧問余漢謀為審判長，中將參議謝輔三與少將參議幸我為審判官，國防部與總統蔣介石同意如擬。[30] 並且，余漢謀指定馬希援為公設辯護人。馬希援則以徐會之其實心向政府，對於共產黨是委曲求全，虛與委蛇，並且來台後也沒有不法作為等作為辯護意旨。1950 年 8 月底余漢謀等軍法會審做成的判決擬稿認為，徐會之有因己意中止犯行，且來台後將附匪一事已自動呈報政府，並未著手實施任何策反工作，因此為預備犯，又其在犯罪事實被發覺前，自行悔悟，該當自首，所以予以減處其刑，因此一開始的判決擬稿是有期徒

刑 5 年。[31] 不過蔣介石認為徐會之沒有自首之情事，應以匪諜論處。[32] 對此，參謀總長雖曾有再呈意見給蔣介石，並且總統府參軍長劉士毅認為叛亂罪自首並非必減刑，但仍建議蔣介石維持有期徒刑 5 年或是《懲治叛亂條例》第 2 條第 2 項預備叛亂之最高刑期 15 年有期徒刑。不過，這些建議無法撼動蔣介石的批示：「應即槍決可也」。經過此次的批文來回，留下一個考核及改進意見：「高級將領臨危變節投匪者均應盡法以懲無可宥恕」[33]。由此彰顯治亂世用重典的思維。

不單是已經擬好的判決，縱然是前端的不付軍法審判之處分，蔣介石也可能進行指示。像是有軍事檢察官對於叛亂犯受刑人因涉嫌再叛亂案，經調查後，做出不付軍法審判的處分。不過送到蔣介石的手上，認為應再加以調查，於是又重啟調查。[34] 如此超越了法律的限制。

雷震案中的蔣介石身影

另外，雷震一案（下稱雷案）也可以看到蔣介石從一剛開始即已經介入案件，同時也可見蔣介石在介入過程時的顧忌。1960 年 9 月 16 日，雷案起訴日的前十天，蔣介石即表示雷案需要以《懲治叛亂條例》處理，並且不能交付司法機

關審判，同時並召見雷案小組，商討起訴書事宜。[35] 雷案的起訴，固然引發了國內外的批評，蔣介石雖有意識，但似乎不為所動：「雷案已由美國務院對我大使提出警告以示恫嚇，而且美時代雜誌對我素表同情者，此次亦特作不義之社論，此為胡適之關係，其他如紐約時報與華府郵報之惡評更無論矣，但此次霍華德系報紙對我反無批評，而其對我代表權問題且作支持，可知美國輿論對我不利者，只是與中國自由主義者與其美國左派有關之少數報刊而已，此為余事前所預料者，而至上周乃為反動之巔點乎。惟此次顧慮周詳，決心堅定，毫不為內外反動之邪惡評論與美國壓力所動搖，以理與力皆甚充足耳，不過高級幹部亦有搖撼之象，不足為怪也。經此一考驗，更知外國之良友皆無公義情感可言，一如其政府以強權與帝王凌人」。[36]

9月17日蔣介石知悉赫魯雪夫將到紐約，屆時美國將自顧不暇，他認為是天賜良機，因此希望在這一段期間處理雷案，並且從日記可以看到當時在尚未起訴階段，蔣介石即批改起訴書，並與相關人等討論甲案、乙案，並認為乙案為妥。10月6日督導雷案的判決書寫作，10月8日上午就判決書定稿，避免引用到意圖顛覆罪的法條。[37] 隔日關於美國對於雷案的反應：「美政府以此為內政問題答記者說，無所

評論，其他反響不大，自覺無枉無縱，心安理得」[38]，不過後來的輿情似乎更加發酵，蔣介石在當月的反省錄提到：「美國輿論無論左右派皆對雷案作反抗的廣泛，魯斯且來函指責與威脅，霍華德報系妄事抨擊」。[39]

雷案進入到覆判階段時，蔣介石催促希望盡快於美國總統大選之前結案，可是有所延遲，蔣介石表示：「雷案申請覆判理由書延未遞呈，因之該案覆判日期亦難確定，時恐夜長夢多為慮也，而胡適無恥言行與美國左派與糊塗友人仍為雷震張目說情，並加脅制的情形，更令人痛心，但此案完全操之在我，而且法理皆在我方，並不如對美國大選之憂困」[40]最後雷案的覆判結果如同原審，符合蔣介石的期待，蔣介石將此評價為：「雷案覆判維持軍法局原判之發布，乃為安定臺灣基地之基礎，亦為十一年來對內、對外的反動投機分子的最激烈之鬥爭，至此或可告一段落」。[41]

從上述雷案的發展歷程來看，蔣介石之手自起訴之前到判決之後都有可以介入的空間，軍事審判法所企求的審判獨立難以落實。蔣介石在日記顯示顧忌美國的輿論，對於國內的批評則沒有太多筆墨言及，可以看到美國對於他在進行政治案件干預時，應是有重要的影響力。如此亦可感受到威權統治時期的法治之不彰，法律制度與價值難以影響或約束威

權統治者的行為，反而是國際勢力方有可能影響到威權統治者的行為。

參與審理者們與蔣介石的角力：以馬正海案件為例

軍法官等參與審理者們究竟如何面對核定？這一部分資料有限，難以一窺軍法官的主觀認知，茲以戰前的何成濬將軍日記與一則政治案件，由此嘗試看到他們如何看待蔣介石的核定介入。

根據抗戰時期何成濬將軍日記，可以發現軍法審判在實際運作中會受到上級的干預。雖然何成濬本身強調軍法應依法律程序進行審理，但當面對蔣介石的核定時，即便他有不同的主張，也無力抗拒，只能服從決策，反映出當時軍法體系在權力運作下的受限與無奈。[42]

「此審判官何人？」

接著，再看另外一則政治案件。案件的被告是馬正海，安徽人，軍委會戰幹一團一期地方自治科畢業，軍校十五期政治科畢業，陸大將校研究班二期結業，政工幹校軍訓教官

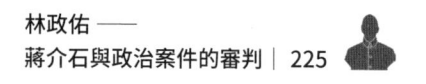

班二期結業，曾任安徽報國救鄉會常務理事、高雄市安徽同鄉會常務理事、國防部中校參謀、建國中學軍訓主任教員兼管理組長。曾競選台北市第四屆、第五屆市議員。[43]1945年時，任前國軍第六路軍交際科長，1946年1月9日台兒莊戰役中，隨該軍軍長郝鵬投降共產黨，改編為中國民主同盟聯軍，由陳毅統帥。1949年馬正海來台。1967年台北市警察局以馬正海有參與叛亂組織一事，由該局安全室調查組王熙月及巡佐郭煥旭前往馬正海住宅拘提，馬正海拒絕進入，並揚言如果王、郭等人強行入宅，將殺害自己的子女後，與執行人員同歸於盡，因而中止逮捕。後來王熙月等人再次執行，馬正海縱火，並且導致王熙月受傷。[44]

　　本案在初審時，軍法官認為馬正海參加叛亂組織且放火未遂，處以有期徒刑10年。不過後來核定時，蔣介石不表贊同，認為馬正海除了潛伏之外尚有縱火拒捕行為，其罪重大，卻只判10年，因此要求重判，以及提報審判官為何人。[45]後來本案經覆判，維持原罪名，但是刑度改為無期徒刑。[46]並且底下的國防部表示馬正海沒有其他為匪工作之事證，且馬正海於羈押時檢舉他人犯罪有功，如此提供輕判的說明。但是蔣介石看到後，仍是不支持這項見解，甚至有些激動，因為他前次批示提到需要提報審判官之姓名，可是

這一次的呈核卻仍然沒有提報，因而認為底下的人企圖含混了事，豈非意圖欺瞞，應該加以追究；並認為馬正海沒有投案自白，且縱火拒捕，有叛亂之意，應處以極刑。[47]如此蔣介石清楚指出刑度，因而1970年台灣警備總司令部判決五十九年度更字19號，依照司法院大法官會議釋字第68號解釋，[48]認為馬正海仍繼續參與叛亂組織，並且從前開行為以觀，是以其一貫的叛亂之犯意，意圖以非法方法顛覆政府，違反懲治叛亂條例第2條第1項，因此判處死刑。

難以撼動的死刑決斷

不過，在國防部覆判過程中，國家安全局看到台灣警備總司令部之判決擬稿後，有發函提醒：「本案請協調有關方面注意：（一）依據之罪証事實及判決引用之法條請更求穩妥，以免引起爭論與困擾。（二）請慎防馬犯家人呼冤，引起監院調查或故意製造自殺事件，致新聞渲染，造成政治上之損害」其中該公文內也有手寫記載「馬正海妻係國大代表，安全局有公文，請考慮」。[49]國防部發文給時任副院長的蔣經國，蔣經國於1971年3月批示本案可發回警總更審。[50]或許因為有這樣的背景，1971年4月，國防部覆判庭

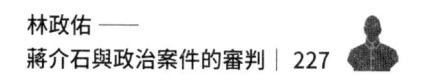

沙輝、柯慶生、徐昂、樓廈、殷敬文撤銷發回原判決給台灣
警備總司令部，理由是認為馬正海來台後為何沒有自首，是
否有共產黨的特殊任務？而且為何要放火拒捕，目的為何？
認為原審沒有查明，從而發回。[51] 接著這個案子在台灣警備
總司令部待了將近 1 年。

　　1972 年 3 月台灣警備總司令部普通審判庭王雲濤、方彭
年、孟廷杰三位軍法官做成六十年度更字第 14 號判決判處
馬正海死刑。[52] 可是國防部不樂見這樣的判決結果，認為放
火與參加叛亂組織兩行為應分別論處，不贊同警備總司令部
的見解，同年 8 月國防部發文向總統府說明，總統府第二局
認為單憑此欲讓總統同意有困難，建議先取得行政院長蔣經
國之同意。[53] 蔣經國同意後，1973 年國防部高等覆判庭李明
章、許遠佞、蕭凱、田毓梅、龐麟昭以六十一年度教風覆高
字第 018 號判決，撤銷原判決之罪刑，而認為馬正海之行為
該當參加叛亂組織，處以無期徒刑，放火未遂的部分則判處
有期徒刑 8 年。[54] 1973 年 10 月國防部將此判決呈給總統，
並且提到馬正海放火未遂之行為是臨時起意，不應與參與叛
亂組織混在一起，應該分別討論；並且提報初審的承辦人員
聶開國、孟廷杰、方彭年，不過主張認事用法並無違誤，且
有的已經離役，建議免予追究。這樣的建議與蔣介石之前的

指示有所衝突。後來於 1974 年元月時請秘書長代為批准，最後也獲得秘書長鄭彥棻代判，因此通過國防部的判決。[55]

　　透過馬正海一案，可以看到蔣介石以外的參與審理者不管是基於認事用法或是政治效應等考量，傾向於判處較輕的刑度。固然其中警備總司令部一度做出符合蔣介石意志的判決，不過國防部對於警備總司令部的多次發回，也使得警備總司令部發文表示尊重。並且在本案當中也少見地看到擔任行政院（副）院長的蔣經國參與審理，這在蔣介石時期的其他政治案件中似乎不多見；而且從軍事審判流程來看，核定與覆判的流程不會有行政院長的參與。但無論如何，這些參與審理者最終都是難以撼動蔣介石的堅持，而是在非由蔣介石本人核定的狀況下，使得馬正海可以避免遭處死刑。因此其他參與審理者們如果呈現與蔣介石不同判斷，且想要說服蔣介石採取該見解的難度之高，不難想見。縱然找了最高上級之子——蔣經國協助，似乎不見得可以動搖最高上級之意見，最後是繞道而行才可以實現自己的想法。

律法平衡的兩端：法治與人權

　　因為戒嚴令之緣故，我國威權統治時期的政治案件審理

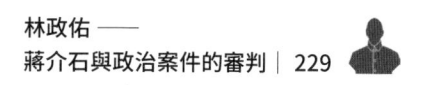

主要由軍事審判程序進行。從本文的考察以觀，1956年以前的陸海空軍審判法極為不備，立法階段並沒有對於該法特別研議，對於被告權益保障甚為不備，統帥權亦可堂而皇之介入。相對而言，1956年的《軍事審判法》則增加對於被告權益之保障之外，雖仍有核定制度，但也嘗試限縮統帥權。不過儘管規範如此，實務上仍存在像是刑求等問題。此外，從戰前中國以來，行政權結合軍法侵襲司法的制度軌跡也在戰後台灣持續發展，軍法統治的社會控制方式，對於蔣介石而言甚有必要。從蔣介石日記或是上述個案一方面可以看到蔣介石的嚴罰傾向；另外一方面可以看到包含軍法官、總統府人員等參與審理之人，他們沒有辦法獲得蔣介石的同意時，多只能配合上級指示。馬正海案最後能夠不遂蔣介石的意志，主要因為該案最後非由蔣介石核定時，終於使得參與審理者們的不同意見能夠通過。但這樣的做法多大程度上被使用？此時的蔣介石可能因為身體狀況較為不佳，因而由他人代核可能性增高。這個時期的其他案件是否有類似狀態，猶待日後持續的分析。此外，於蔣介石統治時期，蔣經國的參與核定情形多寡與其意義，也有待後續更進一步地探討。

從歷史來看，軍事審判法制與戒嚴制度的過往對於台灣而言是個沈重且難以抹滅的議題，因此可以想見當觸及到這

些議題時，社會上會出現的各種不同態度。但是一個國家希望長治久安，人民追求安穩生活之同時，仍需要認識到可能會有「例外」的時候，像是戰爭等。由此戒嚴的啟動、強度以及限制方式等，都是需要社會大眾共同思考。相關的軍事審判制度亦是需要思考的問題。這些都應該建立在面對過往的歷史經驗，審慎地思考與討論面對未來，戒嚴法與軍事審判制度應該如何重新建立和使用。

最後由上述的考察，延伸思考一些問題。軍法官等審理的人員參與威權統治時期的政治案件審判，被認為是參與加害體制。不過，我們可能要避免直接抱持「參與審判之人就是加害人」的認識，將個人整體貼上加害人的標誌，而是更需要看到軍法官等參與審理者在案件中的具體行為，亦即究竟是否有無構成加害與否。換言之，究竟是否為加害人，應該是從「行為」判斷，而不能從「行為人」而斷，否則標示為行為人，則可能造成對該行為人的排除，不利於和解。同時一方面，借鏡過去，我們也要注意到軍隊國家化與民主化的課題，軍隊不應該是一人之物，而是為了確保自由民主憲政秩序與共同體可以永續。

另外，當時的軍法官們難以撼動蔣介石之意志，表彰著最高統帥權的權力，違逆蔣介石指示者有可能受到不利，面

對這樣的權力關係，能夠期待軍法官們多大程度勇敢地堅持不同見解？身處在自由民主社會的人們，彼此之間上下權力關係也是無所不在，面對掌握權力之人，人們又有多大勇氣警覺和批判掌權者之無理或濫權？蔣介石的時代雖然已經久遠，但台灣社會可以在蔣介石所留下的「軌跡」之上，不只思考如何強化台灣司法與法治，也可以藉由這樣的探問，理解人的複雜性，從今昔的思辨嘗試確認人的尊嚴與平等，謹慎對待權力本身及掌握權力者，由此在日常生活中厚實對於人權的認識，深化民主的可能。

1. 陳顯武，〈法律的政治分析——論戒嚴時期的政治刑法〉，《國家發展研究》第6卷第2期（2007.6），頁155-169。江如蓉，〈戒嚴時期違反法制國原則的國家行為——以叛亂犯之死亡案件為例〉，《國家發展研究》第5卷第1期（2005.12），頁109-148。劉育嘉，〈五〇年代白色恐怖政治案件審判結果之研究——就已知二百二十個案件的分析〉，《臺灣文獻》第56卷第2期（2005.6），頁305-364。

2. 蘇瑞鏘，《白色恐怖在臺灣：戰後臺灣政治案件之處置》（台北：稻鄉，2014）。

3. 黃丞儀，〈戒嚴時期法律體系的未解難題與責任追究〉，收於：台灣民間真相與和解促進會編，《記憶與遺忘的鬥爭：臺灣轉型正義階段報告（三）面對未竟之業》（台北：衛城，2015），頁15-70。

4. 王泰升，〈論台灣的轉型正義：過去、現在與未來之間的對話〉，《臺灣法學雜誌》第315期（2017.3），頁1-24。

5. 林政佑，〈軍事案件的審判與執行：以郭琇琮案為例〉，收於：《究明原委：戰後臺灣政治案件的多元探索》，國家人權博物館，頁115-179。林政佑，〈1950年代軍事審判法制變遷及其在政治案件之適用〉，《軍法專刊》，即將刊登。

6. 蘇彥斌，〈臺灣白色恐怖時期政治案件終審結果之解析：以死刑判決與無罪判決為例〉，《東吳政治學報》第39卷第1期（2021.4），頁1-56。

7. 蘇慶軒、王奕婷、劉昊，〈司法鎮壓：「揣摩上意」在台灣威權時期軍事審判中的影響〉，《東吳政治學報》第39卷第2期（2021.8），頁55-93。

8. 陳昱齊，〈難逃一死：李進來案的審判過程分析〉，《國史館館刊》第77期（2023.9），頁45-82。

9. 王泰升，《台灣法律史概論（六版）》（台北：元照，2020），頁

10. 張劍寒，《戒嚴法研究》（新北：漢苑，1976），頁1。

11. 同前註，頁155。

12. 從比較法來看，戒嚴、軍事審判這些法制，不見得立刻、直接與侵害人權畫上等號，以台灣自身的經驗來看，長期的戒嚴再加上軍事審判法制多有不備之處，導致人民在軍事審判程序中獲得的保障，不如普通刑事訴訟程序的被告，造成許多的人權侵害，這也形成今日台灣社會對於軍事審判或戒嚴之疑慮。

13. 蔣介石，《蔣中正日記1960年》（台北：民國歷史文化學社，2024），頁220。

14. 합참，《계엄실무편람》，합동참모본부，2018年，頁55。

15. 대법원 2018. 11. 29. 선고 2016도14781 판결。

16. 毛家騏，《陸海空軍審判法刑法懲罰法淺釋合刊》（貴陽：文通書局，1942），頁163-164。

17. 胡逸民、吳少訪，〈對於現行陸海空軍審判法之我見（未完）〉，《黃埔月刊》第1卷第3期（1930），頁9-11。

18. 〈軍法審判（四）〉，《國民政府》，國史館藏，數位典藏號：001-012300-00013-014。

19. 國防部史政編譯局，〈國防部與美軍顧問團聯席會議紀錄〉，國家發展委員會檔案管理局，檔號：B5018230601/0036/003.5/6015.2。韓同，《杖朝回首憶當年》，中華大典編印會，頁108-109。王泰升，《臺灣法律現代化歷程：從「內地延長」到「自主繼受」》，國立臺灣大學出版中心，2015年，頁185-187。

20. 國防部軍法局，〈監察院糾正軍法案內伍澄宇王群藝李華棟等叛亂等罪刑覆判情形〉，檔號：B3750347701/0039/3132055/55/1/003。新北：國家發展委員會檔案管理局。

21. 劉衛、詹林、劉小娟，《民國時期縣長兼理軍法制度研究：以四川省為中心（1935-1949）》（四川：四川大學，2021）。

22. 孫克寬，〈論對非軍人的軍法審判〉，《法律評論》15卷8期（1947），頁2。

23. 同前註。

24. 蔣介石，《蔣中正日記1949年》（台北：民國歷史文化學社，2023），頁34。

25. 蔣介石，《蔣中正日記1950年》（台北：民國歷史文化學社，2023），頁29。

26. 胡適，曹伯言整理：《胡適日記全集9（1953-1962）》（台北：聯經，2004），頁3。蔣介石，《蔣中正日記1953年》（台北：民國歷史文化學社，2023），頁29。

27. 張世瑛，〈蔣中正與戰時軍法體制的執行─以抗戰中期的三起貪污案件為例〉，《國史館館刊》55期（2018.3），頁41。

28. 蔣介石，《蔣中正日記1951年》（台北：民國歷史文化學社，2023），頁278。

29. 蘇瑞鏘，《白色恐怖在臺灣：戰後臺灣政治案件之處置》，頁339-341。

30. 國防部，《徐會之非法顛覆案》，檔號：A305000000C/0039/1571.31/2829。新北：國家發展委員會檔案管理局藏。

31. 同前註。

32. 國防部軍法局，《徐會之叛亂案審判執行情形》，檔號：B3750347701/0040/3132141/141。新北：國家發展委員會檔案管理局藏。

33. 同前註。

34. 國防部後備司令部，《馬時彥等案》，檔號：A305440000C/0042/276.11/7132.42。新北：國家發展委員會檔案管理局藏。

35. 蔣介石，《蔣中正日記1960年》，民國歷史文化學社有限公司，2024年，頁220。

36. 蔣介石，《蔣中正日記1960年》，頁221。從蔣介石對胡適的談話中亦顯示他有認識到雷震案會引發的國際上不利影響，參見：胡適，《胡適日記全集第9冊1953-1962年》（台北：聯經，2004），頁666-667。

37. 蔣介石，《蔣中正日記1960年》，頁222-239。

38. 同前註，頁240。

39. 同前註，頁254。

40. 同前註，頁251。

41. 同前註，頁277。

42. 何成濬，《何成濬將軍戰時日記》（台北：傳記文學，1986），頁104-105。

43. 國防部軍法局，《馬正海叛亂（延押抗告）案》，檔號：B3750347701/0059/1571/043。新北：國家發展委員會檔案管理局藏。

44-47. 同前註。

48. 關於釋字第68號解釋的分析，參見徐偉群，〈若無自首，就算繼續參加——釋字第六十八號解釋檔案〉，收於：林建志等，《奉命釋法：大法官與轉型正義》，促進轉型正義委員會，2021年，頁27-48。

49.-54. 同前註。

55. 國防部軍法局，《馬正海叛亂案》，檔號：B3750347701/0058/3132049/49。新北：國家發展委員會檔案管理局藏。

56. 유주성，〈평시 군사법원 체제 전환에 관한 소고〉，《형사정책》，35卷4期，2024年，頁362。

蔣介石在白色恐怖中的角色
──以「核覆」為中心[1]

蘇瑞鏘

台北教育大學台灣文化研究所教授

戰後台灣威權統治時期，國民黨當局動輒以懲治「叛亂」與肅清「匪諜」為由，憑藉立法單位所制定的「戒嚴法」、「刑法」（內亂罪）、「懲治叛亂條例」與「戡亂時期檢肅匪諜條例」等不乏侵害人權成分的法令，佐以大法官會議若干違反人權的解釋，加上各種不當與不法的處置方式，包括情治單位的偵辦、軍法單位的審判，乃至軍事長官的核覆等，遂產生許多被不當乃至不法處置的「政治案件」。這段期間，有數以萬計的人民遭到當局拘捕、審問和處罰，導致「白色恐怖」（white terror）的氛圍長期籠罩全台。[2]

　　其中，台灣在蔣介石統治期間，正是政治案件最多的年代。今天從國家發展委員會檔案管理局與國史館等政府單位

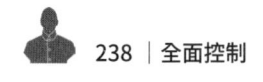

大量收藏的相關檔案中,可以看出蔣介石在眾多政治案件中所扮演的關鍵角色。因此,探討戰後台灣的政治案件,必須了解蔣介石如何看待以及處置政治案件與政治犯。

尤其在戒嚴時期,政治犯依法須被交付軍事審判,即使非現役軍人。[3] 而軍事審判的結果則須上呈軍事長官核定與覆議(按:以下簡稱核覆)。其流程往往先經過國防部、再到總統府,最後由蔣介石總統核覆。然當時軍事審判體制對被告的救濟機制並不健全,加上軍事審判官鮮少有人敢拂逆長官(尤其是蔣介石總統)核覆的指令,以致核覆的結果往往成了被告實質上的確定終局審判,核覆制度乃實際決定一位政治犯命運最重要的機制之一。該制度在實際運作的過程中,政治犯常有被加重刑責的現象,不當乃至不法核覆的情形時有所見,有需要進一步探討,當中蔣介石總統的角色尤其值得重視。

鳥瞰蔣介石與白色恐怖政治案件

本節首先探討蔣介石的叛亂觀與匪諜觀,其次探討蔣介石介入政治案件的類型。

238 ｜ 全面控制

蔣介石的叛亂觀與匪諜觀

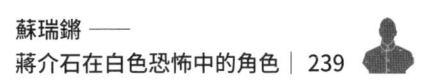

本文所研究的政治案件是指被控叛亂或匪諜者，此二者依法均處極重之刑，然從若干史料來觀察，蔣介石認知叛亂或匪諜的標準未必嚴謹。就叛亂而言，某人僅只是批評蔣介石，就可能會被蔣視為叛亂，前台灣省主席吳國楨批評蔣氏父子即是一例。[4] 1954 年 3 月 25 日蔣介石於日記寫道：「吳逆在美反宣傳，實自卅三年以來，共匪毒辣〔辣〕反宣傳後之最猛烈之一次，……此實為今日罕有之大奸巨憝，幸於去年准其辭去（按：指台灣省主席一職），而暴露其今日叛亂之陰謀，不能謂非不幸中之大幸也」。[5] 3 月 28 日，吳國楨上書蔣介石，針對蔣對他的批評提出反駁，吳指出：「鈞座之意，則凡在國外之中國人不能批評鈞座，若有批評，則與共黨無異。在國內之人亦不能批評鈞座，若有批評，即係犯上，應受處分。嗟夫皇天，是鈞座不願任何中國人批評鈞座而已耳」。[6] 只因被吳國楨批評就將之視為叛亂，蔣介石認知叛亂之粗糙，由此可見一斑。

蔣介石指控雷震為匪諜亦是一例。1951 年，雷震在國民黨的改造會議上提出廢除軍隊黨部與學校三民主義課程的意見，[7] 雷震認為三民主義是國民黨的主義，不該列在學校的

課程中;而軍隊應屬國家所有,國民黨不該黨化軍隊,應即撤銷軍隊黨部。[8]為此,蔣介石公開罵他:「此等行動與匪諜及漢奸無異,為一種寡廉鮮恥之行為」。[9]由此可看出,蔣介石對「匪諜」的認知標準相當恣意,要是有人提出政策改革的建議而不順其意,即有可能被他視為「匪諜」。

另外,蔣介石的匪諜觀不甚嚴謹,其質疑《自由中國》雜誌社編輯傅正為匪諜又為一例。1960 年 8 月 15 日,蔣介石召見警備總司令黃杰,詢問處理雷震的「田雨專案」進度,黃杰在警總日記中寫道:

> 總統指示:雷震之秘書傅正,其人極為可疑,傅之年齡,據專案組所報,係卅六歲,但根據其個人資料,出生於民國十七年,今年為卅二歲,而非卅六歲,且此人曾就讀於上海某大學,旋又轉入武漢大學,最後又入臺灣大學政治系畢業,從未謀取公職,專為雷震充助手,青年人讀書之抱負,果如是乎?以此情形推斷,當係共匪之職業學生,來臺從事滲透工作者。[10]

20 天後,傅正被警總逮捕。當局以其在《自由中國》所

發表的兩篇反對總統三連任的文章,指控他「與匪之統戰策略相呼應,便利匪幫之叫囂」,[11] 最後將他裁定感化。而從這段蔣介石「推斷」傅正為「共匪之職業學生,來臺從事滲透工作者」的史料,不但可以看出白色恐怖時期蔣介石認知傅正為匪諜的荒謬邏輯,甚至還可看出蔣介石對「青年人讀書之抱負」的狹隘觀點。[12]

由上述蔣介石認定吳國楨乃叛亂、雷震與傅正係匪諜等幾例來看,蔣介石看待異己的邏輯都相當荒謬。

蔣介石介入政治案件的類型

在眾多政治案件當中,從是否逮捕與偵辦的階段、到審判階段,乃至判決以後的核覆階段,均不乏受到蔣介石影響的案例。

首先,在某一案件考慮是否逮捕與偵辦的階段。以林日高為例,1954 年保密局認為林日高涉有為匪工作及藏匿逃匪嫌疑,上呈蔣介石總統後,蔣核示:「飭保安司令部傳訊由保密局派員會同辦理」,[13] 十幾天後林日高即遭保安司令部逮捕。

其次,在某一案件的審判階段。以雷震案為例,1960 年

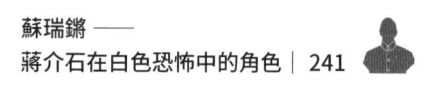

10月8日下午雷震案宣判前，當天上午11點鐘，蔣介石總統召集副總統以下共14名黨政軍特要員，在總統府內召開「商討雷（震）案」的極機密會議，他們要在甲、乙、丙三個腹案中擇定其一。經過在場人員分析這三案的利弊得失之後，蔣介石「裁決採用乙案」，並做出「雷之刑期不得少於10年」、「覆判不能變更初審判決」等指示。[14]

　　然而，當時「軍事審判法」第133條只規定：「判決由

總統府內召開「商討雷案」極機密會議之檔案
圖片來源：檔案管理局藏：國史館 0047/275.11/1。

該管軍事審判機關長官核定後，宣示或送達之」、「最高軍事審判機關高等覆判庭之判決，呈請總統核定後，宣示或送達之」[15]，並未賦予總統在判決前可介入審判的權力。因此，在雷震案的處置過程中，吾人可清楚看到最高當局運用政治力違法介入審判的作為。

最後，在某一案件判決之後的核覆階段，蔣介石違法角色亦相當明顯，底下兩節將深入探討核覆制度。

軍事審判與核覆機制

白色恐怖時期政治犯會被交付軍事審判，然軍事審判制度常令人質疑無法獨立審判，原因之一在於軍事長官擁有對審判結果的核覆權。而此乃由於軍事審判制度常被有權者往統帥權（而非司法權）的方向解釋，引伸成統帥核覆權。由於就當局的認知而言，軍事審判制度的設計乃是偏向統帥權的思維，使得依此進行之審判，對人權保障終難徹底落實。尤其是由此衍生出的核覆制度，更是被有權者不當運用，而成為白色恐怖時期嚴重戕害人權的關鍵機制之一。

1956 年以前的「陸海空軍審判法」之判決，必須呈請長官核覆；長官認為判決不合法者，得令復議；認為判決不當

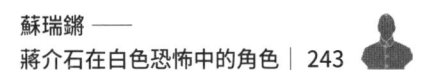

者，得令復審。1956 年以後的「軍事審判法」，亦賦予總統針對最高軍事審判機關高等覆判庭判決的核定權。軍事長官對判決結果擁有核覆權，無疑是身為三軍統帥的蔣介石總統得以主導終極審判最重要的機制。

軍事長官對判決結果的核覆權

關於軍事長官擁有對審判結果的核覆權，可追溯自 1930 年制定的「陸海空軍審判法」，[16] 以及 1943 年修正公佈的「戰時陸海空軍審判簡易規程」。[17] 1950 年總統核准公佈施行「國防部軍法案件呈核標準」規定：某些案件「由參謀總長遞呈總統核定」。[18] 1956 年以後，據「軍事審判法」第 133 條規定：

> 判決由該管軍事審判機關長官核定後，宣示或送達之。
>
> 最高軍事審判機關高等覆判庭之判決，呈請總統核定後，宣示或送達之。
>
> 核定判決時，如認判決不當或違背法令，應發交覆議，不得逕為變更原判決之核定；發交覆議，

以一次為限。

覆議結果不論變更或維持原判決，應照覆議後之
判決予以核定。[19]

　　軍事長官對判決結果擁有核定與發交覆議的權力，無
疑是軍事審判被認定屬統帥權最明顯的寫照。1970 年代初
期，有軍法實務經驗的學者刁榮華在《軍事審判法實用》一
書中，當討論到「軍事審判法」第 133 條時即明白地指出：
「軍事審判之目的，重在維護軍紀，貫澈軍令，以達捍衛國
家，克敵致勝之使命，故軍事審判權，乃為軍事長官統率部
屬之工具」。[20] 只是，在這樣的制度與思維下的軍事審判，
權力分立恐難確保，軍事長官（甚至總統）還可能由此介入
審判。

　　從民主憲政體制來觀察，有學者認為核覆制度是違反權
力分立與獨立審判的恣意行政作為；[21] 相對於當時「軍事審
判法」第 160 條所稱「軍事法庭獨立行使審判權，不受任何
干涉」之規定，實乃莫大諷刺。[22]

一般核覆流程

一般而言，在政治案件最多的 1950 年代，當軍事法庭判決之後，必須由台灣省保安司令部司令上簽呈給長官核定。而後往往先經過國防部長官（主要是國防部長與參謀總長）與總統府長官（主要是祕書長與參軍長）之核閱。過程中這些長官們（尤其是參謀總長與參軍長）多會加註意見，最後上呈總統。

茲以高執德案為例，說明一般核覆流程。1954 年 9 月 30 日，台灣省保安司令部軍事法庭對高執德等 8 人所涉及的「叛亂」案件做出判決。其中，高執德被判處有期徒刑 12 年，「罪名」是：連續藏匿叛徒、明知為匪諜而不告密檢舉，以及幫助藏匿犯人。[23] 1954 年 11 月 24 日，台灣省保安司令部（兼司令嚴家淦）將該案的判決上呈國防部。[24] 同年 12 月 29 日，國防部（部長俞大維、兼代參謀總長彭孟緝）將「擬予照准」的審核意見上呈給蔣介石總統核示。[25] 之後，經總統府秘書長張群與參軍長孫立人加註意見，再呈給蔣介石總統核覆。1955 年 2 月 26 日，總統下了指示：「高（按：高執德）翁（按：翁文禮）梁（按：梁培鍈）等三犯罪情甚重均應發還嚴為復審」。[26] 該年 3 月 5 日，國防部

246 ｜ 全面控制

（兼代參謀總長彭孟緝）指示台灣省保安司令部：「郭振純
（按：高執德的案首）等叛亂一案罪刑經簽奉總統核定希遵
照」。[27] 同年 5 月 2 日，台灣省保安司令部作出復審判決。
與原判最大的差異，在於高執德、翁文禮與梁培鍈等三人從
有期徒刑被改判死刑。[28] 1955 年 7 月 2 日，台灣省保安司令
部將復審判決書上呈國防部。[29] 該年 7 月 21 日，國防部（部
長俞大維、參謀總長彭孟緝）將「擬予照准」的意見上呈
蔣介石總統核示。8 月 10 日，蔣介石總統裁示「如擬」。[30]
隔日，總統正式核准高執德的死刑。[31] 1955 年 8 月 20 日，
國防部（參謀總長彭孟緝）對台灣省保安司令部下達槍決
令。[32] 同年 8 月 31 日，高執德等 3 人即被槍決。[33]

蔣介石不法與不當核覆的現象

在核覆過程中，不少政治犯的刑度出現不斷被加重、乃
至被處死的現象。這些刑度被加重的情形，有些發生在國防
部與總統府階段。經國防部與總統府各級官員的處置，簽呈
到了蔣介石總統的階段，被加刑的情形也時有所見。以 1951
年周清連等案為例，該案 12 名被告經保安司令部判決後呈
經參謀總長時，被以「事實未明確量刑未當」發還復審。復

審結果呈給蔣介石，蔣竟在公文中親批：「凡判處十二年以上徒刑者一律改處死刑」。[34]

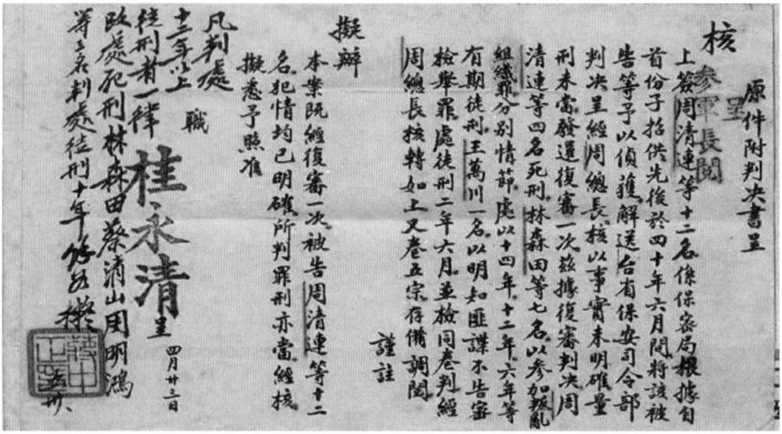

蔣介石總統批示「凡判處十二年以上徒刑者一律改處死刑」之檔案
圖片來源：檔案管理局藏：國防部軍法局 0041/3132218/218。

又如 1966 年調查局專員史與為一案，共 7 人被告，原判僅 2 人被處死刑。[35] 然呈報至蔣介石處，蔣卻批示：「凡已入匪黨而不事先自首者不得赦免應處極刑為要」、[36]「凡已入匪黨而不向政府自首尤其在政府機關服務者均應處以極刑可也」。[37] 於是，該案 7 人全部改判死刑。[38]

上述二個案例，蔣介石總統分別要求將「凡判處十二年以上徒刑者」與「凡已入匪黨而不事先自首者」一律處死，除了明顯違法，[39] 還可看出蔣氏之恣意妄為。

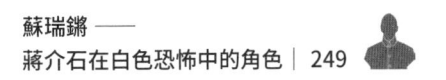

再如陳繼光等案，吾人可以看到蔣介石總統在陳繼光、陳孟和、劉裕如等人的判決簽呈上直接更改刑期。他在「陳繼光陳孟和劉裕如各判徒刑十年」的「十」與「年」兩字之間用毛筆畫下斜線，斜線上加「五」字並用「蔣中正印」。[40]

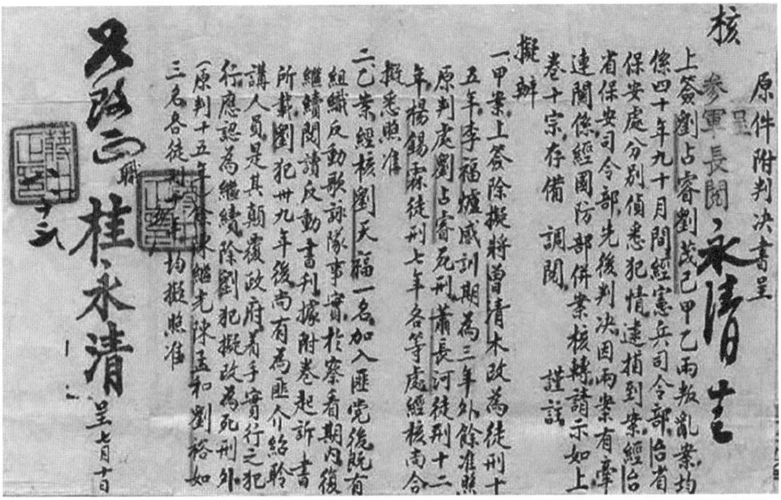

蔣介石總統在陳繼光、陳孟和、劉裕如等人的判決簽呈上面直接更改刑期之檔案
圖片來源：檔案管理局藏：國防部軍法局 0041/3132235/235。

至於牽涉吳石案的王志均（王正均）與林志森，一樣被蔣介石總統從無期徒刑改成死刑。而且跟前述陳繼光、陳孟和、劉裕如等人一樣，被蔣介石總統用毛筆直接在簽呈上面更改刑期。[41]

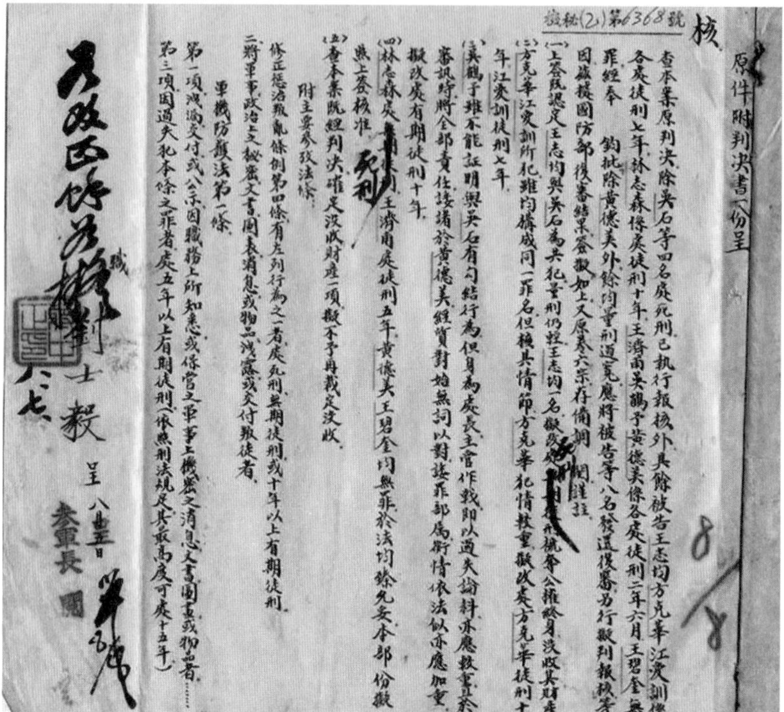

蔣介石總統直接更改刑度將原判無期徒刑的王志均（王正均）與林志森改為死刑之檔案
圖片來源：檔案管理局藏：國防部軍法局 0039/3132034/34。

再以醫師黃溫恭為例，黃溫恭被當局列在「匪台灣省工委會燕巢支部黃溫恭等叛亂案」當中，資料顯示，1952 年黃溫恭去自首，但自首單位竟是國民黨屏東縣黨部；[42] 有學者就認為此可證明「中華民國政府黨國不分，且黨高於國之現象」。[43] 但自首了沒用，最後還是被蔣介石大筆一揮，從軍

法官原判的 15 年徒刑改為死刑。[44]

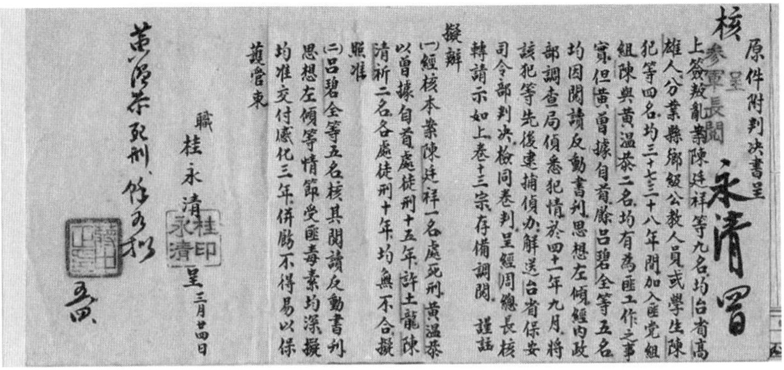

蔣介石總統將原判15年徒刑的黃溫恭改為死刑之檔案
圖片來源：檔案管理局藏：國防部軍法局 0042/3132299/299。

　　另如徐會之案。徐氏乃出身黃埔一期的總統府參軍，1950 年涉嫌叛亂，原被判刑 5 年，然公文送到蔣介石手上，蔣卻親批「應即槍決可也」。[45]

　　還有 1952 年的陳梓林案，此屬「江浙反共救國軍叛亂案」，總統府參軍長桂永清在上簽給蔣介石總統的公文指出：陳梓林意圖以暴動顛覆政府而著手實行，擬處無期徒刑。然與徐會之的命運一樣，蔣介石閱後直接批示：「判處死刑可也」。[46]

　　經蔣介石總統指示「處以極刑可也」、「應即槍決可也」、「判處死刑可也」、「應判死刑」、「改處死刑」者，

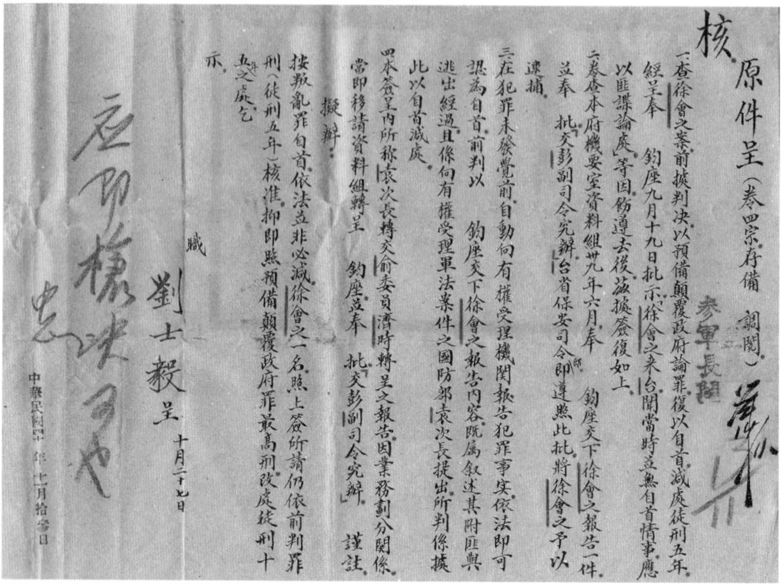

蔣介石總統親批原判5年的徐會之「應即槍決可也」之檔案
圖片來源：檔案管理局藏：國防部軍法局 0040/3132141/141。

至少還有陳心菉（10年有期徒刑改為死刑）、[47]康震（15年有期徒刑改為死刑）、[48]李玉堂（15年有期徒刑改為死刑）、[49]鄭文峰等6人（無期徒刑改為死刑），[50]實不勝枚舉。

然必須指出，有關犯罪的刑度法律皆有明訂，沒有一條法律允許總統可以對被告逕為變更原判決而直接加刑。1956年以前，陸海空軍審判法有關復議與復審的規定，並未授權軍事長官得以逕為變更原判決；1956年「軍事審判法」133

條更是規定：「核定判決時，如認判決不當或違背法令，應發交覆議，不得逕為變更原判決之核定」。因此，這些蔣介石直接在簽呈上加刑的處置，顯屬違法。

此外，1956年以前「陸海空軍審判法」規定：長官認為判決不合法者得令復議，認為判決不當者得令復審。1956年「軍事審判法」則規定：「核定判決時，如認判決不當或違背法令，應發交覆議，不得逕為變更原判決之核定；發交覆議，以一次為限」。然從在蔣介石要求復議（審）的案例中，往往看不到他明確地指出原判決有哪些屬「判決不合法」或「判決不當」，前引高執德案即為一例。[51]

再者，在若干案件當中，可看到蔣介石總統不滿軍事審判官的判決、甚至下令懲處審判官的紀錄。如在高執德案中，蔣曾批示：「本部份審判（按：指原判）如此草率，應將負責判決人員查報」。[52] 在曲德修案中，蔣曾質問為何此等重案判處如此輕便，該審判人有無重視，內容應注意。[53] 在陳正宸案中，蔣曾批示對原判（按：判嫌犯無罪）的主審官應有相當處分，後來該主審官被記過。[54] 對呂國昭等案中的何春輝，蔣則批示：「前次保安司令部裁定何犯不付軍法審判係何人所判決須追究其有無舞弊情事報核」。[55] 在這樣巨大的政治壓力下，膽敢拂逆蔣介石總統指令的軍事審判官

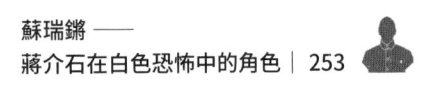

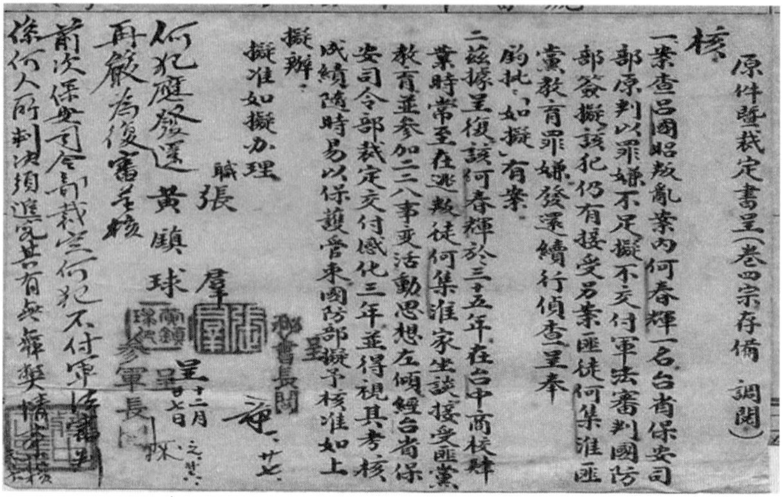

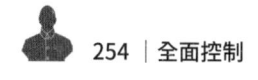

蔣介石總統下令追究軍事審判官責任之檔案
圖片來源：檔案管理局藏：國防部軍法局 0044/3132411/411。

恐不多見，獨立審判的法律要求往往淪為具文。

由上述諸多案例可以看出，擁有核覆大權的蔣介石，在許多政治案件的核覆過程中常出現不當乃至不法的核覆作為。

結語

蔣介石的叛亂觀與匪諜觀相當可議，從前述他認定吳國楨乃叛亂、雷震與傅正係匪諜等案例的荒謬理由，即可見一斑。此外，在眾多政治案件當中，從是否逮捕與偵辦的階

段、到審判階段、乃至核覆階段，均不乏受到蔣介石影響的案例。其中，核覆屬結構性，其影響相當深遠。

蔣介石總統的核覆的模式至少包括直接核可、發還復審、直接指示刑度，以及更改判決結果等等。而由於軍事長官對判決結果擁有核覆權，這無疑是身為「最高軍事長官」的蔣介石總統得以主導實質上的「確定終局審判」最重要的法定機制。

在政治案件的核覆過程中，蔣介石常扮演重要角色。根據促進轉型正義委員會（簡稱促轉會）2021 年公布的統計數據，就審判決策者的分析，蔣介石參與決策最多，達4,101 次。[56] 促轉會資料也顯示，經過蔣介石總統覆核的案件，有 31.4% 遭處 10 年以上有期徒刑，有 29.2% 是死刑。有學者發表相關研究，指出蔣介石總統是否介入軍事審判，幾乎決定政治犯是否遭到扼殺。[57]

由本文分析可以看出，蔣介石在戰後台灣白色恐怖政治案件中常扮演相當關鍵的角色。特別是在許多政治案件的核覆過程中常出現不當與不法的作為，有時甚至連自己執政時期所訂定的相關法律與規則都不遵守（例如違法對被告逕為變更原判決而直接加刑），這無疑是戰後台灣「白色恐怖」之所以恐怖的關鍵因素。

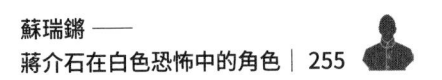

1. 本文主要根據拙著，《白色恐怖在臺灣——戰後臺灣政治案件之處置》（新北：稻鄉，2014），頁73-82、325-356，進一步改寫與發展而成。

2. 蘇瑞鏘，《白色恐怖在臺灣——戰後臺灣政治案件之處置》（新北：稻鄉，2014），頁2-4。

3. 憲法第9條雖有載明「人民除現役軍人外，不受軍事審判」，然戒嚴時期的政治犯即使非現役軍人基本上也會被交付軍事審判。主要根據是「戒嚴法」第8條、「懲治叛亂條例」第10條，以及「戡亂時期檢肅匪諜條例」第11條的規定。另外，根據「戒嚴法」第8條，行政院亦曾陸續頒布軍法與司法審判的劃分辦法。

4. 吳國楨事件的經緯可參歐世華，〈吳國楨與臺灣政局（1949-1954）〉（台北：國立台灣師範大學歷史研究所碩士論文，1999），頁101-140。

5. 蔣中正，《蔣中正日記（1954）》，1954年3月25日（台北：民國歷史文化學社、國史館，2023），頁90。

6. 黃清龍，〈恩惠與決裂——吳國楨和兩蔣關係〉（2009.01.03），網址：http://blog.chinatimes.com/noa/archive/2009/01/03/365158.html，擷取時間：2010.05.07。

7. 雷震，「雷震日記」（1951年3月23日），收入傅正主編，《雷震全集（33）：雷震日記（1951年）——第一個十年（3）》（台北：桂冠，1989），頁66-67。

8. 馬之驌，《雷震與蔣介石》（台北：自立晚報社，1993），頁51。

9. 雷震，「雷震日記」（1951年4月16日），收入傅正主編，《雷震全集（33）》：雷震日記（1951年）——第一個十年（3）》，頁81。

10. 陳世宏、張世瑛、許瑞浩、薛月順編，《雷震案史料彙編：黃杰警總日記選輯》（台北：國史館，2003），頁88-89。

11. 《中央日報》，1960年10月9日。

12. 吾人不禁想問：難道臺灣大學政治系畢業的青年人，就一定要謀取公職嗎？難道這樣的人才「專為雷震充助手」，就不能算是「青年人讀書之抱負」嗎？蔣氏的「青年人抱負觀」頗值得玩味。參見蘇瑞鏘，《超越黨籍、省籍與國籍——傅正與戰後臺灣民主運動》（台北：前衛，2008），頁141。

13. 〈國家安全局代電（1954.11.19）〉，收入張炎憲、許芳庭編，《林日高案史料彙編》（台北：國史館，2008），頁155。

14. 陳世宏、張世瑛、許瑞浩、薛月順編輯，《雷震案史料彙編：國防部檔案選輯》（台北：國史館，2002），頁331-332。相關分析詳參蘇瑞鏘，〈從雷震案論戒嚴時期政治案件的法律處置對人權的侵害〉，《國史館學術集刊》15（2008.03），頁120。

15. 「軍事審判法」,《總統府公報》721（1956.07.10），頁10。

16. 「陸海空軍審判法」(1930年)，《國民政府公報》428（1930.03.26），頁5-6。

17. 「戰時陸海空軍審判簡易規程」（1943年），《國民政府公報》551（1943.03.10），頁1。

18. 「國防部軍法案件呈核標準（1950年6月15日總統核准公佈施行）」，收入中華民國現行法規大全編纂委員會編印，《中華民國現行法規大全》，第2冊（台北：中華民國現行法規大全編纂委員會，1956），頁1430。

19. 「軍事審判法」（1956年），頁10。

20. 刁榮華，《軍事審判法實用》(台北：張作鑄發行，1972)，頁31。

21. 江如蓉、翁大鈞，〈探討戒嚴時期國家權力濫用行為〉，收入陳志龍、邱榮舉、倪子修總編輯，《台灣人權與政治事件學術研討會》(台北：財團法人戒嚴時期不當叛亂暨匪諜審判案件補償基金會，2006)，頁249-250。

22. 倪子修、吳祚丞，〈戒嚴時期處置叛亂犯之特別實體法及程序法〉，收入陳志龍、邱榮舉、倪子修總編輯，《臺灣人權與政治事件學術討論會》，頁230。

23. 〈台灣省保安司令部判決：（43）審三字第108號〉，檔案管理局藏，《郭振純等叛亂案》，檔號：0043/3132392/392/1/001。

24. 〈檢呈郭君等叛亂案〉，檔案管理局藏，《非法顛覆案》，檔號：0043/1571.3/1111/49/072。

25. 〈檢呈郭君等叛亂案審判執行情形〉，檔案管理局藏，《郭振純等叛亂案》，檔號：0043/3132392/392/1/001。

26. 〈高君翁君梁君等三名顛覆政府案〉，檔案管理局藏，《非法顛覆案》，檔號：0043/1571.3/1111/49/075。

27. 〈郭君等叛亂案〉，檔案管理局藏，《非法顛覆案》，檔號：0043/1571.3/1111/49/076。

28. 〈台灣省保安司令部判決：（44）審復字第10號〉，檔案管理局藏，《郭振純等叛亂案》，檔號：0043/3132392/392/1/002。

29. 〈檢呈翁君等叛亂復審案〉，檔案管理局藏，《非法顛覆案》，檔號：0043/1571.3/1111/49/077。

30. 〈檢呈翁君等叛亂案原判審核意見請核示〉，檔案管理局藏，《郭振純等叛亂案》，檔號：0043/3132392/392/1/002。

31. 〈叛亂犯翁君;梁君;高君等三名准如擬各處死刑〉，檔案管理局藏，《非法顛覆案》，檔號：0043/1571.3/1111/49/080。

32. 〈翁君等叛亂案罪刑〉，檔案管理局藏，《非法顛覆案》，檔號：0043/1571.3/1111/49/081。

33. 〈執行叛亂犯翁君等三名死刑日期〉，檔案管理局藏，《非法顛覆案》，檔號：0043/1571.3/1111/49/082。

34. 〈被告涉叛亂一案罪刑經核擬意見謹檢同原卷判簽請核示祗遵〉，檔案管理局藏，《周清蓮等叛亂案》，檔號：0041/3132218/218/1/001。

35. 〈台灣警備總司令部判決：（54）警審特字第15號〉，檔案管理局藏，《史與為等叛亂案》，檔號：0055/3132007/7/1/001。

36. 〈呈復史某等叛亂案件覆判情形簽請鑒核祗遵〉，檔案管理局藏，《史與為等叛亂案》，檔號：0055/3132007/7/1/002。

37. 〈為史某等叛亂一案警備總部更審判決論罪處刑情形簽請鑒核〉，檔案管理局藏，《史與為等叛亂案》，檔號：0055/3132007/7/1/003。

38. 〈台灣警備總司令部判決：57年度更字第15號〉，檔案管理局藏，《史與為等叛亂案》，檔號：0055/3132007/7/1/006。

39. 因為根據罪刑法定原則，當時的法律未有「凡判處十二年以上徒刑者」與「凡已入匪黨而不事先自首者」一律處死的規定。

40. 〈檢呈劉君等叛亂案擬具審核意見乞核示〉，檔案管理局藏，《劉占睿等叛亂案》，檔號：0041/3132235/235/1/001。

41. 〈原件附判決書一份呈核〉，檔案管理局藏，《吳石等叛亂案》，檔號：0039/3132034/34/1/003。

42. 〈匪台灣省工委會燕巢支部黃溫恭等叛亂案〉，收入國家安全局編，《歷年辦理匪案彙編》，第1輯（台北：國家安全局，1959），頁151。

43. 許雪姬，〈滿洲經驗與白色恐怖──「滿洲建大等案」的實與虛〉，收入許雪姬編，《「戒嚴時期政治案件」專題研討會論文暨口述歷史紀錄》（台北：財團法人戒嚴時期不當叛亂暨匪諜審判案件補償基金會，2003），頁33。

44. 〈為檢呈陳君等叛亂一案卷判簽請核示〉，檔案管理局藏，《陳廷祥等叛亂案》，檔號：0042/3132299/299/1/001。

45. 〈謹檢呈被告叛亂案卷判恭祈鑒核祗遵〉，檔案管理局藏，《徐會之叛亂案審判執行情形》，檔號：0040/3132141/141/1/002。

46. 〈檢呈陳君叛亂案原判罪刑尚無不合擬予照准〉，檔案管理局藏，《陳梓林叛亂案》，檔號：0041/3132257/257/1/001。

47. 人權之路編輯小組主編，《人權之路2008新版──臺灣民主人權回顧》（台北：財團法人陳文成博士紀念基金會，2008），頁80-81。

48. 〈檢呈被告叛亂判罪刑予以改判並核准另一涉案人無罪〉，檔案管理局藏，《康震等叛亂案》，檔號：0039/3132148/148/1/002。

49. 〈為擬判被告叛亂案罪刑簽祈鑒核示遵由〉，檔案管理局藏，《李玉堂等叛亂案》，檔號：0039/3132110/110/1/002。

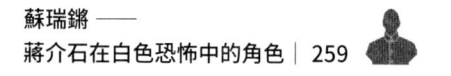

50. 〈總統府代電：聯芬字第390330號〉，檔案管理局藏，《非法顛覆案》，檔號：0039/1571.3/1111/17/058。

51. 闞正宗、蘇瑞鏘，〈臺南開元寺僧證光（高執德）的「白色恐怖」公案再探〉，《中華人文社會學報》2（2005.03），頁275-281。

52. 〈高君翁君梁君等三名顛覆政府案〉，檔案管理局藏，《非法顛覆案》，檔號：0043/1571.3/1111/49/075。

53. 倪子修，吳祚丞，〈戒嚴時期處置叛亂犯之特別實體法及程序法〉，頁226。

54. 〈謹將馬君等叛亂案內林君等以次各犯更審及覆判情形簽鑒核示遵〉，檔案管理局藏，《馬時彥等叛亂案》，檔號：0046/3132422/422/1/003；倪子修，吳祚丞，〈戒嚴時期處置叛亂犯之特別實體法及程序法〉，頁229；陳英泰，《回憶——見證白色恐怖》，下冊（台北：唐山，2005），頁651。

55. 〈檢呈何君違反檢肅匪諜案裁定擬具審核意見請核示〉，檔案管理局藏，《呂國昭等叛亂案》，檔號：0044/3132411/411/1/004。

56. 李欣芳報導，〈轉型正義資料庫公布 蔣介石參與政治審判高達4101次〉，《自由時報》，2021.02.26。

57. 陳鈺馥報導，〈威權時期軍審判死1153人 促轉會揭密：蔣介石介入970人〉，《自由時報》，2021.02.25。

蔣中正與蔣經國在戒嚴時期
「不當審判」中與情治單位的關係

劉熙明
台北教育大學台灣文化研究所副教授

不當審判的幕後主使

蔣中正總統主政台灣時期，在政治環境上是威權統治的戒嚴時期，期間不少假匪諜的政治犯或無辜者被逮捕入獄，甚至被槍決。這些株連眾多無辜的冤錯假案，在台灣民主化後稱為「白色恐怖」，法律上稱為「不當叛亂暨匪諜審判案件」（本文簡稱「不當審判」）。[1] 不當審判與情治單位的密切關係，基本上沒有爭論，本文分析蔣中正、蔣經國父子（以下簡稱兩蔣）的涉入程度。

一般公認戒嚴時期控制情治單位的首腦是兩蔣，因此，兩蔣在不當審判中的涉入程度，不少人士自然將主使者指向他們。例如，李敖完全歸咎兩蔣，[2] 柏楊則將他個人的冤獄

指向蔣經國，柏楊甚至認為蔣經國欲對他除之而後快。[3]

也有認為不當審判相關措施的主導者，兩蔣及情治人員均有。例如，曾是國防部保密局高幹，又承辦多個匪諜案的谷正文，認為他所見的匪諜案，蔣中正主導或彭孟緝構陷均有。[4]

劉宜良（江南）的《蔣經國傳》認為兩蔣主使及情治人員假蔣經國名義的私自作為，兩者均有。劉宜良提到蔣經國名義上是國防部總政治部主任及後來成立的救國團主任，但「暗地裏，以總統府資料組的名義，操縱台灣特務系統，特務權凌駕一切行政權。」因此，眾多不當審判都是蔣經國命令台灣省保安副司令彭孟緝等下屬執行，蔣中正則默認。情治人員私自作為方面，劉宜良認為「捉匪諜」是「以抓人破案為升官發財的階梯，持著經國的上方寶劍，只達目的，不擇手段；因而寧可錯殺三千，決不留情一個。」[5]此外，劉宜良也提到 1950 年代的「大屠殺大恐怖」，是否為保衛台灣的必然之惡，成為爭議話題：一方面「患有恐共症的極右派，認為經國的鐵腕政策，為台灣存亡所必需」；但另一方面「開明派如省主席吳國楨，則持異議，指責蔣（經國）、彭（孟緝）作風，過份殘踏人權。」[6]

王作榮也認為兩蔣及情治人員私自作為均有，但王對蔣

262 ｜全面控制

中正較寬容，王認為「白色恐怖」是在防共背景下，「確保台灣的安全與安定，乃不得不採取嚴厲的管制措施。」王對於蔣經國的評價則不太好，認為他「為求將來能繼承大位，不著痕跡，但無情地、不擇手段地整肅對自己有妨礙者，甚至一再用冤獄羅織入罪。」王又認為「無論從追求最高權力地位來說，及遷台初期動盪的情形來說，這種統治都是可以原諒的。」但王也將眾多冤案指向執行的情治人員私自作為或公器私用：「在執行這種政策時，執行人員不免有所偏差，而其中若干不肖之徒，亦常挾怨尋仇，致使許多無辜者蒙冤受屈，冤殺冤囚者頗多。」[7]

但也有為兩蔣辯解的說法，尤其是曾經被兩蔣重用或其親信者。他們或親身經歷，或隱晦不明地認為這是部分下屬假手蔣經國名義的私自作為，因而殃及兩蔣。追隨蔣經國的李煥，就以不在其位，不謀其政的依法行政心態，為他抱屈：「經國先生在擔任行政院副院長之前，只是政府一個單位的負責人，其他黨政軍負責人的行事，不是他所能左右的。以情治工作為例，調查局和警備總部各有系統，他並未負責直接指揮，至多只是代蔣中正總統傳達指示，不應把所有責任推到他身上。」[8]但李煥的說法，似乎有意忽略兩蔣對情治單位實際的操控，以及掩飾蔣經國與情治單位的密切

關係。

受到蔣經國重用的新聞界耆宿漆高儒，認為他掌控情治工作後，「其實他知道在執行上難免有偏差，可以說是積重難返。……雞毛蒜皮的小事，都會把賬算在蔣經國的頭上，真是冤哉枉也。」[9] 曾任立法委員的卜少夫舉了數個情治人員私下肇事或假借蔣經國名義招搖的例子來為他辯解，卜認為台灣的一些小市民、不少外國人及共黨人士對他有成見：「許多事情本來和他（蔣經國）扯不上關係，最後一筆帳又記在他名下。」[10] 漆高儒與卜少夫的說法，未提及重大冤案中兩蔣的角色，他們更認為眾多不當審判案件與兩蔣無關，但實情是否如此？

上述看法大多沒有提到兩蔣與情治單位間的互動關係，也由於情治工作隱密的特質，難以豹窺兩蔣與情治單位在不當審判中的互動關係，歷史真相因此不容易瞭解，此是本文探討的重點。

兩蔣整合情治單位

1940 年代末期，蔣中正鑑於大陸戰局不利，決定在台灣佈置反共基地。當時政府內部人事上，非蔣系統的白崇禧、

程潛等要員，要求蔣下野。蔣就在下野前夕的 1948 年 12 月 29 日，任命嫡系陳誠為台灣省政府主席。不久，陳誠同時兼任台灣省警備總司令與國民黨台灣省黨部主任委員，行政院又電令政府駐台各機構聽命陳誠，陳總攬台灣黨軍政大權。[11]

計畫性的整合手段

期間的國防部保密局局長毛人鳳，在 1949 年「報請陳主席成立偵防總隊，由本局負責處理」，經過兩個月仍然「未蒙批示」，毛人鳳只好直接向蔣中正請求，由蔣任命該局人員為台灣的警務處長與緝私處長。[12]

另一方面，蔣中正為了統一在台情治工作，1949 年 7 月，親自在高雄召開由各個情治首長及蔣經國與會的「高雄會議」，會中決定成立「政治行動委員會」，所有的情治首長如唐縱、毛人鳳、鄭介民、彭孟緝等等均為委員，以便做為「統一所有情報工作，並使之充實、強化」的核心組織。蔣中正希望以此組織讓蔣經國統一掌握政出多門、彼此又互相矛盾的情治單位。但當時兩蔣均在大陸，該委員會由蔣中正指定曾任侍從秘書、軍統出身的警察署長唐縱負責。[13]

劉熙明 ——
蔣中正與蔣經國在戒嚴時期「不當審判」中與情治單位的關係 | 265

此說明陳誠名義上是台灣最高領導人，也許不願介入一向由蔣中正親自任命的情治首長人事權，或陳誠難以掌握非其嫡系的保密局，導致陳對於保密局希望擴充權力的要求置之不理，保密局只好直接上達實際直屬上司蔣中正。

政治行動委員會為了協調不互相統屬的情治單位與工作，1949年10月20日通過建立以台灣地區最高領導人陳誠為名義領袖的「高級情報指導委員會」，其下設立由彭孟緝兼任秘書長的秘書處。[14] 該行動委員會在1949年下半年的重要工作之一是致力整合情治單位，但迄1950年初，各單位仍是自行其是：「各情報單位對高雄會議之指示，無充分之理解，對本會（政治行動委員）之一切要求，每懷觀望，至工作推動，未達預定效果。」[15]

因此，兩蔣來台後，為了擴大政治行動委員會的功能，將該會附屬單位之一的書記室更改為由蔣經國負責的「總統府機要室資料組」，多名可能與蔣經國不和的原任委員被更換。總統府機要室資料組就藉著蔣中正總統的名義，「指導協調」各個情治單位，成為實際上的太上情治單位，蔣經國成為台灣的情治首腦。[16]

大致而言，蔣中正來台後，有計劃地整合政出多門的情治單位，並扶植蔣經國，終於在蔣經國擔任總統府機要室資

料組主任，以及隨後掌控國安局，國安局成為各個獨立情治單位的上級機關。蔣經國的「太子」身分，成為蔣中正之下有實權的「特務頭子」。蔣經國「接管情治機關」，其本人與反對他介入情治單位以免形象受損的部屬，均承認他掌控情治單位。[17]

兩蔣整合情治單位的同時，正是情治單位如火如荼進行不當審判的時期。

情治單位的一貫作風與兩蔣的關係

戒嚴時期的不當審判，大致源於 1949 年以後迄韓戰爆發前，台灣面臨中共武力攻台的危險跡象，美國已決定放棄台灣。蔣中正也認為 1950 年 5、6 月間，中共攻台「是不可避免的」。[18] 在韓戰爆發前一個月，國防部認為：「匪軍攻台時期之判斷：在季節上著眼本年（1950 年）九月半以前，必須進攻，否則勢將延至明年春季，目前匪海空軍兵力雖尚未至充分準備之程度，但亦可能冒險進攻。」[19] 台灣內部則是「謠諑紛傳，人心惶惑，其私蓄較豐而意志較薄弱者，紛紛避地海外，或預作最後打算。」情治單位也認為「匪諜」活動頻繁：「台灣各地已發現共匪標語及不定期之光明報

（油印品），且沿海港灣甚多船舶往來頻繁，匪諜極易混入新竹、淡水等地。」如果「共匪利用船隻密運械彈，以為組織武裝土共之準備，前途殊堪憂慮。」[20]

韓戰爆發後中共暫時中止武力攻台，世局在美國與蘇聯對峙的冷戰局面下，美國協防台灣，美國也因此容忍台灣實施威權統治的戒嚴體制。[21] 雖然台灣轉危為安，直到 1960 年，情治單位仍擔心「倘（台灣）一旦社會動盪，民心慌亂，（中共）亦可能配合」之際，中共「利用先期滲透腐蝕的成效，陰謀發動內部顛覆的政變為戰略，最後以達成『解放台灣』為目標。」[22]

總之，不當審判的主要環境是防範中共武力犯台，政府為了確保台灣安全，對內必須消滅匪諜，以免中共裏應外合。

被默許的審判私人刑場

實施不當審判也有法律的依據，即透過《戒嚴令》、《國家總動員法》、《懲治叛亂條例》、《戡亂時期檢肅匪諜條例》、《台灣地區戒嚴時期出版物管制辦法》與《出版法》等等，賦與情治單位捉匪諜的合法權力。[23] 而在情治人員以如臨大敵般的心態，利用非常的手段來大肆捉匪諜的環

境下，這些法律就成為情治人員以自以為是的方式，羅織或逮捕文字與思想叛亂犯。此可以從台灣警備總司令部給兩蔣批閱的機密文件中看出來：「本部對治安工作之執行，以『防患未然，弭禍無形』為方針。……其有重大影響，足以星火燎原者，則由本部當機立斷，直接負責處理。」[24]「我們不怕敵人有火種與信管，我們只怕警備地區之內，都是森林與炸藥。」[25]

換言之，情治單位以法律做為整肅異己與鞏固兩蔣統治的工具，這也是兩蔣允許，蔣中正也認同以文字或思想叛亂罪來打壓異己。[26] 因此，情治人員在沒有客觀的證據下，違背「罪刑法定主義」原則，[27] 對諸如「思想左傾」或「思想有問題」等不確定與不嚴謹的法律要件，主觀製造犯罪事實，甚至尋找牽強的法律依據，或未經合法程序通過的行政命令或行政規則，入人於罪。[28]

因此，情治人員為了避免「星火燎原」，結合了一貫作風的革命行動，以及人性本惡的職業慣性，形成了不當審判的基礎。這個革命行動雖然「不合於法治精神」，但若是被情治人員視為是必須「政治革命」的「革命時代」，由於「有其時代的必然性」，則其行動「有時必須超越常軌，以非常手段，掃除一切革命障礙。」故「特種工作，既以掃除

障礙，保衛政治，為其主要任務，自必不能事事都循常軌，亦自必不免要使用非常手段。」[29]

　　例如，曾任國防部情報局局長的汪希苓認為，情治人員為「達到有利國家的政策」，會採取若干「無法攤在陽光下」的「非常手段」，例如，「爆破、綁架乃至於暗殺均屬之。」這也是「多位情報局前輩及黨政首長」，認為「戰亂或者是與中共實兵對峙時期」，情治人員必須做的「行動」。[30] 漆高儒也認為情報工作，「實際上是超越法律，而本身訂有一套自成體系的法律，殺人不必經過審判，也不必公開執行，它們有自己的黑牢，自設的刑場。」[31]

　　相較於「爆破、綁架乃至於暗殺」等嚴重的非常手段，刑求與自以為是的羅織他人入罪等較輕的非常手段，自然是情治單位為達政治目的的常用方式。換言之，台灣情治單位的革命手段，是以獨裁體制違反人權與法律的手段，繼續大陸時代為達目的，不擇手段地對政治異議人士或主觀認定有嫌疑的無辜者，採取不當拘捕、構陷或槍決，甚至非法暗殺。國民政府在大陸時期的情治人員採取的非常手段，其中固然有情治人員私自的作為，[32] 但這些私自作為經常是情治人員秉持「體念領袖苦心」信念的行動。[33] 此外，也有部分甚至是蔣中正親自密令情治首長執行。[34]

特務頭子蔣經國

因此，刑求犯人，使犯人無中生有的招出犯罪事實，或誇大渲染事件的嚴重性，正是情治單位認為是效忠領袖，完成革命任務的一般手段，也是蔣中正統治大陸末期，為了對付共產黨與反蔣人士，由蔣允許，甚至是親自下令殺人。故撤退來台的情治人員，延續他們在大陸的心態與作風，在革命任務下，「寧可冤枉九十九人，也不可放過一個匪諜」的口號，成為工作的座右銘，這個標語甚至在偵訊室公開張貼。[35]因此濫捉無辜等不當審判措施，現在雖認為是迫害人權與違法，戒嚴時期則視為是理所當然的合法行動。基本上由兩蔣認同情治人員以「防患未然，弭禍無形」的心態，撲滅足以「星火燎原」的星星之火一事看來，不當審判也是兩蔣默認與允許。當時的蔣經國甚至擁有濃厚的革命情懷，說明如下：

《蔣中正總統檔案》中，1961 年被警總列入「其他台獨叛亂活動」的犯罪要件中，除了「傳播台獨思想」、「涉嫌書寫反動文字（或函件）」、「從事台獨活動」外，更將九位多數是高雄縣旗山中學老師，又未達四十歲的知識分子，以「參加校務改革會」的名義，列入罪名。[36]可見除了思想

罪外，「參加校務改革會」都可入罪，這雖然是兩蔣透過情治人員實施不當審判來控制台灣的方式之一，也說明戒嚴時期的不當審判，擁有革命心態的兩蔣與情治單位都視為是理所當然。

蔣經國擁有革命心態，又可以由他自己的說法看出來。曾任職救國團的柏楊，提到他無意中看到蔣經國給救國團高級幹部的「一份簽名密函」，大意是說：「關於情報治安工作的法律問題，我（蔣經國）曾經和戴笠同志談過，他說：革命就是法律，我們身負革命重任，不能處處遵守法律。國家危及存亡之秋，以此與大家共勉。」[37] 蔣經國把情治工作當作革命，又見於蔣經國要沈之岳接任調查局局長時，蔣經國說：「這是革命任務。」[38]

蔣經國似乎不願意當「特務頭子」，[39] 但總統父親的命令與認為台灣局勢危險，擁有革命情懷的他不得不當起可能在歷史上留下罵名的「特務頭子」，而且自己也捲入了構陷政敵的不當審判。他配合情治人員的偉大使命，實施不當審判，藉此掃除他們父子統治台灣的內部障礙。

就兩蔣等國民黨人士的革命心態而言，他們「逃難到台灣來，所做的總檢討，顯然只停留在痛悔自己和共產黨比起來，控制不夠嚴密，手段不夠殘狠的技術層面上。」[40] 此

272 ｜全面控制

外，大陸淪陷前後，情治人員叛變投共最少，故被蔣中正視為是最忠誠的部屬，以及可以做為嚴密控制台灣社會的基礎下，[41] 兩蔣透過情治人員的非常手段，撲滅星星之火，這正是兩蔣認為鞏固台灣安全與他們權力的不二法門，兩蔣自然必須默認，甚至同意情治單位的不當審判。

1960年代後的不當審判

台灣渡過了中共武力犯台的危險期後，韓戰末期蔣中正準備反攻大陸，情治工作已有加強敵後工作的相關指示。[42] 故1954年度情治單位對台灣內部的工作是「使台灣肅奸行動與大陸情報活動相配合，以擴展檢肅之效能。」[43] 可見此時期的不當審判帶有配合反攻大陸的目標，此與韓戰之前，名義上較單純的防範中共武力攻台，有所不同。1960年代以後，美國協防台灣，中共武力犯台機會降低，情治單位也因經濟繁榮與社會安定，自認有能力維護治安：「經濟繁榮，……社會由動盪而安定。……但因政府遷台十有三年，部分人心苦悶，益以民主自由的偏差思想，每為分歧份子所利用，更與共匪可乘之機，故就治安觀點上看，目前台灣社會狀況以現有治安力量，足資維護，惟仍須時時警惕，以

免疏虞。」[44] 而在反攻作戰後,「基於警備後方(即台灣內部)安全的立場,不能不作最壞的設想,以謀籌萬全的對策,保證達成『安全後方,支援前線』的使命。」[45]

此情治單位對兩蔣的報告,說明台灣內部因為《自由中國》興起的政治改革訴求,對兩蔣的統治形成壓力。因此,情治單位為了應付可能反攻大陸面臨的複雜局勢,[46] 對內仍以防範匪諜活動做為不當審判的藉口,來打壓思想叛亂的政治異議人士。

至於反攻大陸的軍事行動,大致上到了 1960 年代末期,以美國明確反對,兩蔣基本上已放棄,改採「革新保台」。[47] 但 1960 年代的不當審判,除數量上較 1950 年代大幅減少外,[48] 並未改變兩蔣利用情治單位的不當審判來嚴密控制台灣。

換言之,1960 年代以後,在台灣安全基本上得以確保的環境下,實施不當審判的名義,主要是準備反攻大陸。此與防範中共武力犯台較無直接關係,反而是對內加強鞏固兩蔣與國民黨的統治較密切。例如,雷震的《自由中國》案是國民黨「愚民政策的絆腳石」,以及組黨影響國民黨一黨獨大與兩蔣的統治。[49] 但是,其他眾多不當審判案件,基本上與兩蔣權位沒有直接關係,何況此時並沒有如 1950 年代的

吳國楨與孫立人等背後有美國支持，又足以威脅兩蔣權位的人物。就 1960 年代以後美國對台政策而言，美國除了反對蔣中正反攻大陸外，最重要的政策是確保台灣免於受到中共攻擊。美國基本上對兩蔣友好，也沒有如 1950 年代有讓蔣中正下野的計劃，蔣經國甚至從 1963 年至 1970 年四度訪問美國。[50] 此說明美國支持蔣中正統治台灣，蔣經國也被美國視為未來的接班人。因此，「雷震案」發生時，美國雖很關切，但為了避免蔣中正採取造成美國困擾的激進措施，並沒有介入，只以「忍耐」因應。[51]

情治單位的不當審判，雖然被美國容忍，但台灣社會則引起若干不滿。1949 年，台灣籍監察委員丘念台就認為，「特工人員太多、太濫，動遭嫌隙拘捕。」[52] 政治行動委員會也承認，「保密局向各機關介任保防秘書，頗予人不良印象。」[53] 可見兩蔣與情治單位均知悉社會不滿此特工作為，[54] 但兩蔣對這些情治人員運用非常手段而引起台灣社會的反感，似乎無動於衷。

總之，蔣經國的革命情懷與情治人員如出一轍。他們以革命的非常手段為藉口，利用法律為工具，以迅速撲滅星星之火的心態，打壓政治異議人士，對內做思想消毒及減少反對者來鞏固兩蔣與國民黨的統治，也防範台灣內部可能與中

共裡應外合的匪諜，形成威權統治與一般泛稱的白色恐怖。故戒嚴時期的不當審判，就兩蔣與情治人員而言，這是延續1949年以前，在大陸與共產黨鬥爭的革命慣性。加上蔣經國對文字與思想叛亂的敏感，認為兩蔣允許與縱容情治單位實施眾多不當審判，是合理的。換言之，兩蔣與情治人員均有為達目的，不擇手段的革命作風，這說明不當審判的實施，兩蔣與情治單位是共生體。

兩蔣與情治人員處理不當審判的互動關係

一般而言，不當審判的主使者，從兩蔣主導到情治人員普遍的私自作為均有。其中兩蔣主導的對象，除了是影響他們統治的一些重大案件，也有部分案子可能是兩蔣在鞏固統治的政治考量下針對不滿的人士，基本上無關鞏固他們權位的政敵或已無權勢的無辜者所採取的措施。這些案件的形成通常是兩蔣主使，由情治單位製造犯罪事實，入人於罪。

恣意妄為的獨裁審判

大致上，兩蔣主導的不當審判，除了革命情懷的使命

感，亦有公器私用迫害無辜的情形。這些不當審判對照檔案後，有些可以確認是蔣中正本人主導，或默認「特務頭子」蔣經國處理。而在 1950 年代以後，情治人員仍有在蔣中正不知道的情形下，在海外執行暗殺作為，蔣知道後則是庇護與嘉獎升官。[55] 又如，1984 年 10 月，國防部情報局長汪希苓主使竹聯幫暗殺在美國的劉宜良後，警備總司令陳守山向蔣經國總統報告情報局涉案，總統得知之初並召見汪時，並未查辦，汪甚至繼續擔任情報局長，直到該命案影響政府形象與台美關係後，才在翌年 1 月下令將汪等三名情報局官員停職，交軍法偵辦。[56] 再者，1980 年代三大政治暗殺的 1980 年 2 月 28 日林義雄家屬滅門血案、1981 年 7 月陳文成命案與劉宜良命案，除了劉宜良命案確認是情治高官主使海外暗殺，而蔣經國總統不論是否考量國家利益，有包庇縱容情形外，另二案均發生在台灣內部，雖然至今仍不知道兇手是誰，促轉會的調查報告均認為主使者與情治單位有關，至於蔣經國在其中的角色，仍不清楚。

而在台灣內部，蔣中正已是可以控制台灣全局的唯一領導人，因此大致上沒有採取政治暗殺，取而代之是羅織違反人權的法律或假匪諜案來槍決、關押或軟禁相關人士。例如，在《動員戡亂時期臨時條款》、《懲治叛亂條例》與

《戡亂時期檢肅匪諜條例》等等憲法與法律架構下，讓總統擴權成為平民亦可軍法審判的最終裁決者，此是蔣以其擁有軍法審判的核覆權，將輕罪改為重罪，甚至將有期徒刑改判處死刑等。[57] 因此，促轉會「蒐集到約一萬多起政治案件檔案，蔣中正介入判決的案件就高達三千多筆。從資料庫檢索更可以發現，有 876 筆死刑判決經過蔣中正手中。」[58] 而蔣公然留下加重刑期的作為，是沿襲他在中國大陸就存在的認為有權依法更改判決。[59] 蔣以獨裁者的恣意妄為，自認可以軍事領導人的身分自由心證地合法更改審判，使此眾多迫害人權的史料得以保留於國家檔案，真相重見天日。

蔣中正主導或蔣中正同意的不當審判案件

1955 年孫立人的假兵諫案是兩蔣主導的政治案件，其原因是兩蔣對孫不放心，並擔心美國可能讓孫取代兩蔣成為軍隊領導人。根據保密局要員谷正文的回憶，蔣中正指示「低調處理」的原則。因此，通常會被槍決的軍人叛變罪中，孫「縱容」部屬武裝叛亂、「窩藏共匪」、「密謀犯上」等罪名，只判處「長期拘禁」。孫立人案是兩蔣主導的構陷事件。孫之部屬郭廷亮以「匪諜」罪被捕後，1956 年判處死

刑，但未被槍決，軟禁於綠島。[60]

　　槍決案如段澐叛亂案與李友邦案。段澐叛亂案是段澐在獄中的難友提到當時擔任台灣防衛副司令的段澐，不聽從蔣中正要他監視孫立人的密令，段反而向蔣稱讚孫立人，因而被羅織「知匪不報」及「叛亂」罪，終被槍決。[61] 此案由於段澐是高級將領，在蔣中正欲拔除孫立人在軍隊的勢力，以及蔣中正痛恨部屬不聽從命令的情況下，自然是蔣所指使，這是蔣延續大陸淪陷前，與共產黨鬥爭的一貫作風。

　　蔣中正除了對影響他們父子權力的人士，利用情治單位構陷入罪，予以剷除外，甚至也會親自下令執行不會影響自己統治基礎的匪諜案，1951 年國民黨台灣省黨部副主任委員李友邦案即是。蔣中正以李妻嚴秀峰是「奸匪」，「那麼丈夫就一定是奸匪」的想當然耳看法，親自下令逮捕李友邦。當時擔任國民黨台灣省黨部主任委員的蔣經國在公開場合沒有阻止蔣中正。但早在兩年前嚴秀峰案爆發時，蔣經國已由情治單位得知李未涉及「共諜案件」，故讓李繼續擔任他的副手。[62] 但在蔣中正主觀認定李是「奸匪」的情形下，情治單位就構陷李是匪諜的相關罪名，並處死刑。[63] 可見蔣中正對於匪諜從寬認定，有著草木皆兵的心態。

　　又如，1961 年的蘇東啟「武裝叛亂案」（鎮平專案），

劉熙明 ——
蔣中正與蔣經國在戒嚴時期「不當審判」中與情治單位的關係｜279

因政治考量與擔心美國干涉，逮捕約百餘人後，起訴名單只有五十人，又在蔣中正主導下審判關押蘇東啟，釋放高玉樹。[64]

至於由蔣經國主導，但必須經過蔣中正同意的不當審判案件方面，例如，「雷震案是蔣經國鑑於《自由中國》言論已危及國民黨政權的穩定，曾多次向蔣中正建議懲處雷震。因此，將雷震以匪諜案治罪，如果沒有蔣中正的同意，雷震不會入獄。至於情治單位，除了逮捕相關犯人外，當然也負責製造犯罪證據。[65]

蔣經國主導又不必向蔣中正請示的不當審判案件

由於蔣中正準備將權力交給蔣經國，通常放任蔣經國利用情治單位捉匪諜，以便讓蔣經國掌控情治單位來做為統治台灣的基礎，也藉著捉匪諜，打擊台灣內部的政敵或政治異議人士。因此，有若干非關高級黨政軍人員的不當審判案件是由蔣經國主使。例如，李荊蓀案與柏楊案，由於他們二人的政治地位較低，蔣中正似乎沒有干預。而且「周至柔與黃少谷等曾向蔣經國求情，說明荊蓀之無辜，但回答是，他本人已承認了。」柏楊則在蔣經國創辦的救國團工作。總之，

280 ｜ 全面控制

蔣經國亦與其父一樣，為了鞏固權位，對於若干文字或思想叛亂、或認為有匪諜嫌疑者，主使情治單位以不當審判的手段入人於罪。[66]

又如，蔣經國為了打破大陸時代中統的調查局與軍統的國防部情報局彼此間的衝突與鬥爭，派軍統出身的沈之岳擔任調查局局長後，以情治單位的內爭，1966 年藉機整肅原中統舊部，造成調查局主任秘書范子文、調查處處長蔣海溶、副處長李世傑等調查局高級官員等共十多人以叛亂罪入獄，蔣中正兩次都不批示蔣海溶的無期徒刑案。[67]

情治人員私自作為的不當審判案件

情治人員私自作為的不當審判案件特色是兩蔣通常不清楚犯罪嫌疑資料與犯罪事實，甚至可說是兩蔣被矇蔽。其中重大案件方面，通常涉及較敏感的政治人物，故情治人員通常也無法自主是否逮捕嫌犯，而必須由蔣經國，甚至有時候蔣經國也不敢做主，必須請示蔣中正。例如，1954 年的台北市長選舉，高玉樹擊敗國民黨提名的候選人後，一位高級警官以高「賄選」，到法院控告「高玉樹當選無效」。但涉及美國看法，情治人員請示蔣經國後，蔣經國「不敢專擅作

主」，就請示蔣中正，蔣中正下令撤回告訴後，並嘉許該警官。[68]

小案方面，可以分成二方面，一是無辜者與情治人員無仇隙，而為情治人員爭取業績以便升官發財的案子。二是無辜者與情治人員有仇隙，情治人員公器私用而構陷。這些小案的特色通常不必預先取得兩蔣同意，兩蔣也未必清楚，但犯罪事實通常是採用兩蔣允許的文字或思想叛亂罪。這是一般為兩蔣辯解眾多不當審判是情治單位私自作為的最佳註解。即是說，眾多不當審判是兩蔣被情治人員矇蔽，而為情治人員私自操弄的結果。[69]

大致而言，情治人員因私人嫌隙而構陷他人為匪諜者，通常被視為很普遍的小案，也許由於個案多是文字或思想罪，沒有直接影響兩蔣的權位，而且個案牽連的人數較少，判刑通常也不重，只要情治人員依法辦理，又沒有在當時引起輿論注意的話，日理萬機的兩蔣應該不清楚這些他們允許的文字與思想叛亂的相關案子。

可見情治人員本身的行事，有不少是他們欺矇兩蔣而私下操弄的私自作為。其中部分原因是情治人員操守不佳或私人仇隙，而公器私用地株連太多無辜。但兩蔣本身有構陷他人的經驗，又知道情治單位以刑求等迫害人權的措施迫使「犯

人」招供，兩蔣又認同文字或思想叛亂罪，就形成上行下效的結果。雖然兩蔣未介入眾多市井小民的不當審判案件，也說明兩蔣縱容，甚至是默認情治人員的這種私自作為。

蔣氏父子：不當審判的共生體

　　1949 年以來，兩蔣整合了各行其是的情治單位，並在中共準備武力攻台的威脅下，透過情治單位以革命精神與依法行政的手段實施不當審判。雖然不當審判措施有鞏固兩蔣與國民黨威權統治，以及保台的目的。但在兩蔣與情治人員延續 1949 年以前在大陸與中共鬥爭，草木皆兵的革命心態與革命行動下，採取了「寧可錯殺三千，決不留情一個」的手段，形成波及眾多無辜的「白色恐怖」。因為就統治者的立場而言，普遍性的「白色恐怖」措施，加上思想上的洗腦，一時之間有利於統治。

　　眾多的不當審判，兩蔣主導與情治人員私自作為均有。蔣中正主導者，有出於自己獨裁心態的恣意妄為，有維護兩蔣權力的私心考量，也有因政治嫌隙與大陸時期眾叛親離，匪諜充斥，風聲鶴唳心態下，形成的私人偏見，情治單位只好聽命行事，配合構陷。

其中，也有情治人員私自作為或添油加醋，但蔣中正基於政治與國內外輿情的考量，又可能認為是情治單位構陷，而有彈性地不處置。蔣經國也有類似蔣中正對於情治單位的作法，蔣經國甚至與情治人員一樣，有濃厚的革命心態，並對文字或思想叛亂有極端的仇視性格。因此，在蔣中正全力支持下，兩蔣主導的不當審判案，蔣經國經常是發動者。偶爾有一些非關直接影響兩蔣統治，或牽涉文字或思想的不當審判，蔣經國應該都直接涉入。

兩蔣除了必須為直接主導，無法推諉的不當審判，負起直接責任外，由於他們是情治單位的領導者，又允許並縱容情治人員以合法為藉口，採取違反人權標準的非常手段，其他眾多不是兩蔣主導的不當審判，也要負起政治責任。換言之，兩蔣與情治人員在不當審判中的角色，除了兩蔣沒有升官發財的業績壓力外，他們都有共同的革命心態，也都以法律為工具，以文字獄與思想叛亂，甚至公器私用地羅織無辜。

兩蔣與情治單位在鞏固兩蔣與國民黨統治的基礎下，是實施不當審判的共生體。

1. 本文由〈蔣中正與蔣經國在戒嚴時期「不當審判」中的角色〉(《台灣史研究》第六卷第二期，2000年10月)濃縮刪改。

   本文作者為國立台北教育大學台灣文化研究所兼任副教授。

   戒嚴時期的不當審判，目前台灣稱為「白色恐怖」。1998年政府在民意壓力下，立法通過「戒嚴時期不當叛亂暨匪諜審判案件補償條例」，並在該條例第三條明文成立「財團法人戒嚴時期不當叛亂暨匪諜審判案件補償基金會」，以便做為彌補當時冤獄的機構。

2. 李敖，〈論定蔣經國〉，頁15、17；陳左弧，〈略談蔣經國〉，頁344。二文均收於李敖編著，《論定蔣經國》(台北：李敖，1989)；汪榮祖、李敖合著，《蔣介石評傳》(台北：商周，1995)，頁815。

3. 柏楊口述、周碧瑟執筆，《柏楊回憶錄》(台北：遠流，1996)，頁329；林蔭庭，《追隨半世紀李煥與經國先生》(台北：天下文化，1998)，頁83。

4. 谷正文認為1950年國民黨台灣省黨部副主委李友邦的匪諜案是蔣中正主導，參見谷正文，《白色恐怖祕密檔案》(台北：獨家，1995)，頁114-119；又，谷正文認為「段澐叛亂案」及孫立人案均由彭孟緝主導，見同書，頁167-191；本書與同一作者之著作《牛鬼蛇人：谷正文情報工作檔案》(台北：書華，1997)，內容大致相同。

5. 劉宜良(江南)，《蔣經國傳》(台北翻印‧美國論壇社，1988)，頁184-185、210。

6. 同上註，頁185。

7. 王作榮，《壯志未酬——王作榮自傳》(台北：天下遠見，1999)，頁349-350、363-364。

8. 林蔭庭，《追隨半世紀》，頁83。

9. 漆高儒，《蔣經國評傳——我是台灣人》(台北：正中書局，1998)，頁168-169。

10. 卜少夫，《蔣經國浮雕》(台北：群倫，1987)。

11. 茅家琦編，《台灣30年，1949-1979》(鄭州：河南人民，1988)，頁1-2；李宗仁口述、唐德剛撰寫，《李宗仁回憶錄》(香港：南粵，1986)，頁621；薛化元，《《自由中國》與民主憲政——一九五○年代台灣思想史的一個考察》(新北：稻鄉，1996)，頁38：蔣中正於1948年12月30日任命蔣經國為國民黨台灣省黨部主任委員，但蔣經國未到任，1950年5月，乃由陳誠兼任台灣省黨部主任委員。

12. 《蔣中正總統檔案》軍事類，第010卷，毛人鳳，〈呈為台灣對匪偵防工作加強部署，擬請准將台灣警務處及緝私處均由本局掌握運用，並擬保幹員

擔任處長，可否乞核示由〉（1949年8月22日）（承辦機關號次：皇團台241
號）；孫家麒，《蔣經國建立台灣特務系統秘辛》（台北翻印，出版社不詳，
1988），頁22。

13. 黃嘉樹，《國民黨在台灣1945-1988》（台北：大秦，1994），頁217-218；劉
宜良，《蔣經國傳》，頁182；陳雪奇、江峰，《軍統教父：毛人鳳》（鄭州：
河南人民，1986），頁286。

14. 《蔣中正總統檔案》軍事類，第010卷，俞濟時（總　府第三局局長）、唐
縱，〈政治行動委員會卅八年年終工作報告摘要〉（1950年1月23日）。

15. 同上註。

16. 劉熙明，〈蔣中正與蔣經國在戒嚴時期「不當審判」中的角色〉，《台灣史研
究》第六卷第二期（2000.10），頁147-148。

17. 《蔣中正總統文物檔案》，〈情報戰一書及現行各情報治安機關隸屬及工作關
係表〉，典藏號：002-080102-00013-012（1953年8月）。劉熙明，〈蔣中正與
蔣經國在戒嚴時期「不當審判」中的角色〉，《台灣史研究》第六卷第二期，
頁147-149。蘇瑞鏘，〈強人威權黨國體制與戰後台灣政治案件〉，《輔仁歷
史學報》第30期（2013年3月），頁190-192。蘇瑞鏘，《白色恐怖在台灣：
戰後台灣政治案件之處置》（新北：稻鄉，2014），頁83-87、168-171。陳翠
蓮，〈台灣戒嚴時期的特務統治與白色恐怖氛圍〉，張炎憲、陳美蓉主編，
《戒嚴時期白色恐怖與轉型正義論文集》（台北：吳三連台灣史料基金會，
2009），頁48-51。

18. 董顯光，《蔣總統傳》（台北：中華文化出版事業委員會，1952），頁581-
582。

19. 《蔣中正總統檔案》軍事類，第012卷，國防部第二廳，〈匪情判斷〉（1950
年5月25日）（39炳炘字第壹號）。

20. 《蔣中正總統檔案》軍事類，第010卷，毛人鳳，〈呈為台灣對匪偵防工作加
強部署，擬請准將台灣警務處及緝私處均由本局掌握運用，並擬保幹員擔任
處長，可否乞核示由〉（1949年8月22日）（承辦機關號次：皇團台241號）。

21. 薛化元，《《自由中國》與民主憲政——一九五〇年代台灣思想史的一個考
察》，頁30-32。汪榮祖、不李敖合著，《蔣介石評傳》，頁797：1952年艾森
豪當選美國總統後，國務卿杜勒斯「對反共的蔣介石特具好感，（蔣中正）
獨不獨裁、民不民主，也就無所謂了。」

22. 《蔣中正總統檔案》軍事類，第098卷，〈警備總部報告軍事〉，黃杰總司令，
〈台灣警備與治安之檢討報告〉（1962年2月13日）。

23. 藍博洲，《白色恐怖》（台北：揚智，1993），頁36-37。張玉法，〈民主政治
的發展〉，台灣省文獻委員會編，《台灣近代史》政治篇（南投：台灣省文獻

委員會，1995），頁574-587。

24. 《蔣中正總統檔案》軍事類，第098卷，〈警備總部報告軍事〉，黃杰，〈台灣警備與治安之檢討報告〉（1962年2月13日）。

25. 《蔣中正總統檔案》軍事類，第097卷，〈警備總部報告軍事〉，黃杰總司令，〈偽台獨陰謀武裝叛亂案偵破報告書〉（1961年9月29日）。

26. 李敖，《李敖回憶錄》（台北：李敖，1999），頁180-194：李敖提到1966年政府取締「言論叛亂」的《文星》雜誌時，首先是蔣中正下手令：「該書店應即迅速設法予以封閉」，但是由於《文星》雜誌老闆蕭孟能的父親蕭同茲是黨國大老，在總統府秘書長張群「黨黨相護」下，「為免於被外界利用致產生不妥傾向」，蔣中正同意由蕭同茲接管整頓，不過蔣經國仍不罷手，蕭同茲支撐《文星》一年後，在不經由張群，而由蔣經國「直接上報而逕自執行」，《文星》遂停業。《文星》雖停業，蔣經國仍派警總人員以「叛亂嫌疑」，審訊《文星》負責人。

27. 「刑法」第一條「罪刑法定主義」：「行為之處罰，以行為時之法律有明文規定者，為限」。

28. 劉熙明，〈蔣中正與蔣經國在戒嚴時期「不當審判」中的角色〉，《台灣史研究》第六卷第二期，頁153。

29. 良雄，《戴笠傳》（台北：傳記文學，1985），頁581-583。

30. 汪士淳，《忠與過：情治首長汪希苓的起落》（台北：天下遠見，1999），頁204。

31. 漆高儒，《蔣經國評傳——我是台灣人》，頁156。

32. 情治人員在大陸時期以革命心態與非常手段從事不當審判，甚至暗殺與槍決他人之例如下：沈醉，〈楊杏佛、史量才被暗殺經過〉，頁85-96：1933及1934年，沈醉奉戴笠之密令，先後暗殺了批評蔣中正的文人楊杏佛與史量才，戴笠甚至親自布置殺史量才的計劃，事後，有功人員獲得一萬五千元的「犒賞費」；沈醉，〈內幕中的內幕——李公樸、聞一多被暗殺案側記〉，頁71-76：1946年7月，李公樸、聞一多兩位左派學者的被暗殺案，是由雲南警備總司令霍揆彰主使；沈醉，〈我受命暗殺楊杰將軍的經過〉，頁9-14：沈醉提到，1949年他擔任國防部駐雲南特派專員兼保密局雲南站站長時，兩度收到保密局長毛人鳳的密電，大意是奉蔣中正「面諭」，殺死策動政府高級將領投共的楊杰；以上三文均收於：《政治暗殺實錄》（台北：出版社不詳，1985）。潘家釗、鍾敏、李慕貞、侯俊華編撰，《蔣介石特工檔案及其他》（北京：群眾，1993），頁222-225：軍統在1949年的昆明與重慶陷共前夕，殺了不少左派人士，其中也有若干無辜民眾，甚至一歲多的小男嬰也不放過。在昆明，蔣中正命令軍統加強整肅工作，軍統羅織近二百人的多數左

派人士，並建議雲南省主席盧漢將他們槍決，因盧漢準備投共，這些人只被拘押，而未被殺。謝本書、牛鴻賓，《蔣介石和西南地方實力派》（鄭州：河南人民，1990），頁352-353：被軍統擬定要槍決的近二百名政治犯，在盧漢保護下，於李宗仁代總統到昆明後，李同意盧將他們釋放。柴夫編，《中統興亡錄》（北京：中國文史，1989），頁92-100：1947年10月，杭州的中統人員，可能是為了「恫嚇學生，平息學運」，祕密處死被他們視為匪諜的浙江大學學生會主席于子三。

33. 萬亞剛，《國共鬥爭的見聞》（台北：李敖，1995），頁158。

34. 郭旭，〈最後的瘋狂〉，陳楚君、俞興茂編，《特工祕聞——軍統活動紀實》（北京：中國文史，1990），頁485-486：1949年11月，國民黨政權在重慶撤退前夕，軍統準備處置關押獄中的左派人士時，朱家驊希望軍統釋放曾任同濟大學校長的周均時（周與朱是留德同學，周任同濟大學校長時，在校內公開說蔣中正「倒行逆施」，蔣中正知道後，在1944年春，令軍統將周祕密逮捕，囚禁於重慶看守所，當時朱家驊曾親自向蔣中正請求保釋周，蔣不准）。當時毛人鳳表示曾向蔣中正請示是否可以釋放周，蔣中正指示：「不行，早就該把他殺掉，你趕快把他搞掉了吧。」毛人鳳也對部屬說：「總裁近日的脾氣很大，前天我去為朱家驊保周均時碰了一個大釘子。」故周被軍統所殺。此外，約在同時，毛人鳳卻私自將未經蔣中正同意釋放的軍統人員劉篤一釋放（毛要劉詐死，由劉妻領走）。

35. 柯旗化（コア・キフォア），《台灣監獄島》（東京：株式會社イースト・プレス，1992年），頁128-129：這是1951年柯旗化被警察逮捕時，在偵訊室的牆壁上看到的標語。

36. 《蔣中正總統檔案》軍事類，第097卷，黃杰，〈偽台獨陰謀武裝叛亂全案偵破經過報告書〉：被列入「參加校務改革會」罪名者，包括旗山中學教員許極燉、柯萬辰、蔡良謀、鄭慶輝與陳英修，美濃中學教員王丁德與蔡信雄，高雄縣議會總務主任王啟昌，台大法律系畢並服役於第二軍團的李崑勝，其中王丁德的犯行是「校務改革會領導人」。
    上述人士中的王丁德、王啟昌及罪名為「傳播台獨思想」的游來乾均捲入「柯旗化叛亂案」。參見：林樹枝，《良心犯的血淚史》（台北：前衛，1989），頁126-131。

37. 柏楊口述，周碧瑟執筆，《柏楊回憶錄》，頁216：這封密函是蔣經國給救國團文教組組長包遵彭，包放在辦公桌上，被柏楊無意中看到。

38. 唐柱國，《最高機密——高階諜報員首度公開國民黨情報祕史》（台北：新新聞文化，1997），頁172。

39. 唐柱國，《最高機密——高階諜報員首度公開國民黨情報祕史》，頁6：1961

年夏天，蔣經國陪同參加政府舉辦「陽明山會談」的與會人士到中部橫貫公路遊覽時，香港時報總主筆雷嘯岑，突然大聲對蔣經國說：「……你不該去負責特務，做這種事，將來在歷史上是要留罵名的！」蔣經國此時臉上「變了顏色」，「冷場了十秒鐘左右，蔣經國突然大吼：『要不是總統的命令不能違抗，王八蛋才幹這個事情！』」漆高儒，《蔣經國評傳——我是台灣人》，頁158：蔣經國的留俄同學及在贛南工作的高級幹部約十餘人，曾聯名上書蔣經國，大意是希望他不要領導特務，以免壞了名聲，但他答復說：「總統交付的任務，不能考慮個人的將來，叫你做什麼就做什麼，即使跳火坑也要毫不猶豫的跳下去。」又，董顯光，《蔣總統傳》，頁626：蔣經國對於蔣中正要他擔任帶有情治色彩的國防部總政治部主任，「本來不願擔任，因深知其父令出惟行，祇得勉為接受」，蔣經國也知道外界「頗有誤會政治部之動機」。

40. 劉宜良，《蔣經國傳》，頁203（轉引自：李綠，〈台大學生運動卅年回顧〉，《夏潮論壇》第一卷第九期（台北：1983）。

41. 孫家麒，《蔣經國建立台灣特務系統秘辛》，頁21-22。

42. 《蔣中正總統檔案》軍事類，第013卷，周至柔，〈謹將四十一年度情報工作及四十二年度工作會報之中心議案內容報請鑒核由〉（1953年1月24日）（承辦機關號次：孝臨字0003）：情治單位為順應蔣中正，決定加強對大陸「尚感缺乏脆弱」的滲透計劃：「遵循鈞座訓示，以大部分力量用之於大陸，並配合軍事反攻準備之需要，繼續加強敵後工作。」

43. 《蔣中正總統檔案》軍事類，第013卷，〈四十三年度工會報通過重要文電工作方案暨總決議案〉（1954年1月12日）（〔四三〕機秘〔乙〕第23-19號）。

44. 《蔣中正總統檔案》軍事類，第098卷，黃杰，〈台灣警備與治安之檢討報告〉。

45. 《蔣中正總統檔案》軍事類，第098卷，黃杰，〈台灣警備與治安之檢討報告〉。

46. 蔣中正打算在1960年代反攻大陸，參見以下資料：彭大年編，《塵封的作戰計畫：國光計畫——口述歷史》（台北：國防部史政編譯室，2005）。若林正丈著，洪金珠、許佩賢譯，《台灣——分裂國家與民主化》（台北：月旦，1994），頁90：1962年，蔣中正趁大陸大躍進失敗混亂時，打算增徵國防稅，準備反攻大陸，但被美國阻止。劉熙明，〈蔣中正與蔣經國在戒嚴時期「不當審判」中的角色〉，《台灣史研究》第六卷第二期，頁158。

47. 劉熙明，〈蔣中正與蔣經國在戒嚴時期「不當審判」中的角色〉，《台灣史研究》第六卷第二期，頁158。

48. 1950年代的不當審判，冤獄最多，例如，藍博洲，《白色恐怖》，頁21-22：

1950年代的白色恐怖時期，至少有四千至五千，乃至於八千個以上的「共匪」被殺害，並有「同樣數目的人投入十年以上到無期徒刑的牢獄之中」。林書揚，《從二‧二八到五〇年代白色恐怖白色恐怖》（台北：時報，1992），頁133、143：不當審判的受難者林書揚認為1950年代是最嚴重的白色恐怖時期，其中嫌犯移送軍事法庭後的處境，到了「1950年代中期才稍有改善」。裴斐（Nathaniel Peffer）、韋慕庭（Martin Wilbur）訪問整理；吳修垣（譯），《從上海市長到台灣省主席--吳國楨（1946-1953年）口述回憶》（上海：上海人民，1999），頁160 -161：吳國楨提到約在1952年10月，大約十天左右，共槍決了約一百名的「匪諜」，其中甚至還有仍在上訴者。劉宜良，《蔣經國傳》，頁183：「翻開50年前半年的《中央日報》，『匪諜××等數犯，昨日槍決伏法』的標語，一週出現好幾次。」以下則是情治單位的部分統計：《蔣中正總統檔案》軍事類，第097卷，警備總部，〈台灣省保安司令部軍法處三十九年一月份至十月份審理朱毛匪諜犯統計表〉：以1950年1-10月的「匪諜」案為例，台灣省保安司令部共審理230個「匪諜案」，1,520人被捕。《蔣中正總統檔案》軍事類，第013卷，周至柔，〈謹將四十一年度情報工作概況及四十二年度工作會報之中心議案內容報請鑒核由〉（1953年1月24日）：1952年度為例，情治機關肅奸工作共計破獲569件，「人犯」共2,052人。

49. 劉宜良，《蔣經國傳》，頁280-281、295。

50. 劉熙明，〈蔣中正與蔣經國在戒嚴時期「不當審判」中的角色〉，《台灣史研究》第六卷第二期，頁159-160。

51. 劉熙明，〈蔣中正與蔣經國在戒嚴時期「不當審判」中的角色〉，《台灣史研究》第六卷第二期，頁160。又：薛化元，《《自由中國》與民主憲政——一九五〇年代台灣思想史的一個考察》，頁71-72：薛化元認為在台灣戰略地位受到美國重視的情形下，由於美國在戰略利益的考量優先於民主自由程度的考量，因此美國對《自由中國》的支持是有限的，美國遂容忍國民政府打壓《自由中國》。

52. 丘念台，〈台灣省民意考察報告〉（1949年11月7日），《蔣中正總統檔案》政治類，第045卷，〈台閩政情〉。

53. 《蔣中正總統檔案》軍事類，第013卷，周至柔，〈謹將四十二年度工作概況及檢討意見報請鑒核〉。

54. 《蔣中正總統檔案》軍事類，第013卷，〈四十三年度工會報通過重要文電工作方案暨總決議案〉（〔四三〕機秘〔乙〕第23-19號）：本文在「台灣保安措施改革方案」中，雖然提到「運用科學技術，改進工作方法，簡化管制措施，減少有形防制，以澄清社會對保安工作之錯覺與反感。」

55. 劉熙明，〈蔣介石的政治暗殺〉，張炎憲、李福鐘主編，《揭穿中華民國百年真相》（台北：台灣歷史學會，2011年），頁37-40：例如，除了在中國大陸庇護主導暗殺西南聯大教授聞一多的國府雲南警備總司令霍揆彰，並認為此暗殺行動是「革命」任務，執行暗殺者被迫上法是挺身當「烈士」。1950年代以後的台灣，1955年4月，保密局成功主導在印尼外海爆破中共官方租的「克什米爾公主號」飛機，事後在香港放置炸彈的執行兇手逃身回台灣後，國府拒絕香港政府的引渡要求，並保護兇手。毛人鳳向蔣匯報，蔣不僅沒有生氣，還將毛晉陞中將。此外，1965年曾在巴基斯坦的機場欲暗殺返回中國的李宗仁，但被識破而失敗。

又如，薛月順、林本原、何鳳嬌編輯，《戰後台灣政治案件：台灣獨立聯盟史料彙編》第三冊（台北：國史館，新北：國家人權博物館，2024），頁64-67：〈國安局第三處簽文為打擊並消弭海外叛國活動需從速建身行動幹部組織俾便應付突發事件必要實制敵於死地請鑒核〉（民國六十年五月四日）：此國安局檔案有建議在海外「密裁」他們認為的台獨人士。https://www.facebook.com/nccuwucy，吳俊瑩FB，2025年1月18日下午6：45（2025/2/16下載）。

56. 汪士淳，《忠與過——情治首長汪希苓的起落》，頁283-286、292-293、295、300：1984年10月，國防部情報局長汪希苓下令竹聯幫陳啟禮等人將在美國的劉宜良暗殺後，應該原本不知情的蔣經國總統得知此事後，召見汪希苓確認後，蔣經國並未立刻下令逮捕與查辦汪，甚至命令汪繼續擔任情報局長，並訪問南韓。政府擔心此案傷害台美外交關係，在11月16日以外交管道告知美國陳啟禮涉案，但並未告知美國仍不知道的汪希苓主使暗殺。直到讓外界得知情報局主使暗殺後，蔣經國才在翌年的1985年1月12日將汪等三名情報局官員停職，交軍法偵辦。

57. 蘇瑞鏘，〈台灣戒嚴時期政治案件不當核覆初探：以蔣介石為中心的討論〉，《台灣文獻》第63卷第4期（2012.12），頁219-232。

58. https://musou.watchout.tw/read/6Son4I5qSuglvTkWOjW0（2020/6/11下載）：蕭長展，〈「轉型正義資料庫」上線：蔣中正介入政治審判超過三千件、經手876筆死刑判決〉，2020/2/26 21:08:08最後更新：2020/2/28 18:56:43。
此外，司法院大法官的釋憲系統的法律解釋也會有「總裁（蔣中正）手令」、國民黨干涉，以及司法院人士不要表示意見而要「函詢中央」，國民黨、蔣中正仍是大法官們最終要從的對象，大法官解釋也成威權工具。參見：https://musou.watchout.tw/read/SjStF5bJYEmcLJyGNZ1K（2020/10/14下載）。

59. 以下三例是蔣介石在中國大陸以主觀意識主導更改刑期之例：〈顧祝同等電蔣中正查王皞南在戰時結婚過於鋪張致使地方非議惟其子女需人照料且曾先行呈報是否從輕懲辦等文電日報表等三則〉。《蔣中正總統文物檔案》（台

北：國史館典藏），典藏號：002-080200-00504-165（1938年11月26日）：抗戰初期寧波防守司令王暐南，「自海岸吃緊，封啟之際，措施未當，結怨尤深。」，被妻逝世後，「遺有三男二女」，在長官同意後的再婚，但「差船迎接」娶妻，王被告發後，以「舖張結婚」理由被判死刑，但幕僚簽呈「當茲抗戰緊張之時，王暐南身當防守司令，乃竟安然為此，負長官之委託，招地方之物議，實屬荒謬已極。惟王暐南喪妻之後，子女無人照料。迎娶之先，亦曾呈報劉總司令，可否從輕懲辦之處」。蔣介石批示「著即槍斃可也」。《蔣中正總統文物檔案》，《事略稿本》，典藏號：002-060100-00228-011（1947年9月11日）：「陳誠總長呈報前軍政部廣州區特派員莫與碩接收敵降物資舞弊擬處以有期徒刑十七年公以此案情節重大情無可憫命依法改處極刑。」〈陳誠呈蔣中正奉交執行保密局濟南站泰安組劉樂善死刑案原判似嫌過重擬改處有期徒刑十五年文電日報表〉，《蔣中正總統文物檔案》，典藏號：002-080200-00537-154（1947年12月24日）：此初被判死刑，經幕僚認為「原判處以死刑，似嫌過重」，簽呈建議改判有期徒刑後，蔣同意。

60. 劉熙明，〈蔣中正與蔣經國在戒嚴時期「不當審判」中的角色〉，《台灣史研究》第六卷第二期，頁161-163。朱浤源，〈再論孫立人與郭廷亮「匪諜」案〉，《戒嚴時期政治案件之法律與歷史探討》（台北：財團法人戒嚴時期不當判亂暨匪諜審判案件補償基金會，2001年），頁48-49。台灣省文獻委員會編印，《台灣地區戒嚴時期五〇年代政治案件史料彙編》（一）（中外檔案）（南投：台灣省文獻委員會，1998），頁270-272。劉宜良，《蔣經國傳》，頁243-251。谷正文，《白色恐怖祕密檔案》，頁178-189。李義虎主編，《台灣十大政治案件》（哈爾濱：黑龍江人民，1993），頁16-29。茅家琦主編，《台灣30年1949-1979》，頁92-95。汪榮祖、李敖合著，《蔣介石評傳》，頁809-810：孫立人「瞧不起黃埔，不把蔣經國放在眼裏」。https://news.ltn.com.tw/news/politics/paper/798843：記者陳慧萍／台北報導，〈監委：軍方應回復孫立人「總司令」名銜〉，《自由時報蔣介石評傳》2014年7月25日：監委「李炳南直言，孫立人案是國民政府利用當時美國反共氣氛所設計的一場大戲。」

61. 李敖，〈安全局機密文件——「歷年來辦理匪案彙編」序〉，《安全局機密文件——歷年來辦理匪案彙編》（上）（台北：李敖，1991），頁11-12。台灣省文獻委員會編印，《台灣地區戒嚴時期五〇年代政治案件史料彙編》（四）（個案資料），頁83-112。https://memory.nhrm.gov.tw/TopicExploration/Person：國家人權記憶庫：（2025年2月11日下載）段澐，1951-1954受難，死刑。

62. 谷正文，《白色恐怖祕密檔案》，頁117-119。又，蔣中正這種禍延家人的心態，也可以由李敖提到蔣中正在言論叛亂的《文星》雜誌案中，對黨國大老蕭同茲的處置看到。參見：李敖，《李敖回憶錄》，頁178-179：1966年，由

於《文星》老闆蕭孟能的父親是蕭同茲，蕭同茲雖不管《文星》，由於《文星》早已是政府欲打擊的目標，卻因為蕭同茲之故，情治單位不敢處置，但在蔣中正指示下，蔣中正「要蕭同茲負責」。

63. 《安全局機密文件——歷年來辦理匪案彙編》（上），頁126-127。

64. 陳儀深，〈台獨叛亂的虛擬與真實——一九六一年蘇東啟政治案件研究〉，《台灣史研究》第10卷第1期（2003.6），頁153-156。〈台灣警備總司令部編製偽台獨陰謀武裝叛亂全案偵破經過報告書〉，《蔣中正總統文物檔案》，典藏號：002-080102-00097-012（1961年9月29日）。吳俊瑩、歐素瑛、黃翔瑜編輯，《戰後台灣政治案件：蘇東啟案史料彙編》第一冊（台北：國史館，2022），頁27-28，36-38，41-45：美國駐台大使館關心此案。

65. 劉熙明，〈蔣中正與蔣經國在戒嚴時期「不當審判」中的角色〉，《台灣史研究》第六卷第二期，頁165-166。

66. 劉熙明，〈蔣中正與蔣經國在戒嚴時期「不當審判」中的角色〉，《台灣史研究》第六卷第二期，頁167-171。王正華編輯，《戰後臺灣政治案件：李荊蓀案史料彙編》第一冊（新北：國史館，台北：文建會，2008），頁3：立委卜少夫與新聞界成舍我、程滄波、胡秋原、胡建中等人，聯名向蔣經國總統請為李荊蓀保外就醫或易地服刑，未被接受。卜少夫再請假釋，也不成功。

67. 廖文碩編輯，《戰後台灣政治案件：蔣海溶案史料彙編》（台北：國史館，新北：國家人權博物館，2019年），頁2-4，11-12。劉熙明，〈蔣中正與蔣經國在戒嚴時期「不當審判」中的角色〉，《台灣史研究》第六卷第二期，頁150。陳翠蓮，〈情治機關內部鬥爭所引起的白色恐怖政治案件〉張炎憲、陳美蓉主編，《戒嚴時期白色恐怖與轉型正義論文集》（台北：台灣歷史學會、吳三連台灣史料基金會，2009），頁262-265。https://memory.nhrm.gov.tw/TopicExploration/Person：國家人權記憶庫（2025/2/11下載）：蔣海溶、李世傑、范子文條，蔣海溶判處無期徒刑，實際執行12年23日後，在1978年於看守所逝世。李世傑判處無期徒刑，經假釋，執行有期徒刑19年11月25日。范子文有期徒刑6年9月5日。

68. 劉熙明，〈蔣中正與蔣經國在戒嚴時期「不當審判」中的角色〉，《台灣史研究》第六卷第二期，頁173-176。

69. 劉熙明，〈蔣中正與蔣經國在戒嚴時期「不當審判」中的角色〉，《台灣史研究》第六卷第二期，頁177-180。

蔣介石與台灣山地
的軍事化與動員（1949-1958）[1]

顧恒湛
中央研究院台灣史研究所助研究員

當軍事進入山地

> 台灣山地隘口,一百一十六處的守備,以及進入
> 山地的管制辦法,不甚嚴密,應責成守備之保安
> 部隊,及協同守備的國軍單位,加強守備與管
> 制,以防止匪諜的潛伏與滲入。這應由國防部負
> 責督飭有關部門,切實計畫,限期實施。[2]

1953 年 1 月 24 日三軍統帥蔣介石出席國軍軍事會議,聽完參謀總長以及陸、海、空、勤各總司令的報告後,他照例對各軍種有關單位下達了相關指示與要求,上述的一段引文即是蔣介石對陸軍六項指示當中的一項。從他的發言來

看，作為反共復國領袖的蔣介石眼中，台灣山地，除了是塊充滿原始森林以及「山地同胞」的居住地之外，更是一塊敵人可能潛伏與滲透的軍事要地。

1945 年中華民國雖然在對日抗戰中取得勝利，但很快地又陷入國共內戰之中。隨著國民黨軍隊節節敗退，1949 年12 月中華民國中央政府正式遷往台北。1950 年 3 月蔣介石在台復行視事，台灣一下子又從中華民國版圖中的邊疆島嶼變成民族的復興基地，這樣的歷史變動，讓 1950 年代的台灣充斥著反共復國的戰爭氛圍，這個以軍事備戰作為最高指導原則的時代，也影響了政府對台灣山地統治機制的配置。

有關 1950 年代台灣原住民族治理的研究成果固然不少，但焦點通常僅限於「山地平地化」或「同化」、「漢化」的政策內容與後果；這種解釋固然是歷史的一面，卻低估了1950 年代國共軍事對峙下戰爭與備戰下的歷史主導作用。Charles Tilly 從歐洲的歷史中發現，戰爭與備戰不僅與民族國家的誕生息息相關，更是影響國家強制人民進行國政配合與建立直接支配行政體系的重要條件。[3] 從這樣的角度觀之，1950 年代國共戰爭及國際冷戰結構下台灣山地的軍事性質，對於國家在原住民治理上的思維與配置應該具有不可忽視的影響力；尤其蔣介石作為三軍統帥與軍事強人，也鮮少被注

意到其在山地治理中的角色。

因此，本文的企圖，即是要從戰爭、備戰與軍事動員的角度，重新審視自 1949 年國民黨政權開始進行撤台準備至 1958 年放棄武力反攻期間，[4] 如何針對台灣山地及原住民族的特性，建構符合戰爭與備戰目的的支配體系與制度。

台灣山地的軍事要塞化

1948 年國民黨在國內內戰中敗象已逐漸顯露，蔣介石宣布下野前，12 月 29 日陳誠被任命擔任台灣省主席，準備撤退來台。1949 年 1 月陳誠就任台灣省主席後宣稱：「台灣是剿共最後的堡壘與民族復興之基地」。[5] 5 月 19 日，全台各大報報導台灣省政府及台灣省警備總司令部公告，自 5 月 20 日起全台戒嚴，並規定基隆、高雄和馬公三個港口由警備總司令部接管，實施出入境檢查，其餘各港，一律封鎖，嚴禁出入。戒嚴令的發佈，也等於宣告台灣的治理將以軍事考量為最高準則。

山地管制

台灣戒嚴之後，加強山區的守備也成為治安單位必須改善的事項。1949 年 7 月，台灣省政府山地行政討論會議決議，將原本由各縣民政機關辦理之山地管制、山地民眾組訓等事宜改交省警察機關來辦理，藉以確保山地區域的秩序與安全。[6]

10 月，台灣省警務處為了統一全台入山管制辦法，訂定了《臺灣省平地人民進入山地管制辦法》，此辦法在 10 月 12 日由辦理全台戒嚴業務的台灣省保安司令部公布實施，這項辦法也特別納入了山地的軍事管制性質：

> 第二十條　為保守軍事機密，安定山地秩序，保護山地人利益，山地警察機關對於入山之人，得為左列必要之取締：
> 一　在山地拍攝照片繪具地圖刺探地勢及其他妨礙軍事秘密行動得予禁止；
> 二　如身份不明，形跡可疑，行為越軌，言論反動，或嫌疑重大者，得拘送上級警察機關查究，並呈報保安司令部核辦；

三　違反本辦法第十五條各款規定者，依其情
節，得事按照違警罰法懲處或拘送當地法院究
辦，或層解保安司令部法辦。[7]

12月，中央政府遷台，大批軍民從中國大陸來台，內戰
形勢也更加險峻，顯然有些政府機關及軍事單位人員出入山
地並未遵守入山管制作為，不但造成檢查人員的困擾，也有
安全、保防上的疑慮。因此，台灣省政府在1950年2月1
日特別通知，中央駐台及省府所屬各機關必須切實遵守入山
管制辦法，違者將依法嚴懲。[8]3月，台灣省保安司令部則進
一步頒發《國軍部隊進入臺灣省山地辦法》，部隊或軍人進
入山地管制區必須向防守區（或守備區）司令部申請入山。[9]

山地隘口視察與情報蒐集

1950年3月，蔣介石在台復行視事，退無可退的情況
下，一方面積極進行軍事部署，另一方面則著手準備全面黨
政軍的清理與改造。同年5月保密局破獲中共省工委會山地
工作委員會，獲悉省工委書記蔡孝乾等「匪徒」潛逃阿里山
地區，顯露台灣山地管制仍有諸多漏洞。

5月16日蔣介石發表〈為撤退舟山、海南國軍告大陸同胞書〉，宣示要集中兵力，鞏固台灣及其衛星島嶼。[10] 或許5、6月間蔣介石已得到情資，可能中共將循台灣東部潛入山地，因此向參謀總長周志柔詢問「台灣東部防守警戒、山地管制、漁船管理」等警戒情形。[11] 6月17日周志柔向蔣介石呈報，已經飭台灣防衛總部及保安司令部切實改進，山地隘口除已經頒佈辦法管制平地人民入山外，也配置了輕裝小部隊進行防守，且「經常施行山地行軍演習，使熟習山地地形，俾於山地發現潛匪或空降匪軍時，易於入山圍剿。」蔣介石審閱完周志柔的報告後批示：「各項實施成效，應由聯絡參謀組派員考察具報」。[12]

隨後總統府機要室資料組開始籌劃辦理港口、山地視察事項。或許因聯絡參謀組缺乏熟悉台灣山地之人員，最後總統府決定借調保密局魏傳旺、黃朝君兩人進行山地視察。其視察要項包括：各檢查哨執行狀況、山地青年服務隊、國軍部隊駐守山地等情況等。[13] 視察台灣各漁港及山地隘口管制與警戒情形的人員陸續在8月底完成報告後，彙整成一份〈台灣全島沿海港灣視察報告表〉，9月16日總統府第二局局長俞濟時將此報告呈給蔣介石，他特別加註了三點意見：

1、山地青年服務團效果頗好，有組織而無訓練，似可飭臺省府酌撥經費，使能加以訓練。

2、除中峰區於七月下旬曾捕獲匪嫌犯前任國民小學校長劉嘉武一名外，尚未發現其他匪諜案件。

3、山地內部對作戰及對匪空降部隊現尚無準備，擬飭周總長注意。[14]

山地警備之劃分與統整

蔣介石顯然頗為在意台灣山地的防守與安全配置，就在 7 月中下旬總統府派出人員視察港口、山地期間，參謀總長周志柔再度接到蔣介石的諭示，要求必須「加強山地警備」。他隨後於 1950 年 8 月 2 日召集台灣防衛總部、保安司令部、憲兵司令部、省警務處等單位開會研議，訂出《臺灣省山地區域警備加強辦法》，[15] 根據這項辦法，台灣山地警備劃分為兩個層面，對外軍事作戰設施部分由台灣防衛總部之各防守區負責；對內治安管制部分則劃歸台灣保安司令部負責，辦法中也明訂出包括山地民眾組訓、情治保防、山地管制與檢查、山地武力統一運用、社團監視與取締等事項都統整在保安司令部之下。

因此，保安司令部基於上述辦法之「統一運用各區武力，加強治安工作」的精神，10月1日開始於各山地區署設置山地治安指揮所。12月14日周志柔向蔣介石呈報完成山地治安指揮所之編組，簽呈中並附上治安指揮所系統表、暫行編制表及服務綱要等。治安指揮所系統表規定，台灣省政府、台灣防衛總司令部防守（守備）區司令部，對有關山地區治安事宜，應與保安司令部密取連繫，協商辦理。山地區署及山地區警察分局，對有關治安業務皆受山地治安指揮所統一指揮。而保幹部隊、山地青年服務隊、山隘查驗站、森林警察、鐵路警察等山地武力，也均由山地治安指揮所統一指揮。[16] 至此，以軍統政的山地警備組織架構大致完成。

內部武力的配置——山地青年服務隊

失去大陸江山，撤退台灣之後，如何重整軍力、建構台灣的安全防護網是蔣介石必須嚴肅面對的課題，對於佔台灣全島面積超過一半以上的山地，必須做好安全部署才能防範敵人的滲透。尤其在總動員作戰的形態之下，作為最高指揮的三軍統帥，必須善用人力的資源。因此，台灣山地的主要住民——原住民族也成為動員的對象。

山地青年的組織與訓練

1950 年 8 月 10 日蔣介石發手令給周志柔：

> 山地駐軍兵力如何配備，應即詳報。余以為山地
> 警備至關重要，尤其對**共匪空降部隊之清剿為至**
> **要對象**。……希即妥為核議呈核為要。[17]

蔣介石一而再地提醒山地警備與部署的重要性，讓周至
柔絲毫不敢大意。8 月 19 日，周志柔隨即呈報所擬定的改進
辦理事項，他向蔣表示，16 日上午已經再度召集台灣省政
府、保安司令部、防衛總部等單位，詳加討論總統關切之事
項。周志柔在說明中特別提到山地內部武力的現況：

> 山地內部武力（現有員警八百十二名，其配置循
> 日治時代辦法，尚稱嚴密，另有山地青年服務
> 隊，即日治時代之山地青年團，現有一七五七九
> 人，訓練將及一年，由省府警務處管轄，配合山
> 地警察，擔任山地治安，頗著成效）[18]

根據這項報告，山地內部武力中，現有員警（812 名）與山地青年服務隊（17579 人）人數差距極為懸殊，很難不引人注目。蔣介石應該也注意到有近二十倍於警察人數之山地青年服務隊的運用價值，或許他認為報告中的有關青年服務隊的人數、訓練時間和成效說明太過籠統，於是，8 月 23 日，蔣介石在周志柔的簽呈中批示：「山地青年團實施何種訓練其內容？希詳報。」[19]

日治後期，「高砂族青年團」曾是日本理蕃機關非常重視的教化組織。二次大戰期間，台灣總督府理蕃當局也透過青年團推動皇民化與戰時動員工作。[20]戰後之初，國民黨政權在扶植弱小民族及民主的論述下，廢除了日本的警察統治制度，山地青年團等組織也隨之解體。一直到二二八之後、1947 年 12 月，民政廳訂頒《臺灣省山地各鄉青年服務隊章程準則》，才要求組訓山地青年。不過當時的組訓工作由鄉公所辦理，與警察機關無涉，成員也採自願參加，所以略顯鬆散。[21]到了 1949 年 9 月，因為時局緊張及配合戒嚴業務，必須加強山地組訓工作，因此在「臺灣省山地行政聯繫辦法」第三條規定：「山地青年服務隊管訓，山地狩獵，平地人民入山管制，入山傳教等事項，由警務處會同有關機關辦理。」山地青年服務隊的組訓工作才劃歸警察機構辦理。[22]

1950 年 2 月中共省工委會領導人蔡孝乾脫逃，由保安司令部和防衛司令部聯合舉行山地清查，這次全島性的清山即動員了重新組訓的「山地青年服務隊」。[23]

前述蔣介石飭周志柔再詳報山地青年服務隊的訓練內容後，周志柔要求台灣省保安司令部回報，9 月 22 日周志柔再向蔣介石呈報山地青年服務隊訓練內容：

> 查山地青年服務隊之訓練，因經費及地理限制，各鄉多採取分區方式（即以村為單位）內容分為軍事、政治及國語學習等。軍事訓練為基本教練，包括各個教練、班排教練等。政治訓練以三民主義為中心，並闡揚反共抗俄意識等。國語以能會話為度，各鄉訓練成果以軍事訓練為最佳。至各鄉隊村分隊之編組，均依各鄉村之實有人數而定，各隊多寡不一。因適應環境與事實計，不採用軍隊編制，俾運用時較為靈活。[24]

蔣介石看完後，應該認為這一萬七千多名的山地青年服務隊若能好好組訓的話，[25] 將會是台灣廣大山地最堅實的守備力量。9 月 26 日蔣介石再度向周志柔下達指示：「山地青

年服務隊應由國防部派員前往檢閱，並攜帶慰勞品贈送當地耆長，至各檢閱人員不得接受當地之任何招待為要。」[26]

國防部接獲命令後，10月立即開始組織檢閱山地青年服務隊事宜。[27]國防部之山地檢閱組共分成三組，每組配有一名組長及三名檢閱官。[28]三組國防部檢閱組於 1950 年 11 月 25 日分頭出發，檢閱的時間大約 1 個月，1950 年歲末，各組分別向國防部提交一份書面報告書。[29]

從自願到強制組訓

這次的國防部檢閱行動山地青年服務隊共有 9899 人參加受檢（第一組 3679 人；第二組 3892 人；第三組 2328 人），[30]受檢人數顯然與先前保安司令部呈報的隊員一萬七千多人有段差距，很有可能是之前各鄉公所回報人數時灌水，把所有符合資格之青年（15 至 30 歲）皆納入統計，但實際上並非所有青年皆參加組訓，不過近萬的山地青年加入國家的軍事化組訓，已經是山地警備的一支極具效果的力量了。此外，檢閱的項目包括軍事技能的操演（如分列式、閱兵、基本排戰鬥等）和政治思想（三民主義、領袖效忠等），想必各鄉、各村在接受檢閱之前必定經過反覆操練，

306 | 全面控制

這種對身體、思想的規訓及戰爭氛圍的營造所帶來的影響不能小覷。

山地青年服務隊平時訓練內容主要為「自衛訓練」及「政治訓練」，自衛訓練在養成各種軍事自衛技能；政治訓練則要發揮愛國精神，服從法令，效忠國家。政治訓練配合各鄉村國民學校民教班內辦理，且經常舉行；自衛訓練每月舉行兩次，每次規定八小時，基本術科訓練完畢，並舉行各任務演習，以期配合戰時自衛需要。[31]

此外，值得注意的是，從各檢閱組呈交的報告書來看，顯然檢閱組觀察的項目並不僅限於山地青年服務隊的組訓狀況，還包括山地鄉之行政設施、山胞生活與民情、黨務進展等等，尤其各組的報告都會附上一份「慰問紳耆情形報告表」，紀錄的人士包括山地鄉鄉長、鄉民代表、村長、頭目、部落耆宿、有力者等；調查項目的欄位則有「鄉村別」、「職務」、「姓名」、「年齡」、「略歷」、「在地信仰」、「對政府態度」、「思想」及「備考」九項，具有很濃的情報蒐集意味。

除了 1950 年這次國防部的大檢閱之外，隔年又再實施一次，成績優良之鄉、村隊及隊員，分別給予錦旗、獎章、獎狀。1952 年更遴選出 500 名優秀山地青年參加全省民防大

校閱，獲得各界矚目。[32]

經過 1950 年底國防部的大校閱，山地青年服務隊的戰備價值深受層峰重視，決定強化山地青年的組訓機制。1951年 2 月台灣省政府訂頒《台灣省各縣山地鄉青年服務隊章程》，要求各山地鄉每一鄉都須組織山地青年服務隊，凡年滿 15 至 35 歲的山地男女青年「都要加入服務隊」，隊長由鄉長兼任，副隊長由鄉國民兵隊附及鄉警衛股主任兼任（實際負責組訓者）。[33] 保安司令部設立治安指揮所後，各指揮所也派出「政治指導員」駐在各鄉，擔任青年服務隊政治訓練和隊員思想考核等工作。

特殊武力之編組——國軍山地團

1953 年 6 月 4 日，蔣介石召集參謀總長周志柔、外交部長葉公超，商議要將一份名為〈中國國軍反攻大陸作戰準備計畫概要（兵員與裝備部分）〉的計畫交給訪台的美國太平洋防區總司令雷德福上將，這份計畫以「開」字作為代號，因此又稱「開案」，開案計畫的目的是要在 1955 年以前，在台灣完成一戰略性兵力之訓練與準備工作，包括對中國大陸做有限度的反攻在內。[34] 在此之前，蔣介石指揮下，國軍

在 1950 年已先後擬定了「三七五執行部」、「五五建設計畫」、「光作戰計畫」等軍事反攻計畫，不過顯然這些計畫都沒有受到美方的支持與同意。[35]

獨立編訓

1955 年 11 月 5 日，蔣介石於卅四次軍事會談中指示：「山地役男應加調查統計，並設法單獨編訓成一個團或一個師。」[36] 為了執行總統的指令，12 月 24 日下午二時，國防部在副官局總資料室舉行了一場「山地兵員編訓研討會」，有十幾個相關的軍政單位都出席研商，會後相關單位還拿到一份〈如何有效運用山地兵員之研究〉的機密文件，這項研究的前言這樣陳述：

（1）戰術要求：**大陸山嶽遍及各省，臺灣山地亦幾達平地面積之半，今日戰爭平面立體均須兼顧**，反攻作戰海灘及平原陣地之攻克，可藉優勢之火力，以爭取山嶽地區之戰鬥，匪必竭全力負隅頑抗。……又防禦作戰，匪如犯台，必海空並進戰場，直後

之空降，固可集中優勢之兵力，迅速掃蕩殲滅，山區謀略性之空降，則國軍圍攻進剿，限於地形運動困難，且受天候之影響尤大，因之不論反攻防禦，為適應作戰，**要求山地部隊之編組訓練勢所必需。**

（2）特性運用：**本省山胞，以生活方式之要求，長於狩獵，習於山地運動，且體力堅強，不受天候之影響，思想單純，易於管教訓練，**若集中編組，予以特種裝備與訓練、匪特教育訓練，收事半功倍之效，即用於任何山地，均可發揮其特異之性能，創建輝煌之戰果，**二次大戰期間，日軍徵集本省部分山胞，施以訓練編組為特攻隊，用之於太平洋諸島山地作戰，頗著戰績可為例證。**

綜上所述，依現行之徵召方式，平時使之受各種不同之訓練，戰時分散服役於各部隊，不獨山胞固有之特性消失，且實有浪費人力之感，殊為運用上之一大缺憾。[37]

上述的引言應該清楚說明了蔣介石要求單獨編訓山地役男的想法並非毫無章法，而是基於武力反攻的作戰思維下，做出的軍事人力部署。為了貫徹領袖的意志，國防部24日的會議也達成了幾項決議：「山地役男及常備（補充）士兵，原則上集中編組訓練，不零星使用；而且將由動員局負責組成專案小組研辦，成員包含第一、四、五廳、總政戰部、預算局、副官局等。」[38]

　　1956年1月12日，這次由負責專案小組的動員局邀集相關單位前來開會，這次討論的議題是「山地役男及後備軍人如何集中編訓與運用」，討論動員局所擬之「山地役男編訓與運用草案」，其內容在山地役男方面包括：山地新兵徵訓將自該年7月1日開始；指定一個步兵團收編山地新兵；現在各部隊服常備兵役之山地青年，其服役退伍時間在半年以上，均調發該團繼續服役，對優秀者鼓勵其繼續留營充任基層幹部。在後備軍人編組方面包括：預備第九師完全以山地後備軍人及部分甲種國民兵編成之，其不足再以花蓮台東兩縣之平地後備軍人補足；預備第九師所隸各單位應適應山胞分散狀況分散駐防，除管訓在編人員外，應兼負山地治安任務。[39]

　　這項草案動員局經參考會議意見做小幅修改後，於1月

22 日上呈參謀本部，詢問能否以此草案請總統核定及實施。不過，顯然掌管國軍編訓業務的第五廳對貿然獨立編訓山地團（師）仍有疑慮，第五廳向參謀次長曹仲周提出意見，他們擔心專為施行山地作戰的部隊編組，將不符美軍的作戰標準與將來作戰的地區特性，而且目前受國家人財物力限制，僅能設置兩個山地訓練基地，將無法滿足接訓山地團（師）之要求。曹仲周協調各相關單位後，要求五廳先研究山地團（師）之訓練、裝備、編制如何與現狀配合後再議。[40]

山地軍事化中的美方態度

之後，負責補給業務的第四廳也表示，預備師的裝備已經與美國有過協議，要再跟美國爭取預備第九師（由山地後備軍人組成）的山地作戰裝備恐有困難。他們建議應先由五廳與美方先取得政策上的協議，他們再根據協議內容跟美方爭取所需的山地訓練補助裝備。[41]

對於國防部遲遲沒有完成山地役男的編訓計畫，蔣介石或許感到不耐。2 月 19 日蔣介石手諭參謀總長彭孟緝：「陸軍應籌設山地營或團，完全由山地青年組織成立，並在營內教育，設立注音字母課，使之容易學習國語與國文，最好預

312 ｜全面控制

備師新兵教育，不分省籍，亦皆設立注音字母課，為官兵必修之課，希詳細計劃與學習程度，以及要求其學會之目標為要，山地營或團必須於本年內組織完成，最初應以營為組織目標。」彭孟緝接獲指示後，馬上交代國防部第五廳會同總政治部辦理。[42]

第五廳接獲參謀總長的命令後，3月1日隨即行文給主辦這次「山地役男訓練與運用」的動員局，告知總統最新的幾點指示，不過，第五廳還是基於實務運作與職責，提醒動員局必須注意美軍顧問團的標準與看法：

> 奉　總統指示組織之山地營或團，概可分為兩部份，其一為新兵訓練階段，其一為服常備役階段，惟關於團營之組織，無論在任何階段，似均以現有之新兵團營，或陸軍各師之步兵團營中，指定單位，專負責山地青年之訓練與服役，不宜再增加山地營團之單位，**以免影響軍援單位之兵力標準，引起顧問團之異議**。[43]

彭孟緝顯然對於蔣介石的指令不敢大意，於是他另外交代「聯合作戰計畫委員會」進行參謀研究，4月20日聯合作

戰計畫委員會主任委員侯騰將研究結果呈給彭孟緝，這份研究認為：

> 反攻登陸地區綿亙多山，以山胞的生活特性，若能施以特種山岳戰鬥訓練，編成山地兵團，確實有利於反攻作戰。臺灣山胞壯丁人數依據民國 42 年的調查為 27,294 人可編成兩個步兵師，在不妨礙生產以徵召 30％計，即可得約 8,000 餘人，可以先編成一個山地師（或兩個團）為目標，爾後視情況再行擴充為部隊。團結力強適於獨立作戰，可以營為單位，由山胞各族壯丁分別編成，幹部由國軍中選拔富有山地作戰經驗與學術優秀之官士充任。[44]

雖然彭孟緝核可了這項參謀研究，但基於現實又不得不考量美方的意見，因此他批示：「一、原則擬可。二、至於用預備師編成山地師之建設是否先與顧問團交換意見。」5 月 1 日，聯合作戰計畫委員會將這項參謀研究及彭孟緝之批示送交動員局參考。6 月 23 日，彭孟緝在第 19 次軍事會談中提交了這份參謀研究，蔣介石指示：「可以」。[45]

由於與美軍援顧問團有關編制與裝備的協商問題遲遲無法圓滿解決，但又必須在最短時間內完成總統與參謀總長要求組設山地營或團的任務，動員局作業單位最後決定避開美國軍援顧問團可能注意與干預的編制與裝備問題，決定採取利用原有的編裝來完成山地營團的組訓。[46] 6月間，國防部各單位密集協調下，總算將「山地役男及後備軍人編組訓練計畫大綱」定案。

7月11日與12日，參謀總長彭孟緝和國防部長俞大維分別將此編組訓練計畫大綱呈送給總統和行政院長。編組訓練計畫大綱主要的內容有：一、預定四十五年九月一日實施。二、由臺灣省政府將全省每梯次應徵之山地役男，湊足一個山地役男梯次（即一個新兵連，共152人），送指定之新兵訓練團收訓，自山地役男第一梯次入營後，每兩週徵集一個梯次。三、新兵訓練由駐臺中縣平林山新兵訓練第三團負責訓練十七週完畢後，送交指定部隊接編。四、部隊訓練由陸總指定駐本島一個常設師之一個團負接訓編組，該團原非山地籍役男士兵由陸總適宜調撥其他單位服役。五、山地後備軍人管理編組與訓練，由各管區按現行辦法辦理，編組則將爾後逐次退伍之山地籍後備軍人集中編組於一個預備師內之一個團為原則。人數超溢時，再由該師另一單位編組

之，迄至編成一個預備師為止，訓練山地後備兵每年一個月之召集訓練，由指定之預備師擔任。六、臺灣現有山地籍役男甲乙等體位人數共 22466 人。[47]

蔣介石在 8 月 7 日批示：「如擬」。山地役男的編組與施行總算定案，接來就可以開始進行役男的徵集與訓練了。1956 年 9 月由台灣省政府民政廳兵役處開始進行山地役男的徵集作業，陸軍則先以一個團接訓山地新兵，每梯次接訓 152 員，初期目標以 16 梯次來完成接訓四十五及四十六年度山地兵最大徵集員額 2432 人。[48]

從以上的過程來看，台灣的軍事強人蔣介石雖然有不放棄軍事反攻奪回政權的企圖，所以要求屬下必須執行因應山地登陸作戰計畫而編組的山地團（營）構想。不過，以當時的國際局勢與美蘇冷戰結構，台灣安全的確保必須立基於台美軍事同盟，因此軍事幕僚的作業必須時時考量美國軍援顧問團的標準與部署，在貫徹領袖意志與不觸怒美方意見的情況下，國防部幕僚作業只能以迂迴的方式執行統帥交付的任務。從一封陸軍總部發文給美國軍援顧問團陸軍組組長雷思頓將軍的公文來看，美方顯然得悉陸軍開始接訓「山地兵」之後不甚高興，1957 年 3 月 20 日美國以備忘錄方式要求將「山地兵」混入一般部隊，因此陸軍除了派人與美方對口單

316 | 全面控制

位協商之外，還須將山地役男及山地後備軍人編組訓練大綱原文抄本送交美方參考。[49]

由此過程來看，國民黨政權雖然因應戰爭規劃而承襲了日治時期的人力編組與運用，但在地緣政治與國際情勢的牽動之下，其軍事行動與配置仍不得不受到美方的牽制。所以或許因此常備役的山地團就在美方干預或裝備不足的狀況下而中止，但是後備軍人的編組應該還是保留下來，[50] 且對原住民的地方政治發揮了一定的影響力。[51]

國共戰爭下的山地軍事化

透過本文的探討，可以發現 1950 年代國民黨政權對於台灣山地的思考與治理跟當時國共戰爭的形勢息息相關，行政權力的施展乃在戰爭局勢的指導下進行配置與佈局。1949 年底國民黨政權撤退台灣後，國共雙方以台海分隔形成地理上不對稱的對峙局面，加上中共在中國大陸擅長以山區作為根據地的經驗，大大的影響了統治者眼中台灣山地的空間性質。

因此，台灣山地從邊區島嶼的偏遠山區轉變為復興基地軍事守備要塞開始，蔣介石為首的政權即發動了一連串以戰備作為指導的措施與行政配置。首先在空間管理方面，先透

過山地管制維持空間的純淨性，接著進行情報蒐集達成空間的可視性，然後統整山地行政與武力的指揮系統，建立高效率的山地警備制度。

另外則是有關原住民族人力資源的動員與挪用。二戰時期日本政府因應戰時需要，動員原住民青年成立青年團與高砂義勇隊，到了戰後國共戰爭時期，也弔詭地成為國民黨政權對得以輕易沿用與挪用的軍事治理技藝。山地青年服務隊和國軍山地團的組訓與編組，都是國家因應戰爭需要的資源運用實例之一，這種以「人」作為武器生產所形成的組織，也成為國家在原住民社會施展權力的重要管道。

1. 本文濃縮、改寫自顧恒湛，《再殖民、地緣政治與抵抗》第二章（台北：南天書局，2022），頁104-133。

2. 蔡相煇編輯，《蔣中正先生在臺軍事言論集第一冊》（台北：國民黨黨史會，1994），頁226。

3. Charles Tilly, Coercion, Capital and European States, AD 990-1992（Cambridge: Blackwell Publishing, 1992），第4章。

4. 1958年八二三砲戰後，10月美國國務卿杜勒斯與蔣介石總統會談，發表「聯合公報」表示將不主動武力反攻。

5. 薛化元，《戰後臺灣歷史閱覽》（台北：五南，2010），頁49。

6. 台灣省政府民政廳，《臺灣民政第二輯》（台北：台灣省政府，1947），頁263。

7. 台灣省文獻會，《臺灣原住民史料彙編第三輯—臺灣省政府公報中有關原住民政策法令彙編（3）》（南投：台灣省文獻會，1998），頁1252-1253。台灣省政府民政廳編，《臺灣省山地行政法規輯要》（台北：台灣省政府民政廳，1954），頁187-211。

8. 台灣省文獻會，《臺灣原住民史料彙編第三輯—臺灣省政府公報中有關原住民政策法令彙編（3）》，頁1255-1256。

9. 台灣省文獻會，《臺灣原住民史料彙編第三輯—臺灣省政府公報中有關原住民政策法令彙編（3）》，頁1256-1257。〈台省戒嚴山地管制辦法〉，《國防部檔案》，檔號：B5018230601/0038/0550/2360，國防部。

10. 《蔣中正先生年譜長編第九冊》（台北：國史館，2015），頁496。

11. 「蔣中正致周志柔電」（1950年6月16日），《蔣中正總統文物》，典藏號：002-090106-00002-247、002-090106-00004-261。

12. 《台省漁港及山地隘口管制警戒應改進事項》，「總統府」（台北：國防部藏），檔號：39_0550_2360_1_1_00043146。

13. 《台省漁港及山地隘口管制警戒應改進事項》，「總統府」（台北：國防部藏），檔號：39_0550_2360_1_9_00043146。

14. 《台省漁港及山地隘口管制警戒應改進事項》，「總統府」（台北：國防部藏），檔號：39_0550_2360_1_10_00043146。

15. 《台山地行政警備組訓》，「總統府」（台北：國防部藏），檔號：39_0550_2360-3_1_1_00043153。

16. 《台山地行政警備組訓》，「總統府」（台北：國防部藏），檔號：39_0550_2360-3_1_1_00043153。

17. 《台山地行政警備組訓》，「總統府」（台北：國防部藏），檔號：

39_0550_2360-3_1_2_00043153。粗體部分為筆者所加。

18. 《台山地行政警備組訓》，「總統府」（台北：國防部藏），檔號：39_0550_2360-3_1_2_00043153。

19. 《台山地行政警備組訓》，「總統府」（台北：國防部藏），檔號：39_0550_2360-3_1_2_00043153。

20. 藤井志津枝指出，日治後期，日本理蕃政策開始強化教化的手段，日警巧妙把傳統部落社會的青年訓練所移接到「青年團」組織，並操縱使之成為改造「蕃人」最重要的教化機構。林素珍指出，日治後期在理蕃當局的操縱下，建設和運作蕃社的重心都落在青年團，青年團的幹部影響力與地位也逐漸取代了傳統部落頭目及勢力者。藤井志津枝，《台灣原住民史‧政策篇》，頁143-144。林素珍，〈日治後期的理蕃——傀儡與愚民的教化政策（1930~1945）〉（台南：國立成功大學歷史研究所博士論文，2003），頁176-177。。

21. 台灣省文獻委員會，台灣原住民史料彙編第三輯——台灣省政府公報中有關原住民政策法令彙編（1）（南投：台灣省文獻委員會，1998），頁1320-1322。

22. 台灣省警務處編，《臺灣省山地警政要覽》（台北：台灣省警務處，1953），頁133。

23. 〈清查山地防匪潛伏 吳主席請山胞合作〉，《中央日報》，1950年3月7日，第4版。〈清查山地工作 今晨零時起明完成〉，《中央日報》，1950年3月8日，第4版。

24. 《台山地行政警備組訓》，「總統府」（台北：國防部藏），檔號：39_0550_2360-3_1_2_00043153。

25. 台灣保安司令部的報告附有一份各山地區署的人數統計表，當時山地青年服務隊隊員共有17435人。

26. 《台山地行政警備組訓》，「總統府」（台北：國防部藏），檔號：39_0550_2360-3_1_2_00043153。

27. 《台山地行政警備組訓》，「總統府」（台北：國防部藏），檔號：39_0550_2360-3_1_2_00043153。

28. 第一組檢閱地區主要在西台灣中北部及宜蘭地區，包括南澳鄉、太平鄉（今宜蘭縣大同鄉）、烏來鄉、角板鄉（今桃園市復興區）、尖石鄉、五峰鄉、大安鄉（今苗栗縣泰安鄉）、和平鄉、仁愛鄉、信義鄉；第二組檢閱的地區為西台灣之南部地區，包含吳鳳鄉（今阿里山鄉）、瑪雅鄉（今高雄市納瑪夏區）、雅你鄉（今高雄市桃源區）、多納鄉、霧台鄉、瑪家鄉、泰武鄉、來義鄉、春日鄉、獅子鄉、牡丹鄉；第三組檢視地區為東台灣區域，包括秀林鄉、萬里鄉（今花蓮縣萬榮鄉）、卓溪鄉、海端鄉、延平鄉、金山鄉、達仁

鄉、蘭嶼鄉。

29. 《國防部山地檢閱及慰問工作報告書》,「國防部」(台北:國防部藏),檔號:39_1771_6015_1_1_00052055。

30. 《國防部山地檢閱及慰問工作報告書》,「國防部」,檔號:39_1771_6015_1_1_00052055。

31. 台灣省警務處編,《臺灣省山地警政要覽》,頁136。

32. 台灣省警務處編,《臺灣省山地警政要覽》,頁136。

33. 台灣省文獻會,《臺灣原住民史料彙編第三輯—臺灣省政府公報中有關原住民政策法令彙編(1)》,頁1323-1326。

34. 《蔣中正先生年譜長編第十冊》(台北:國史館,2015),頁200。

35. 陳鴻獻,《1950年代初期國軍軍事反攻之研究》(台北:國史館,2015),頁17-70。

36. 《山地籍兵員訓練案》,「總長辦公室」(台北:國防部藏),檔號:44_0622_2277_1_1_00044763。

37. 《山地籍兵員訓練案》,「總長辦公室」,檔號:44_0622_2277_1_2_00044763。粗體部分為筆者所加。

38. 《山地籍兵員訓練案》,「總長辦公室」,檔號:44_0622_2277_1_24_00044763。

39. 《山地籍兵員訓練案》,「總長辦公室」,檔號:44_0622_2277_1_6_00044763。

40. 《山地籍兵員訓練案》,「總長辦公室」,檔號:44_0622_2277_1_20_00044763。

41. 《山地籍兵員訓練案》,「總長辦公室」,檔號:44_0622_2277_1_17_00044763。

42. 《蔣中正先生年譜長編第十冊》(台北:國史館,2015),頁549。《山地籍兵員訓練案》,「總長辦公室」,檔號:44_0622_2277_1_13_00044763。

43. 《山地籍兵員訓練案》,「總長辦公室」,檔號:44_0622_2277_1_9_00044763。粗體部分為筆者所加。

44. 《山地籍兵員訓練案》,「總長辦公室」,檔號:44_0622_2277_1_46_00044763。

45. 《山地籍兵員訓練案》,「總長辦公室」,檔號:44_0622_2277_1_40_00044763。

46. 《山地籍兵員訓練案》,「總長辦公室」,檔號:44_0622_2277_1_20_00044763。

47. 《山地籍兵員訓練案》,「總長辦公室」,檔號:44_0622_2277_1_25_

00044763。

48. 《山地籍兵員訓練案》,「總長辦公室」,檔號:44_0622_2277_1_52_
00044763。

49. 「為致送國防部頒山地役男及山地後備軍人編組訓練大綱原文抄本一份敬請
查照由」(1957年4月13日),〈山地籍兵員訓練案〉,《國防部檔案》,檔號:
00044763。

50. 《國軍山地後備部隊編組訓練計畫案》,「計畫參謀次長室」,檔號:
00094789。

51. 例如人類學者黃應貴在東埔布農族的民族誌中即顯示,後備軍人組織和山地
青年服務隊的領導人都曾在地方政治運作上發揮影響力。黃應貴,《文明之
路第二卷》(台北:中央研究院民族學研究所,2012),頁30-33。

蔣介石來台後黨營事業的歷史輪廓
以年譜長篇、黨務報告
等相關事實認定為考察

羅承宗

高雄科技大學科技法律研究所教授

黨營事業的歷史輪廓

1994 年 12 月，適值中國國民黨建黨百週年之際，中國國民黨黨營事業管理委員會編印出版《黨營經濟事業的回顧與前瞻》專書，將該黨經濟事業的發展歷程與對社會、經濟的貢獻。根據時任中國國民黨中央委員會秘書長許水德所撰序言指出，本書「一方面可留作見證，另方面亦希望接受社會各界人士的指教，使本黨黨營事業如同對國家經濟發展的貢獻一樣，在政黨政治的發展中，亦能建立新的里程碑」等語。[1]

這本書由當時黨營事業裕台公司中華印刷廠承印，並以高級銅板紙全部彩色製作，頗為精美。本書雖無申請

ISBN，亦似無對外販售，取得不易。迄今在全國圖書書目資訊網裡，僅國立東華大學與佛光大學圖書館兩處列為館藏。姑且割捨本書裡面不包括黨營文化事業的缺憾，以及諸多屬價值判斷層次的歌頌詞彙毋論，本書對於理解 1949 年後黨營經濟事業在台灣發展的各階段歷程，以及盤根錯節交織的黨營事業帝國來說，可謂具有權威性與可信度的重要入門文獻。到了 2016 年 8 月政黨及其附隨組織不當取得財產處理條例（以下簡稱黨產條例）制定施行後，本書對於不當黨產處理委員會（以下簡稱黨產會）調查相關案件、作出處分也頗具參考價值。

只是要注意的是，黨產會的核心任務在於「調查及處理政黨、附隨組織及其受託管理人不當取得之財產」（黨產條例第 1 條參照），到了 2016 年 8 月黨產條例施行時點下，黨營事業體系只收斂到了中央投資股份有限公司（以下簡稱中投公司）與欣裕台股份有限公司（以下簡稱欣裕台公司）。是以黨產會針對黨營事業的相關處分即務實且明快地以此兩間既存公司為主要處理對象。至於曾經琳瑯滿目的黨營事業帝國輪廓的解明，則留待學界運用各種史料持續進行探討研究。

2025 年適逢蔣介石逝世 50 年。在諸多新史料文獻陸續

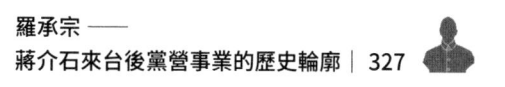

揭露問世下，當前黨產研究的學術深度早已進入嶄新層次。本文擬以國史館出版的《蔣中正先生年譜長編》為經、中國國民黨印製的黨務工作報告與為緯，輔以包括《黨營經濟事業的回顧與前瞻》在內相關文獻為依據，期盼再次勾勒出蔣介石時期黨營事業的歷史輪廓。

蔣介石針對黨營事業的相關指示考察

承上，《蔣中正先生年譜長編》為國史館於 2014 年、2015 年間出版的 12 冊套書。該書利用蔣中正日記、蔣中正總統文物等相關檔案資料，呈現譜主蔣中正一生事蹟。其體例採綱目體，以一條綱目為一事，綱對該事作提要，目再對該事作簡述，並於編年體架構下，兼採記事本末，使讀者略為明晰事件之來龍去脈。[2] 有關於蔣介石來台至其逝世，主要收錄於該書第 9 冊至第 12 冊部分。本文以下謹先就蔣介石曾於該書中直接針對黨營事業的相關重要指示，進行彙整。

中國國民黨中央改造委員會時期

蔣介石來台後，1950 年 4 月 22 日對台灣省黨務會議特

頒訓詞，訓詞指出，過去革命失敗，是由於中國國民黨的組織鬆懈，革命精神渙散。今日要完成反共抗俄的使命，首先要整頓黨的組織，恢復先烈犧牲的革命精神。今後工作方針為：一、加強組織；二、整飭紀律；三、整頓黨營事業與經費。[3] 接著於同年 8 月，中國國民黨中央改造委員會正式成立。同年 12 月 21 日蔣介石主持國民黨中央改造委員會第 65 次會議，開會決議推：陶希聖、陳雪屏、谷正綱、胡健中、袁守謙、蕭自誠、唐縱等 7 人組織小組，並由陶希聖召集，負責擬訂 40 年度黨務中心工作，再行提會討論。並討論關於台灣省黨營事業應如何整頓等案。而蔣介石在其日記則對當日記曰：「到改造會會客，聽取黨營事業報告後，開會指示明年度黨務工作方針，預定雙十節召集全國代表大會及訓練黨員，與設計收復大陸各種法規及教育制度、土地制度為中心工作也。」等語。[4]

　　1952 年 2 月 28 日蔣介石主持國民黨中央改造委員會 303 次會議，指示：「……去年度黨營事業各機構決算及其營業情形應即具報。」[5] 同年 3 月 26 日蔣介石批閱中國國民黨中央改造委員會第 314 次會議所通過中國廣播公司、正中書局、裕台公司、齊魯公司等之黨股代表人、董事、監察人、總經理候選人名單，表示：「黨營事業之董監事，以不

328 ｜ 全面控制

兼二職為主。最好由中央黨部資深而有成績之秘書、總幹事與幹事中提升幾人為要,希照此意重擬呈核。」中央日報部份,准照原案,惟仍重申不應兼職之意。[6]

主持中國國民黨中常會時期

中國國民黨中央改造委員會於 1952 年 10 月完成,中國國民黨來台後的最高權力組織中央委員會也於同年同月成立。蔣介石繼續以中國國民黨總裁的地位,主持會議。蔣介石於主持中國國民黨中央委員會常務委員會(以下簡稱中常會)之際,諸多有關於黨營事業的相關指示,茲整理如次。

1954 年 8 月 11 日蔣介石主持國民黨第 7 屆 132 次中常會,曾指示:……黨營文化宣傳事業,管理方面不必變更,不過盈餘可用在發展其事業上。台影、農教兩公司合併後,應特別注意電化教育之發展。[7] 1958 年 7 月 9 日其主持中國國民黨第 8 屆中央常務委員會第 65 次會議之際,則指示……黨營文化宣傳事業與經濟貿易事業之管理,應依其性質之不同而有所區別。例如正中書局乃國民黨主要的宣傳出版機構,理宜到處可見該局之書刊,正中書局如能出版有價值之宣傳書刊,即可利用《中央日報》分支機構在各學校與鄉鎮

普遍銷行，今後務希重新研訂方針，逐年指定各文化宣傳事業應辦工作，切實督導其辦理。[8]

　　1959 年 12 月 30 日蔣介石主持中國國民黨第 8 屆中央常務委員會第 182 次會議，也是聚焦於黨營文化宣傳事業發展，指示如下：一、關於中央社及黨營文化事業：1. 電視之創辦，應儘速進行，由中國廣播公司負責；2. 中央社擬將現有房屋出售，另在郊區建築適用房屋一節，可即照辦，其他各項改進之原則大體可行，應將其他各文化事業檢討後，並作通盤之計畫與整理。3. 各黨營文化事業，尤其是《中央日報》，均應一本大公無私之原則，切實整頓，並對無能力擔任工作之冗員設法予以淘汰。[9]值得注意的是，1960 年 4 月 20 日主持國民黨 8 屆 210 次中常會，蔣介石對黨營三報社共同經營原則及檢討改進意見著墨甚多，指示：一、由第四組召集三報負責人，分就各報現有財產設備、人事經費與營業狀況詳加調查檢討，訂定適切之處理辦法與改進計畫，切實執行。二、《香港時報》在編輯方針上應把握對匪鬥爭之目標，對所謂「第三勢力」之反動言行亦應毫無保留的予以批判。三、《中華日報》在新聞報導與言論方面，對台灣地方自治與地方建設應特加注意，又如改善環境衛生，倡導整齊清潔之良好生活習慣等亦應多作有關的常識介紹。四、《中

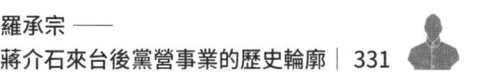

央日報》為減少事業上之困難，必須注意人事之改進，凡非業務上所必須之人員，應予淘汰。五、三報經營方法仍不免陳舊，今後務須有專門人才，經常從事編輯印刷及各部門經營管理方法之研究改良。六、各報社論殊嫌冗長，應注意改進，每篇字數祇宜在 500 至 1000 之間，過去《申報》社論即以精簡見長，實可取法。[10]

　　進入 1970 年代，已逾 80 歲的蔣介石，依舊以中國國民黨總裁之地位主持中常會。1970 年 4 月 8 日蔣介石主持國民黨 10 屆 90 次中常會，提示督導工作之重要，並補充二中全會未及提出事項，其中第 6 點為：黨營事業應切實整頓，對各宣傳機構，亦應加強指導支援；電視事業至為重要，必須配合黨政需要充分發揮其宣傳教育功效。[11] 1971 年 2 月 10 日，蔣介石主持國民黨 10 屆 157 次中常會，復指示黨營文化經濟事業，應由文化經濟事業管理委員會根據「現階段黨營事業加強管理及發展計畫綱要」切實整頓，并希於兩個月內提出整頓報告。[12]

黨務工作報告鳥瞰

　　《蔣中正先生年譜長編》乃以蔣介石作為主角而編寫，

前述就其於中常會就黨營事業人事、經營管理等面向的諸多
直接指示，雖可以窺知中國國民黨對於其所屬黨營事業的指
揮監督關係，但有關於該黨黨營事業輪廓較完整的文獻，可
進一步耙梳由中國國民黨編印、提出於全國代表大會，主要
作為內參而不對外流通的黨務工作報告。本文以下即分別以
1957、1963 與 1969 年分別提出於該黨全代會的黨務工作報
告對象，描繪蔣介石時期黨營事業的遞嬗與大致輪廓。

1957 年黨務工作報告

以 1957 年由中國國民黨第 7 屆中央委員會編印、提出
於第 8 次該黨全國代表大會的黨務工作報告（以下簡稱 1957
年黨務工作報告）作為觀察對象，於財務工作部分，該報告
即揭露從 1952 年至 1957 年 6 月間黨營事業提繳事業機構盈
餘予該黨的金額，以及各事業的經營狀況。[13] 該報告揭露當
時黨營事業包括文化事業、電化教育 [14] 事業與經濟事業三大
部分，文化事業包括：中華日報、中央日報、香港時報、中
央通訊社、正中書局。電化教育事業包括中國廣播公司與中
央電影公司。[15] 至於經濟事業則有：齊魯公司、裕台公司、
松山興記化工廠有限公司。[16]

332 ｜全面控制

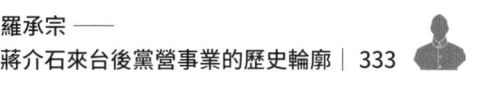

值得注意的是，相較於文化事業、電化教育事業致力於
各自本業的經營，經濟事業部分則已呈現擴充的態勢。齊魯
公司 1953 年投資東亞、亞洲、國光、台灣各電器公司，復
於 1955 年初合併改組為中國電器公司。而同時於 1955 年，
也在高雄籌設建台水泥廠，同年 11 月中央委員會價購南勢
角工廠，也撥歸該公司接管經營。在裕台公司部分，1955 年
中華印刷廠劃歸裕台公司接管。又裕台公司投資事業除原有
台灣火柴公司外，1955 年與嘉豐紗廠合作，在豐原籌建裕豐
紗廠公司，1956 年 6 月建成開工。[17]

1963 年黨務工作報告

其次，以 1963 年提出於該黨第 9 次全國代表大會的黨
務工作報告（以下簡稱 1963 年黨務工作報告）為觀察對象，
黨營事業依舊分為文化事業與經濟事業兩類別，文化事業即
係將前揭 1957 年黨務報告的文化事業與電化教育事業合併
為 7 單位，並無增加。但經濟事業部分，除原有齊魯公司、
裕台公司、松山興記化工廠有限公司外，另新增了中央產物
保險公司與中興電工機械公司，成為 5 個事業單位。[18] 1963
年黨務工作報告裡，特別詳實地將該黨如何管理黨營事業之

原則加以揭露，彌足珍貴。詳言之，該報告提及，文化事業之宣傳方針由中央第 4 組督導，經濟事業則由財務委員會督導；但文化事業之經營計畫，則由財務委員會會同第 4 組審核督導。而關於所有黨營事業之管理，照公司法規定，按時改選黨股代表人董監事及經理人人選，均呈報常會核定。[19]

觀察 1963 年黨務工作報告揭露的各黨營事業經營實況，首先值得注意者在於 2 個新增的黨營事業。中央產物保險公司於 1962 年開業，以承保黨有財產（包括各黨營事業之產物）為基本業務，並爭取外來業務，營業範圍包括火險、水險、船體險及一切產物損失險。又，承保黨產保險佔全部業務 26.15%。[20] 中興電工機械公司則係將原屬齊魯公司之中興電工廠改組成立，資本額為 1,000 萬元，其中由中華開發信託公司投資 400 萬元、中央產物保險公司代表黨股投資 600 萬元，1962 年 7 月開業，產製冷氣機、電冰箱及馬達發電機等。又，冷氣機係跟美國奇異公司技術合作，電冰箱則與 RCA 活爾浦公司技術合作。[21]

又在其餘既有經濟事業經營方面，呈現持續發展的態勢。齊魯公司所屬建台橡膠廠產製自行車三輪車車胎為主，建台水泥廠年產水泥 1 萬 5,000 噸左右，營業額兩廠均年在 1,000 萬元以上，南勢角工廠產製雷管導火索爆炸品，每年

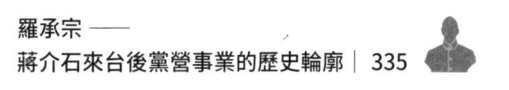

營業額 2,000 萬元以上。但該公司與民股合營之中國電器公司，黨股民股雙方旨趣不同，乃於 1960 年將所有黨股轉讓。在裕台公司部分，該公司除經營進出口貿易及自 1961 年 12 月起經銷中國石油公司液化石油氣外，轄有興台、中華兩印刷廠。又該公司投資事業有二，台灣火柴公司黨股佔半數，台灣裕豐紗廠公司黨股現佔 83%。此外，該公司在原址興建 5 層裕台大樓，於 1960 年落成，將 1 至 4 層租與台灣銀行使用，在高雄興建液化石油氣灌裝廠，於 1963 年 3 月完成，自行灌裝銷售，又在苗栗籌建天然氣油液化氣灌裝工廠，於 1963 年 5 月開工，並在彰化市建築農業化工廠，預定於 1963 年 11 月完成後申請農業原液進口，加工銷售。[22]

在盈虧情形方面，1963 年黨務工作報告揭露截自 1962 年底，其中中華日報盈餘較 1957 年增加 286%、中央日報增加 281%、正中書局增加 87%、裕台齊魯兩公司經營正常盈利較 1957 年未見增多，松山興記化工廠 6 年中互有盈虧，至於中央電影公司與香港時報歷年略有虧損。[23]

1969 年黨務工作報告

最後，以 1969 年提出於該黨第 10 次全國代表大會的

黨務工作報告（以下簡稱1969年黨務工作報告）為觀察對象，該工作報告揭露的文化事業7單位與經濟事業5單位，合計共12單位，以及黨的督導體系，基本上維持與1963年黨務工作報告的一致內容。但是該報告特別著墨拓展新事業部分，概括提及：1. 裕台公司籌設農業化工廠、西藥部、與民資合作籌設景德製藥公司與台糖公司合作經營台灣建業公司，產銷蔗版。2. 經濟事業共同投資與民資合作籌設建台水泥公司及中華貿易開發公司。3. 與民資及外國技術合作，籌辦玻璃纖維工業與電子工業。[24]

　　具體觀察12黨營事業單位的經營實況，1969年黨務工作報告裡比較值得注意者，包括提及：裕台公司現有產銷農業化工廠、經銷外國藥廠產品之西藥部，暨液化石油氣總經銷處及鋼瓶加工廠，並設有興台印刷廠與中華印刷廠。另有投資單位計有：台灣裕豐紗廠公司、台灣火柴木業公司、景德製藥公司、台灣建業公司。顯示該公司不斷擴展新業務創辦新事業，為黨營事業中所屬單位較多，經營業務較廣之事業，其盈餘逐年增加。[25] 中興電工機械公司產銷冷氣機、電冰箱等，營業額由1962年的1,100萬元至1968年增為1億3,000餘萬元，增加10倍有餘。另外就中央產物保險公司方面，已承辦方產物保險，軍車保險，盈餘年有增加，趨勢

336　全面控制

頗佳。[26] 總的來說，1968 年度各事業盈餘總額為 5,500 餘萬元，較 1962 年度增加 3,900 餘萬元，計增 232.42%。[27]

蔣介石時期黨營事業的輪廓勾勒

如何界定黨營事業？到了 1990 年代黨營事業以及轉投資活動蓬勃發展階段，連中國國民黨本身都曾產生界定上的困擾。[28] 但是在初創與奠基乃至於逐步擴展的蔣介石時期，本文認為以前揭 1957、1963 與 1969 年黨務工作報告所揭露的黨營事業單位為根據，輔以 1994 年編印出版《黨營經濟事業的回顧與前瞻》作為補充參照素材，所交織而成的黨營事業輪廓，應相當具有客觀性與說服力。

日本政治學者松本充豐於 2002 年所發表《中国国民党「党営事業」の研究》一書裡，曾以前揭 1957、1963 與 1969 年黨務工作報告為基礎，再輔以中國國民黨黨營事業管理委員會於 1994 年出版的《黨營經濟事業的回顧與前瞻》其他等資料，將蔣介石時期黨營事業的展開繪製成表，[29] 茲先簡化整理如下所示。

設立時間	企業名稱	持股比例	設施、業務項目
1951.2	齊魯企業公司建台橡膠廠廠	100	橡膠胎與其他橡膠製品
1951.3	裕台企業公司貿易部 興台印刷廠 垇溝農場 埔重工作站	100	貿易 印刷 農產品販賣 木材加工
1951.7	台灣火柴公司	50	火柴生產
1953.3	草屯裕台製皮公司	10	水牛底皮、金漆皮製造
1954.7	裕台企業電業部	100	無線電器材輸入販賣、國產電器材料販賣
1955.2	中國電器公司		燈泡生產
1955.4	裕台企業中華印刷廠	100	印刷業務
1955.9	台灣裕豐紗廠公司	50	紡織
1955	華達電器製造廠		蓄電池生產
1955	裕台企業漁業部	100	魚撈業務

338 ｜ 全面控制

設立時間	企業名稱	持股比例	設施、業務項目
1955.11	齊魯企業南勢角工廠	100	雷管、導火線、炸藥製造
1956.5	齊魯企業建台水泥廠	100	水泥生產
1956.5	齊魯企業中興電工廠	100	馬達、發電機生產
1956.5	松山興記化工廠		肥皂、合成洗劑、甘油生產
1959.5	中華開發信託公司	6.25	中長期融資
1961.12	裕台企業液化石油氣總經銷處	100	桶裝瓦斯代銷
1962.2	永利證券公司		
1962	台灣證券公司		
1962.3	中央產物保險公司		黨有財產火災保險業務、其他一般損害保險業務
1962.6	台灣證券交易所		
1962.7	中興電工機械公司	60	電化製品製造（冷氣、冰箱、馬達等）

設立時間	企業名稱	持股比例	設施、業務項目
1963.3	裕台企業液化石油氣灌裝工場	100	液化石油罐裝
1963.5	裕台企業液化天然氣灌裝工場	100	液化天然氣罐裝
1964	裕台企業彰化農業化工廠	100	農藥輸入、加工販賣
1965.8	景德製藥公司	90	外國藥品製造與販賣
1966	齊魯企業貿易部	100	齊魯企業機械、原料之購入、匯兌
1966.1	建台水泥公司	50	水泥生產
1966	中華貿易開發公司	27.7	貿易
1966.7	港台貿易公司（香港）		貿易
1966.8	台灣民生物產公司		貿易
1967	裕台企業西藥部	100	外國藥品輸入販賣
1967.9	台灣建業公司	56	蔗版、吸音板

設立 時間	企業 名稱	持股 比例	設施、 業務項目
1967.11	興馬電器公司（新加坡）		貿易
1968	中央再保險公司		
1969.10	大星公司（新加坡）		貿易

　　進一步分析松本充豐的上開整理表格所示，本文認為可以分為以下三部分加以探討。

蔣介石時期黨營經濟事業輪廓的補完

　　松本充豐雖以黨營事業作為研究對象，很顯然係聚焦於探討黨營經濟事業部分，黨營文化事業部分則予以省略。相較於1957、1963與1969年等黨務工作報告裡所揭露的黨營經濟事業大致輪廓，松本充豐所整理表格清單顯然更加完整。倘若姑且捨棄重複部分不論，又可歸納兩部分加以觀察：

1. 黨營金融與貿易相關事業

按中華開發信託公司、永利證券公司、台灣證券公司、台灣證券交易所等4間金融與證券事業分別設立於1957年至1962年之前，卻未被1963年的黨務工作報告認列。這些被略而不提的黨營事業，其實相當值得檢視。

1959年5月成立的中華開發信託公司當時公司資本總額定為新台幣8,000萬元，分為8萬股，每股1,000元，原定政府參加3,000萬元，民間發起人認集5,000萬元，股金訂4月30日截止先繳一半，其餘半數在8月底以前繳足，迄4月30日已認股，全部股東121戶，其中政府機關8戶，金額2,347萬元，民間股東113戶，金額5,653萬元。民股較官股為多。[30] 1959年5月才成立的中華貿易開發公司，同年9月即與行政院美援運用委員會（以下簡稱美援會）簽約，合約內載明美援會已得到美國國際合作總署駐華安全分署同意，指定中華開發信託公司為美援會的代表人，辦理美援相對基金的貸放，洽商及催收等事項。又美援相對基金貸款，過去係由台灣銀行主辦。在前項合約簽訂後，原由台灣銀行已辦理貸放的民營貸款共新台幣1億餘元，承貸事業單位，共50餘家，也由台灣銀行於同年9月23日移交給中華開發信託公司接管。[31]

342 | 全面控制

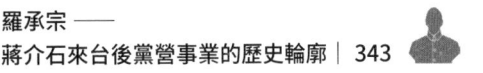

根據松本充豐的研究，該公司成立時黨股僅佔 6.25%。不過在 1993 年中國國民黨黨營事業管理委員會在進行黨營事業盤點時，即坦率揭露其對中華開發信託公司持股 13%，且該公司的董事長與總經理均由國民黨派任。[32] 總的來說，官股、黨股與民股綿密交織的中華開發信託公司甫創立即取代台灣銀行，以美援會代表人之姿，獨佔性地承辦基金的貸放，洽商及催收等業務。在工商業融資高度管制的年代，這當然是門相當美好的創業生意。

　　有關描述中華開發信託公司相對完整的史料，本文認為還是當推 1994 年出版《黨營經濟事業的回顧與前瞻》。該書從 97 頁至 101 頁間，以頗大篇幅來龍去脈式地介紹了該公司各年代階段的發展歷程。尤其期間穿插了時任該公司董事長劉泰英、總經理胡定吾的專訪內容，更加彌足珍貴。根據該書記載，在 1960 年代，台灣的工業發展目標在於紡織與化纖工業，中華開發因而全力投入參與該業的投資與融資業務，主要投資企業包括：聯合耐隆、利華羊毛、華隆、遠東紡織、遠東化纖以及中國人造纖維等公司。[33] 而 1970 年代是台灣重大建設發展的關鍵年代，鋼鐵、石化、機械等重化工業變成了國家工業的發展重點。中華開發主動參與石油化學等創導性事業的投資與融資業務，參與及扶植的企業包

括有台灣聚合、華夏海灣、東聯化學等事業，所投資的石化業佔總數的 1/3，投資金額亦接近總投資額的 1/2。[34]

　　1962 年分別成立的永利證券公司與台灣證券公司，根據松本充豐的研究係有分別來自於台灣火柴與齊魯企業的投資，惟投資持股比例不明，本文因篇幅關係不再細緻討論。不過根據 1969 年 7 月間媒體報導，監察院院會曾針對省營金融及事業機構所辦轉投資業務浮濫欠當問題，通過提案交由監院財政、經濟兩委員會調查。該提案提及「……台灣省各公營金融及事業機構所轉投資之事業，據省府審計處報告：計達 211 單位，投資總額達 13 億 7,258 萬餘元。其中有 87 個接受投資之單位，約佔接受投資單位總數 41%，無股息紅利分配，顯示各該單位經營不善，而各公營金融及事業機構，投資浮濫，虛擲資金」云云。又在當時報導所列台灣省金融及公營事業機構轉投資未配紅利股息單位清單裡，可發現台灣土地銀行、華南商業銀行與彰化商業銀行也分別以 30 萬元投資，作為台灣證券公司的參加發起股東。[35]

2. 角色隱誨的香港、新加坡的黨營經濟事業

　　在黨營文化事業裡，香港時報屬於蔣介石時期的境外黨營事業。與此作為對照的境外黨營經濟事業，松本充豐的研

344 ｜ 全面控制

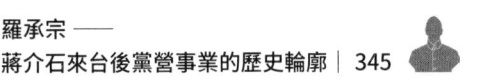

究揭露了以「對匪經濟作戰」[36]為名義，於香港成立的港台貿易公司、台灣民生物產公司；以及位於新加坡的興馬電器公司、大星公司。

英屬香港時代，港台貿易公司、台灣民生物產公司作為黨營經濟事業的身份相當隱晦。1968年12月間，媒體報導台灣派遣參觀香港工展代表團，一行人並拜會港台貿易公司及台灣民生物產公司。代表團團長汪竹一提到港台貿易公司與台灣民生物產公司不斷介紹台灣產品，港胞對我國貨品認識已有增進云云。[37] 1973年1月台灣民生物產公司創設門市部，春節期間將擴大供應台灣產品的相關報導，甚至將該公司含糊稱乃「旅港僑領」所創設。[38]直到1999年中國國民黨加速撤離香港黨營事業之際，港台貿易公司及台灣民生物產公司作為黨營經濟事業的身份才清楚浮現。例如根據1999年11月14日聯合報披露，在中國國民黨投資事業管理委員會主委劉泰英批示下，日前將香港台灣貿易及台灣民生物產兩家公司董事長兼總經理馬愛珍調回台灣，結束在香港及與大陸的經貿活動。[39]

新加坡的大星公司作為黨營經濟事業，大抵也與港台貿易公司、台灣民生物產公司類似，創立以來一直隱誨身份運作。1970年7月20日經濟日報引述中央社，有篇涉及大

星公司創立背景的報導。報導指出,該公司是由「星台兩地鉅商合資經營」。資本新幣 10 萬元,自 1969 年中即開始籌備,於同年 9 月向政府辦理登記與註冊,並開始尋妥舖址以及進行解貨。大星公司是一間專營台灣產品的百貨公司,主要包括食品、紡織品、日用品、電器以及手工藝品等……將來大星公司除在門市銷售台灣產品外,並經營批發,以及把台灣產品轉銷至印尼各地去等語。[40] 大星公司自成立以來,一方面作為台灣產品於新加坡的銷售窗口,另一方面也作為包括新加坡在內東南亞客戶尋求台灣供應機械與工業原料等產品的窗口,營運頗為活躍。也莫約直到 1999 年,大星公司作為黨營經濟事業的身份才清楚浮現。[41]

　　於此值得注意的是,在 2005 年 9 月解密的《行政院大陸工作委員會》檔案裡,揭露了專事對中國實施經濟作戰、由各相關部會首長進行不定期集會商討相關事務,即前大陸工作會報前身的行政院力行小組的運作情形。[42] 相關檔案從行政院角度提及了港台貿易公司、興馬電器公司與大星公司。詳言之,根據國史館的整理,行政院力行小組召開全體委員會議程及會議紀錄內容,所列事蹟除取締中國產品流入國內市場外,當年政府對中國實施經濟作戰之主要戰場係在香港、馬來西亞、新加坡等地,更在該地所成立的政府外圍

346 ｜全面控制

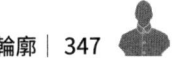

的企業組織，尤以香港一地最為重要，如設立港台、大星、遠東、台港、益強等家公司，作為對中共實施經濟作戰的重要據點，並透過這一些海外公司廣設海外分店，開展海外的委託代銷業務，並吸收港澳來台僑生加入經營團隊，以拓展在地的政商關係。同時，也委由這一些海外公司展開台灣的毛豬、尿素等原物料出口貿易，更在香港與中國從事貿易據點之競爭。而這些公司也常扮演政府拓展外交、經援東南亞各國的白手套。在新加坡方面有：中興電機赴新加坡創辦興馬電機工業公司案。國史館並指出，從這一批檔案可深度瞭解戰後台灣在美援中止以後，政府如何積極拓展東南亞國際經貿，又如何在香港及東南亞等進行貿易的金流狀況。[43]

綜上整理，在《行政院大陸工作委員會》檔案裡定性為「政府外圍企業組織」的港台貿易公司、興馬電器公司與大星公司，實則也具黨營經濟事業的另一個隱誨身份。

遺漏的部分

蔣介石時期於 1975 年劃下句點。1971 年 6 月成立的中央投資公司卻並未於該表收錄，殊為可惜。按根據《黨營經濟事業的回顧與前瞻》所載「……民國五〇年代末期，國民

黨旗下已擁有將近二十家的事業體，未能有效管理各企業，黨中央在六十年六月登記設立了中央投資公司。成立後的中央投資公司，結合民間企業、配合政府從事各種經濟事業的投資開發，如石化、金融事業等」，[44] 並稱「身為黨營事業的控股公司，中央投資公司所從事的企業投資範圍甚廣，舉凡紡織、電子、電機、石化、建築、水泥、環保、鋼鐵、瓦斯、金融服務等事業都包括在內」。[45]

另外，1970 年 2 月成立的新興電子公司，也是個被該表遺漏的事業，該公司產銷可變電容器，嗣後並發展生產印刷電路板，供應外銷廠商 [46]。

黨營事業研究的前瞻：代結論

本文認為，中國國民黨黨營事業在台灣各階段的發展輪廓，可分別以蔣介石時期、蔣經國時期、李登輝時期、陳水扁時期、馬英九時期，以及黨產條例施行後迄今等六個時期，進行探討。要特別注意的是，有關中國國民黨黨產相關課題的學術討論，固然可從「黨產研究之父」傅正於 1960 年 6 月於《自由中國》第 22 卷 11 期〈國庫不是國民黨的私囊！〉為起點，以及後續諸多學術界研究成果乃至於新聞報

348 ｜全面控制

導所逐漸積累而成。以李登輝時期為例，1995 年 3 月間經濟日報即披露國民黨黨營事業發展至 1992 年底「……已有 93 家，目前已達 104 家，所投資的事業，涵蓋金融、石化、電機、水泥、投資、電子、瓦斯、鋼鐵建築、租賃、製藥、環保、橡膠、資訊、貿易、紡織、紙業、航太等近 20 種，堪稱國內最大的企業集團。黨營事業 104 家。7 家控股公司控管這 104 家，分屬七家控股公司控管，這七家包括中投公司約 63 家、光華公司約 39 家、啟聖投資公司 8 家、建華投資公司 2 家、華夏投資公司 9 家、景德投資公司 1 家、悅昇昌 4 家等」。[47] 至於以公權力針對中國國民黨黨營事業進行系統性調查，大抵僅有陳水扁時期與黨產條例施行後迄今兩個時期而已。

黨產事業的徹查與清理

就陳水扁時期而言，大抵緣起於 2001 年 4 月監察院函請行政院就各級政府機關將其所管有之公有財產，贈與、轉帳撥用或撥歸予社團法人中國國民黨所有或經營，是否涉有違失案，請行政院確實徹底清理，依法處理。行政院於 2001 年 12 月 4 日函復監察院，除釐清部分事實外，並說明

中國國民黨黨產取得之三種型態，依當時之法制環境及政治背景，形式上或符合法律規定，但僅能認符合形式法治國原則，而與實質法治國原則有間，如依現行法律規定請求中國國民黨返還，基於法律安定之考量，或已罹於時效或除斥期間已經過，且可能涉及第三人已取得權益之保障，實務上有其困難。為符合實質法治國原則，以特別立法方式，妥為規範處理中國國民黨黨產云云。[48] 迄 2008 年 5 月政權移轉前夕，對於中國國民黨黨營事業已累積相當程度的清查成就，相關檔案為財政部國有財產局「國家資產經營管理委員會黨產處理專案小組」共 13 卷，但對於全體面貌仍沒有太清晰的輪廓勾勒。只是也要注意的是，雖特別立法遭到立法院抵制而無法順遂，但對於特定具體個案，行政院也試圖以訴訟方式進行追討。例如交通部即訴請中國廣播股份有限公司返還該公司接管日治時期「臺灣放送協會」各地支部及運用政府預算購置之財產者，計有「嘉義民雄土地」、「天馬計畫房地」、「八里機室土地」、「板橋機室土地」[49]、「花蓮機室土地」等案。[50]

其次，就 2016 年 8 月以後黨產條例施行迄今時期來看，既有專法、又有專責機關得運用公權力進行清查，在此基礎上，有關於中國國民黨黨營事業的輪廓，於 2016 年後終於

浮現了最清晰的全貌。只是也要再次強調的是，黨產會調查黨營事業的主要目的畢竟在於作出行政處分以追討不當黨產，而非廣泛且深入地進行學術研究。因此到此階段前已因被清理、整併等諸多因素而消滅的黨營事業，自然不在黨產會的調查射程範圍內。

如所周知，中國國民黨遲自 1994 年李登輝時期才完成社團法人登記。本文聚焦於勾勒蔣介石時期黨營事業輪廓，按照《黨營經濟事業的回顧與前瞻》專書的時期劃分，涵蓋

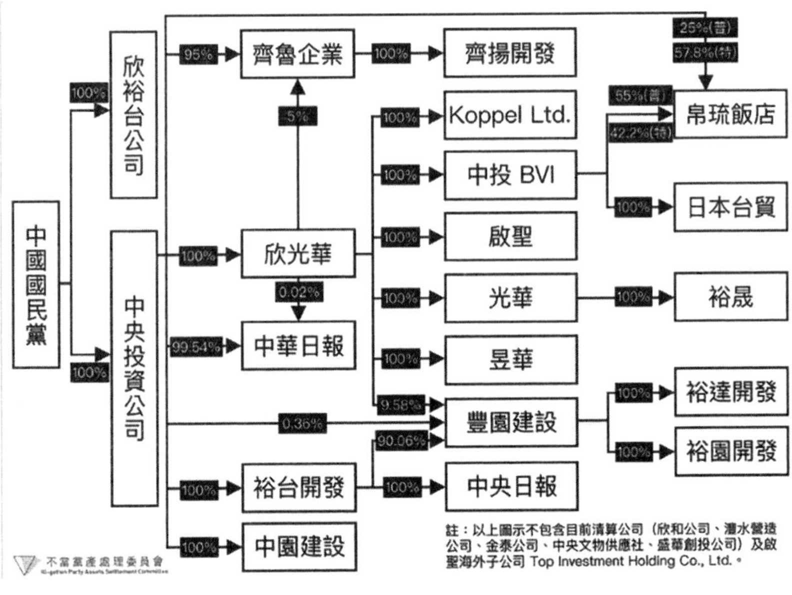

註：以上圖示不包含目前清算公司（欣和公司、潛水營造公司、金泰公司、中央文物供應社、盛華創投公司）及啟聖海外子公司 Top Investment Holding Co., Ltd.。

黨營公司的初創、奠基與拓展期前段，且中國國民黨不具有法人資格，並以黨股代表支配控制黨營事業的時代。至於1980年代以後轉型期與1990年代以後擴張期，涵蓋蔣經國與李登輝主席任內，也期盼有學界投入研究，一起為國際學界勾勒二十世紀後半葉黨營事業在台灣發展的更清晰全貌。

1. 黨營事業專刊編輯委員會編，《黨營經濟事業的回顧與前瞻》（台北：中國國民黨黨營事業管理委員會，1994），頁9。

2. 《蔣中正先生年譜長編》。國史館網站，網址：https://www.drnh.gov.tw/p/404-1003-13097.php?Lang=zh-tw（造訪日期：2025年2月1日）

3. 呂芳上，《蔣中正先生年譜長編》第9冊（台北：國史館，2015），頁481。

4. 呂芳上，《蔣中正先生年譜長編》第9冊，頁598-599。

5. 呂芳上，《蔣中正先生年譜長編》第10冊（台北：國史館，2015），頁24。

6. 呂芳上，《蔣中正先生年譜長編》第10冊，頁34。

7. 呂芳上，《蔣中正先生年譜長編》第10冊，頁354。

8. 呂芳上，《蔣中正先生年譜長編》第11冊（台北：國史館，2015），頁75。

9. 呂芳上，《蔣中正先生年譜長編》第11冊，頁273。

10. 呂芳上，《蔣中正先生年譜長編》第11冊，頁314。

11. 呂芳上，《蔣中正先生年譜長編》第12冊（台北：國史館，2015），頁684。

12. 呂芳上，《蔣中正先生年譜長編》第12冊，頁734。

13. 有學者曾指出：「……在黨的『改造』結束後，於七全大會所通過的『總章』內，也未把作為黨的財政來源之一的『黨營事業』納入其中。在『黨國體制』之下，於財政面，『黨庫通國庫』，黨與國家的關係非常密切，黨所需要的資金，大部分都是依賴國家財政補助。而作為黨的財政來源之一的『黨營事業』，是等到1963年11月的九全大會，才被納入在『總章』內」等語，這段敘述，本文顯然與1957年黨務工作報告有所出入。參見：林彥宏，〈1950年代黨營事業的輪廓：以松本充豐研究為中心〉，《黨產研究》第2期（2018.3），頁39。

14. 按電化教育係指電影及播音教育。引自《電化教育》（台北：行政院新聞局，1947），頁1。

15. 有關於中影公司、中廣公司接受自日產的研究，詳參：李福鐘，〈威權體制下的國民黨黨營企業〉，《國史館學術集刊》18期（2008.12），頁197-204。

16. 中國國民黨第8次全國代表大會黨務工作報告（台北：中國國民黨中央委員會秘書處，1957），頁86-88。

17. 中國國民黨第8次全國代表大會黨務工作報告，頁88。

18. 中國國民黨第9次全國代表大會黨務工作報告（台北：中國國民黨中央委員會秘書處，1963），頁225。

19. 同前註。

20. 中國國民黨第9次全國代表大會黨務工作報告，頁229。

21. 同前註。

22. 中國國民黨第9次全國代表大會黨務工作報告，頁228。

23. 中國國民黨第9次全國代表大會黨務工作報告，頁229。

24. 中國國民黨第10次全國代表大會黨務工作報告（台北：中國國民黨中央委員會秘書處，1969），頁229。

25. 中國國民黨第10次全國代表大會黨務工作報告，頁231。

26. 中國國民黨第10次全國代表大會黨務工作報告，頁232。

27. 中國國民黨第10次全國代表大會黨務工作報告，頁232-233。

28. 在1993年6月間，中國國民黨決定從嚴定義「黨營事業」，今後只有中央投資、中華開發信託與中美和等23家國民黨持有股權超過半數或有絕對影響力的公司才算是「黨營事業」，約為一般認為是國民黨黨營事業總數的1/4。引自：〈國民黨黨營事業從嚴認定 三大定義緊縮範圍 算算總數僅有23家〉，《經濟日報》，1993年6月14日，03版／綜合新聞。

29. 松本充豊，《中国国民党「党営事業」の研究》（東京：財團法人アヅア政經學會，2002），頁106-107。

30. 〈開發信託公司成立 林柏壽當選董事長〉，《聯合報》，1959年5月2日，05版。

31. 〈美援相對基金民企貸款 開發公司接辦〉，《聯合報》，1959年9月24日，05版。

32. 〈國民黨黨營事業從嚴認定 三大定義緊縮範圍 算算總數僅有23家〉，《經濟日報》，1993年6月14日，03版／綜合新聞。

33. 黨營事業專刊編輯委員會編，《黨營經濟事業的回顧與前瞻》，頁98。

34. 黨營事業專刊編輯委員會編，《黨營經濟事業的回顧與前瞻》，頁98-99。

35. 〈監委提案指出 台灣省營事業轉投資浮濫欠當 監院昨開院會決議：交由財經兩委員會調查〉，《經濟日報》，1969年7月9日，02版。

36. 按「對匪經濟作戰」一詞曾正式鑲坎入我國法規命令體系裡。查1969年8月8日行政院台58經字第6352號令制定公布取締匪偽物品辦法，第1條即規定：為加強對匪經濟作戰，禁止匪偽物品進口，特參酌海關緝私條例及懲治走私條例，並依國家總動員法第19條訂定本辦法。只是在該辦法的射程範圍僅處理取締中國物品進入台灣，並無提及台灣商品對外銷售部分。

37. 〈我工商團在港考察〉，《經濟日報》，1968年12月7日，04版/工商服務。〈汪竹——返台說 港貨外銷暢旺〉，《經濟日報》，1968年12月13日，03版／貿易・國際。

38. 〈台灣民生物產公司 在港推廣台灣產品 歡迎國內廠商供應〉，《經濟日報》，1973年1月23日，06版。

39. 〈國民黨營事業 加速撤離香港〉，《聯合報》，1999年11月14日，13版／兩

岸港澳。

40. 〈新嘉坡將設公司 專銷我國的產品〉,《經濟日報》,1970年7月20日,04版。

41. 〈揭開國民黨營事業面紗〉,《聯合報》,1999年12月26日,8版／社會傳真。

42. 國史館編,《國史館現藏重要檔案文物史料概述》(台北,政大,2017),頁166。

43. 國史館編,《國史館現藏重要檔案文物史料概述》,頁167-168。

44. 黨營事業專刊編輯委員會編,《黨營經濟事業的回顧與前瞻》,頁58。

45. 同前註,第59頁。

46. 同前註,第54頁。

47. 〈重複投資剪不斷理還亂 國民黨黨產撥雲不見日〉,《經濟日報》,1995年3月5日,04版／焦點新聞。

48. 不當黨產處理大事紀,網址:https://old.cipas.gov.tw/igpa.nat.gov.tw/ct7db5.html?ctNode=40&CtUnit=41&BaseDSD=7&mp=1(造訪日期:2025年2月10日)

49. 有關本案纏訟民事法院10年間的歷審判決與分析,詳參:拙著〈轉型正義在法院的可能性與侷限性——以中廣板橋佔地案判決為中心〉,《科技法律評析》第8期(2015年12月),頁147-179。

50. 交通部訴請中廣公司返還國有不動產訴訟案,網址:https://old.cipas.gov.tw/igpa.nat.gov.tw/ct3fbb.html?xItem=993&ctNode=5&mp=1(造訪日期:2025年2月10日)

我們的民主記憶

曹欽榮
人權工作者、策展人

我們對於二戰結束後歷史記憶的認識，在二二八之後，長期白色恐怖禁錮下，可能隱藏著深刻的歷史事件相關的人物記憶。這些記憶反映於 1980 年代台灣民主化過程，人們公開揭示：「過去發生了什麼事？」現在，有待探究：從不能說「發生了什麼事」，到公開紀念的歷時過程，如何影響個人和群體的歷史意識變化。本文以長期接觸白色恐怖受害者和家屬的經驗，討論採訪所聽到的故事內容，探索受害者和家屬的記憶效應，全面性的檢視需要更多參與者的書寫。

　　行政院順應民間團體的運動，於 2024 年訂立「519 記憶日」；不同於「紀念日」，我以為訂立的重要意義在於連結「過去、現在和未來」思索的歷史意識。記憶日不只是紀念，提醒我們思考在公共領域：為什麼要記得過去？有什麼

值得記得的人和事的典範、價值？記得這些對我個人有什麼學習的作用？

2025 年，「記憶日」滿一年的前夕，「大罷免」運動捲動了我們的生活。現在的台灣，歷史意識是否增強或弱化，和民主進程變遷之間，產生了辯證價值觀的有用關係。本文獲益於珍妮‧伍斯騰伯格（Jenny Wüstenberg）於 2018 出版《戰後德國的公民社會與記憶》（*Civil Society and Memory in Postwar Germany*），討論德國戰後紀念活動的「公民行動主義」概念，運用她所指歷史、記憶、遺址三項交錯的運動，藉由描述台灣的記憶故事，印證她所說：「記憶工作涉及歷史研究、進行口述歷史訪談、收集文件和文物、設計展覽以及組織導遊、講座和紀念活動。這些活動通常既是歷史工作，也是政治工作。」

我從 1996 年夏天開始，參與台北二二八紀念館規劃設計，到 2001 年參與綠島人權紀念園區規劃設計、以及口述採訪、舉辦相關紀念事務。我認為在充分自由的社會環境下的歷史記憶，是否逐漸成為我們共同的「民主記憶」，將影響民主進程。紮根民主記憶於日常生活，是設立紀念館、人權館或遺址紀念地的初衷，也是能夠永續發展文化記憶，積累有形、無形遺產的宗旨。

358 ｜全面控制

21世紀伊始　記憶運動者是誰

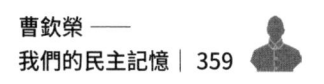

台灣公共領域的歷史記憶始於 1990 年代，興起第一波公共記憶風潮，以二二八主題的口述為主、白色恐怖次之，感謝張炎憲教授累積大量的紀錄；嘉義和台北因此設立地方層級的二二八紀念館。跨過 21 世紀，設立白色恐怖綠島和景美紀念地，持續擴大白色恐怖的口述。促轉法（2017-2022）結束後，此刻，探究「記憶運動者是誰」，或許是一個重要的承先啟後時點。

交通部觀光局綠島人權紀念園區規劃案開始於 2001 年夏天，期程一年半，規劃核心內容的議題之一：如何借助遺址轉化為戶外博物館，向遊客說明白色恐怖時期政治監獄發生了什麼事？除此之外，必須有機會讓遊客理解更深層的歷史脈絡的前因後果，甚至討論圍繞全球轉型正義的文化議題、以及各國設置紀念地和轉型正義實務的理念和做法。而遺址是否適合說明台灣 40 年漫長的獨裁統治之惡？促進遊客當下體驗爭取自由、守護民主的可貴？激發遊客理解每個人都是人權的行動者？

以上這一切設立遺址衍生問題的討論，需要以大量口述採訪、檔案證據、研究論述、當代受眾的積極參與為基礎。

25 年前規劃綠島監獄遺址伊始，如何找到受難者和檔案呢？以下交叉說明當時調閱檔案，和採訪受難者的小故事。

2002 年 12 月 10 日，於總統府迴廊舉辦「人權之路：台灣民主人權回顧」特展，以國史館收藏少量的白色恐怖相關檔案，搭配規劃案開始半年密集採訪的口述為主，還有受難者所提供的展品：如陳孟和在綠島所製作的小提琴（特展亮點）、許多綠島當時的黑白照片、和有限的文物（如歐陽文的雙眼水鏡）。特展也促成了相關單位願意支持編印《人權之路：台灣民主人權回顧》中文版、英文版、日文版的書籍，英文版裡出現了首次公開的白恐槍決前後照片。郭振純以檔案照片製作紀念丁窈窕的卡片，白底黑字的卡片上寫著：「戰友　窈窕　汝流的血照亮著路　引導阮來繼續前走　祈願　安息　一九五六、七、二四殉難。」

郭振純最早的口述收錄於「國家人權紀念館籌備處」出版的《白色封印》（2003），他的口述敘事了丁窈窕的故事（頁 173-174），當時還未普及於多數人。2015 年，台南女中金龜樹被颱風吹倒，樹下埋著丁的頭髮，淒美傳奇故事流傳。直到 2018 年，全聯中元節廣告，引發受眾猜測劇中故事的人物之一可能是丁窈窕（《我們與台灣的距離》頁 98），當代媒體引爆擴散效應。2022 年 10 月上映的《流麻

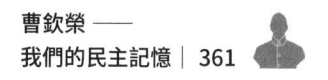

溝十五號》電影，也出現了丁窈窕被槍決前，離開牢房與女兒被拆散的橋段畫面；電影根據 2012 年出版原口述書，張常美提到從綠島被送回台灣，在青島東路三號的牢中，曾經與丁窈窕、施水環同房的記憶而改編。

國家檔案局於 2001 年 11 月正式成立，與綠島人權紀念園區規劃時程幾乎同時並行；規劃時，自然聯想到：檔案局是否有白色恐怖的相關檔案？規劃案結束後，透過接續的「文史蒐調計畫」案，除了持續採訪受難者。2004 年嘗試從檔案局查閱已建檔的二二八檔案目錄，是否有相關的白色恐怖檔案？經過交叉比對二二八檔案和白色恐怖補償基金會公開資料，發現二二八檔案裡的關鍵詞分類，出現白色恐怖部分案件名稱、受難者姓名。據此，開始每週申請調閱檔案局裡和白色恐怖相關案件、人名關鍵詞的檔案，申請檔案紙本。經過了半年，匯集了白色恐怖大量的判決書、以及判決之後的相關檔案；陸續整理，按時序、案件發生地分類，建立基礎資料庫。例如：各地案件、受難者個人資料、槍決公文、釋放證等，以及綠島新生訓導處的公文書、個人考核表等。調閱檔案的同時，我們轉知「台北市一九五零年代白色恐怖案件平反促進會」的受難者們、以及部分學者。促進會成員於規劃綠島人權紀念園區初期，開始逐一接受採訪。那

時，最具有挑戰性的重大問題，從閱讀檔案中出現：1950 年代，繼二二八之後，台灣各地反抗統治體制如此普遍又強烈，為什麼？

當受難者來到工作的辦公室翻閱檔案時，他們驚訝於有這麼多檔案還存在，檔案於這時大量出現，打破了長期以來流傳於受難者之間「多數檔案被銷毀」的傳言。最震撼人心的是出現了送到總統府的槍決公文裡，附有被槍決者的一吋黑白生前／死後照片，1950 年代很多被槍決者曾經在青島東路三號軍法處看守所和倖存的受難者同一牢房，口述見證了無數槍決前牢房動靜的記憶描述。

幾十年後，當他們看到槍決照片時，每個人的神色凝重，令人難忘！我印象很深刻的一位是陳勤阿嬤，她看到生前笑臉和死後面目模糊的照片，難以沉默以對，而是嚴肅地說：「他為什麼笑呢？」被槍決者的笑臉生前照片不只一位，也不只之後被稱為「再叛亂案」的多數被槍決者的笑臉照片而已。這種檔案照片如何公開，對紀念博物館來說，環繞著許多有待討論的道德倫理課題。然而，家屬會接受「國家檔案」公開這樣的照片嗎？我在規劃設計台北 228 紀念館時，看過兩張家屬提供的照片：陳澄波和吳鴻麒由家人請專人所拍的過世後照片。近年來，因為追索陳澄波槍決後，收屍回到家

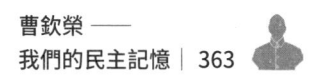

斜躺在門板上的照片，發現陳澄波斜躺的門板背後，支撐的人可能是陳澄波的太太張捷，這真是令人震撼的遺照啊！

2001年夏天，陳勤是第一位隨著我們到綠島指認女生分隊所在位置的女性倖存者；在遺址現場採訪陳勤的一幕幕，令人難忘，「希望有一天將她的口述記錄公開」的心願，種在心底；《流麻溝十五號》口述書正式出版，已經是12年後了。她去綠島接受採訪回來後，很快就決定將保存將近50年的「火燒島記事」筆記本交給我們保管，記事內容成為當時理解女生分隊的重要遺物。這是目前唯一的一份在火燒島關押期間的「日記」。難以想像她勇敢地如何記事、又如何保存。「火燒島記事」也成為拍攝《流麻溝十五號》電影的重要依據。這本珍貴的日記，徵得家屬同意，已於2023年夏天，轉贈國家人權博物館保存。

檔案消息輾轉流傳，有些家屬希望取得槍決前後的照片。有一天，一位自稱家屬的女性來到辦公室；她聽說了有槍決照片檔案，遲疑吞吐地問：我是⋯⋯，家裡沒有半張父親的照片。當我知道她是鹿窟案村長的女兒時，我請她先坐下，喝杯茶；想了一下，先用牛皮紙袋裝好複印檔案交給她，她和兒子起身道謝後，匆匆說：還有事得走了，我目送他們的背影下樓離開。

檔案出現之前，聽了陳英泰說了他在安坑軍人監獄，和難友們共同遭遇的艱難處境，他一直不解獄中難友能有多大的「再叛亂」能耐，「蔣氏父子為什麼急於殺人」，他看到檔案之後，確認了綠島以及軍監「再叛亂案」的一些牢中相處難友的莫名遭遇。也因此，促進會成員於 2004 年底於立法院舉辦了「一人判生死」記者會，向社會大眾呼籲台灣必須進行轉型正義立法，追究蔣氏父子的政治、歷史責任。

　　檔案大量出現後，陳英泰和陳孟和是最常討論檔案的兩位受難者，當時的陳英泰正運用部落格書寫白色恐怖的點點滴滴；而陳孟和持續以美術專長關注、協助綠島人權紀念園區的重建。陳孟和也以當時的檔案為依據，陳述自己和被稱為「學術研究會案」的同案被槍決的泰北中學的同學，為什麼他們「罪及於死」呢？他一直耿耿於懷！而陳英泰生前出版 2 冊回憶錄，告別式當天出版 1 冊，他過世多年後，再出版回憶錄續集《回憶 2・3・4》和別冊共 4 冊，這些回憶錄成為我們了解白色恐怖受害者「微觀」、「宏觀」視角的重要線索。

　　「他們參與進來」設立遺址的集體記憶，展開歷史運動的旅程。如伍斯騰伯格所說：「歷史運動關注一般民眾、無聲者和受壓迫者的困境。其目標不僅是研究那些通常被排除

364 ｜ 全面控制

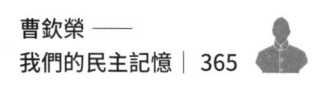

在主流歷史敘事之外的群體，而且要讓他們參與進來，並透過定義自己的歷史來幫助他們發展新的集體記憶。」

歷史運動和記憶運動

有一次，促進會在師範大學的餐廳辦慶生會，來了一位第一次見面的受難者黃華昌。和他在餐廳外閒聊時，才知道他從竹南來，曾經是二戰末期正在訓練飛行的神風特攻隊飛行員。據他說，如果戰爭再延後兩、三個月結束，他可能就像前幾期的學長，駕著飛機，撞擊沖繩海域的某艘美國軍艦而永遠「捐軀」……。我說：您的故事值得寫下來，沒想到他說已經寫就了 35 萬字的日文回憶錄，他是使用當時的日式文字處理機打字的。

我想幫忙黃前輩出版自傳，很快就取得促進會成員同意協助翻譯，經過 7 位前輩翻譯後，中文譯本前後連貫，通順流暢。可惜的是，編輯時，擔心全書太厚，恐怕會嚇跑讀者，中文版少了很多他在日本的描述。當時，公開出版的白色恐怖受害當事人的自述書並不算多，這本書雖然在書市緩慢消化，卻意外獲得奇美創辦人許文龍的重視，贊助寄書到每一所國高中和大學，這時，受難者們也被激勵了，而更願

意分享他們的故事，接受採訪。

那時，鍾興福、陳鵬雲、吳聲潤等前輩撰寫自傳，自印分享，可能與《叛逆的天空》出版有關。而人權救援者三宅清子看了中文版，她說：很樂意與朋友一起協助在日本出版日文版；2005年二戰結束60年，日文版《叛逆的天空》順利在游藝公司支持下出版，並且在文建會舉行出版記者會，不少受難者與會。日文版多一點黃前輩書寫在日本的時期，少一點書寫台灣。如今回顧，密集採訪加上出版，醞釀一場無形的歷史和記憶運動，悄然展開。

多年後，大貫惠美子的《被扭曲的櫻花：美的意識與軍國主義》（2013）中文翻譯書出版，看到這本書，很想與黃前輩分享、請教，遺憾他已經在2010年中過世。他的告別式，正好在二戰結束那天8月15日，在竹南住家附近巷弄搭棚，我載著他綠島同一中隊的難友陳海清，前往弔唁。告別式場的入口就擺著他的書放大封面，我也第一次聽到難友同學合唱〈安息歌〉跟他道別。他生前跟我說，他寫自傳希望忠實記錄自己的一生，怎麼可能在台灣總統第二次選舉時，跟著某些受難團體支持迫害他們的國民黨呢？陳海清曾經在家人陪伴下，於傍晚時到達綠島，他急著想去看紀念碑，堅持一個人從南寮走了一個多小時，然後天黑了，什麼

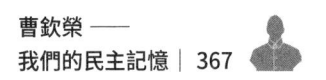

也沒看到；第二天才在家人陪伴下，前去人權紀念碑，原來紀念碑是建在地下的！

　　檔案局陸續將檔案數位化，2005 年，我們再次調閱電子檔，雖然多數數位檔案與第一次調閱的複印紙本檔案重複。比對紙本、電子檔案，按時序列出案件時間、名稱、受難者基本資料。這些資料成為 2005 年「不堪回首戒嚴路：戒嚴時期政治案件展」的內容，巡迴展覽手冊也附錄了「白色恐怖被槍決部分名單」、「獄中死亡部分名單」、「1947-1992 台灣政治案件簡表」。以上的檔案，經過還在世的受難者們查詢，長期受難期間是否有遺漏難友名字的重要判讀依據。2009 年夏天，名單於綠島人權紀念碑佈展，共 8 千多位。2005 年之後，名單輾轉流傳到各個難友手中，有一天，溫萬金的後代來到辦公室，他說希望能多給他一些巡迴展手冊，他想帶到中國去分送給難友或家屬。多年後，傳來北京設立西山森林廣場「無名英雄紀念碑」，碑上名單與手冊中附錄名單多有重疊？

　　2004 年 4 月，行政院依據綠島人權紀念園區第一次規劃案報告，呼應受難者期待，擴大園區範圍。因於檔案出現，受難者團體和民間單位從個人資料表，確認 1951 年 5 月 17 日是大批受難者到達的日子。因此，合力推動於 2005 年 5

月 17 日，在綠島人權紀念碑廣場舉辦「關不住的歌聲」音樂祭，受難者和家屬上百人去到綠島，這是人數最多的一次。517 成為往後每年的重要儀式日子，連結 519 戒嚴日、518 國際博物館日，構成了台灣當代難忘的記憶日子，也預示了遺址轉型為紀念地的轉折點。2006 年，由園區移轉後的管理單位：文建會中部辦公室主辦第二次綠島人權紀念園區規劃，我們得以承續之前第一次規劃，加緊同步進行採訪受難者的工作。

2007 年 5 月 17 日上午，在台大法學院的轉型正義課堂上，我陪同陳英泰、蔡焜霖兩位前輩到吳叡人的課堂，與學生交流。兩位前輩都 70 多歲了，身上散發著年輕朝氣，分享受害記憶經驗和討論，或許是受難者的第一次進入大學談轉型正義吧。檔案大量出現之後，從轉型正義「究責」觀點來理解受難者心情：檔案是否刺激了受難者追究兩蔣歷史責任的期待？那天下午，我接著到中正紀念堂，為即將在大通廊開展的「再見 蔣總統：反共・民主・台灣路」特展，作最後準備工作。相鄰空間強烈的「反敘述」對比，令我懷著受難者或觀眾會如何看待蔣中正常設展和特展內容之間關係的好奇心？特展中還準備了滾動式影像，播放內容包括被槍決者的名單、槍決前的檔案照片。

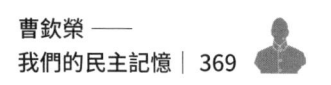

佈展期間，看到蔣中正常設展的展櫃裡，攤開著的大本聖經，聖經頁面上，放了比一般鉛筆粗大的紅藍鉛筆，聖經的字句有一些紅藍鉛筆的畫線。這樣的展示，無非想讓觀眾連結「領袖」對於信仰的用心吧。如今，在檔案中出現總統府公文書，「蔣中正」用印或紅色筆簽下「中正」的筆跡，處處可見，批示著：「應即槍決可也」、「嚴為復審」、「判處死刑可也」等，令人連想到聖經上的紅藍鉛筆。閱讀聖經眉批與批示「槍決可也」，會是同一支紅藍鉛筆嗎？這些批示公文書出現在網路上，眾人已見怪不怪？這些檔案、和幾年前曾經在中正紀念堂展覽的陳武鎮白色恐怖創作展（油畫和木雕），對應受害者無數的受難口述，我們如何從心理、社會、政治、宗教、哲學、文化……等各種領域的層面來解讀？如今，我們又如何理解並轉化這些解讀成為歷史的寶貴知識和教訓，在在挑戰我們走過第一階段「促進轉型正義」後的社會價值觀吧。

城市記憶遺址運動

口述採訪記錄了記憶流動的現象，累積成果緩慢地反映於當下的紀念活動，近年來，台南市推動記憶遺址紀念運動

是特殊的例子。成為直轄市前的台南二二八、白色恐怖口述的多數篇章分散於各種目的出版的口述專書裡，近年來，文化局出版了 4 本類似於圖文導覽書的《台南人權歷史場址》（2020-2023）。到今天，台南已設立了幾座紀念館，市中心於 2023 年 4 月出現「正義與勇氣之路」的標記。按地圖上順時針方向走讀，經過 6 個標示地點，順序如下（以下阿拉伯數字編號為標示點），包括：1.台灣文學館旁的中西區圖書館（原台南州會）、2.台南市立美術館二館（原台南警察署、警察局）、3.原台南愛國婦人會館、國定古蹟台南地方法院（泛稱司法博物館）、4.原台南刑務所遺址、5.湯德章故居、（葉石濤文學館）、暨 6.湯德章紀念（銅像）公園等歷史場域。

規劃綠島園區初期，透過促進會成員旅居台北的邱煥彬等人，他介紹並且帶領我們前往台南地區採訪，很快因為同行的陳孟和而認識顏世鴻醫師，還到玉井地區拜訪幾位受難者和家屬。另一次南下，同時專訪了顏世鴻和葉盛吉兒子葉光毅。因此，再接下來，到葉家採訪葉光毅的機會，葉教授分享了父親葉盛吉日記原件，葉教授也徵得母親同意，我得以採訪了郭淑姿女士。10 多年後，中研院台史所和人權館合作，陸續出版葉盛吉日記的中日文對照版、及外祖父和母親

370 ｜ 全面控制

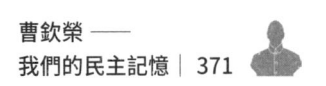

的書信集，總共 13 冊。上個世紀末，葉盛吉的獄中萬言書於台南市文獻期刊公開，與葉盛吉同為日本高校生的同學楊威理寫的《雙鄉記》（1995）之後，總算有了葉盛吉更全貌的出版品。

楊威理於《雙鄉記》書中最後（頁 266）如此寫道：「葉盛吉在被處決前兩天的（1950）十二月二十七日，從獄中發出了一封信給家人。他寫道：『我自始至終並無顛覆政府的意圖。』我以為這是他的真心話。……他對社會有所不滿。他希望建設一個良好的社會。但這個願望並不是只有通過暴力才能實現。他是 romanticist（浪漫主義者），同時也是個 humanist（人道主義者）。在當時的台灣，確實存在著這樣一個政權，它連葉盛吉這種人都不能容忍，而且還非把他送上斷頭台不可。」

顏世鴻於台大醫學院讀書時，受葉盛吉影響，改變了他的人生方向。顏醫師出獄後勤於書寫，估計手稿超過上百萬字，他較完整的口述收錄於《白色封印》。他寫的《霜降》手稿複印本，早已在關心者之間流傳，他因為日治時代台南二中前輩林恩魁醫師邀請，出席 2005 年 517 綠島音樂祭，回台南後，重新改寫《霜降》。2007 年夏天，我拜訪顏醫師時，看到他從綠島寄出和收到的家書總共上千封，這

是目前所見留存最大量的個人綠島家書；他拿出了《霜降》新手稿，要到 5 年後，因為熱心的台南企業家許文龍支持，才能幫他出版《青島東路三號》。接著，出版《流麻溝十五號》、《剩下就是你們的事了》，這三本書都由鄭南榕基金會／紀念館策畫出版，出版背景都有台南的機緣。

台南人那張施水環、丁窈窕等 6 人的合照，現在已經在網路上隨手可查，但是很少註明來自何處？這要感謝林粵生，他經常參加促進會的慶生會，幾次見面後，與他有了較深入的交談。有一次他分享台大同學施志成和施水環的故事，他因受施志成牽連，曾經關押綠島，出獄後探望台南的施志成母親，施母交託給他一些施水環的遺物和照片。他也慷慨同意接受我們到他家裡翻拍相關文物，文物有他在綠島製作的小提琴和審訊刑求的血衣，施水環留下的照片和獄中筆記本；筆記中珍貴的槍決前 68 封家書抄本，是目前唯一槍決前連續性的獄中家書。

有了台南機緣的故事，根據前述「正義與勇氣」路標的順序，以下採取走讀的參考腳本方式書寫可能的內容。

國家文學館原為台南市政府，戰前的台南州廳，是具有歷史延續的象徵性建築。1987 年 2 月 15 日，台灣還在戒嚴，首場平反 228 遊行經過這裡，遊行隊伍在民生綠園圓環

372 ｜ 全面控制

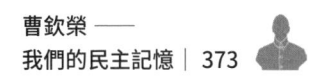

內遊行後禱告，結束。這是二二八事件之後，40年來第一場島內公開紀念遊行活動，軍警全程跟監。遊行領銜的三人，兩位台南人黃昭凱、林宗正牧師，一位曾短暫就讀成大的鄭南榕。多年後，圓環內才設立湯德章塑像、改稱紀念公園。1987年3月11日，被沒收《教會公報》的長老教會牧師和信徒曾經遊行抗議，經過市政府。圓環匯集了7條道路，是台灣城市中很少見的。輻射道路其中之一青年路圓環附近有永明眼科舊址，是胡鑫麟醫師的診所；青年路47巷有劉辰旦的正義書樓故居。

　　前述地點資料來自《台南人權歷史場址》，近年來，由於呂昱熱心帶動，台南還有許多高中老師深入挖掘台南人權故事教案。2024年，出現家齊高中師生辦的施水環展（從施水環穿中學制服的照片，被誤認為台南女中學生，經過家齊高中的師生共同追蹤、查證，確認了家齊女中保存了施水環的學籍紀錄）、台南人權月、施水環主題走讀、台南社區大學開設轉型正義課程等等。台南的記憶遺址運動，也有之前2005年10月，文學館曾經舉辦過的「鐵蒺藜邊的玫瑰：戒嚴時代受難作家群像展」和戒嚴檔案巡迴展，由陳文成基金會主辦。這或許是台南第一次舉辦傷痕文學家的特展吧，這也是台灣首度的白色恐怖巡迴展，繼台北、高雄，第三站到

台南，2004 年開始大量出現的檔案成為巡迴展的主要內容，巡迴展最終站到綠島監獄遺址展出。2012 年，台南市市長賴清德在文學館前宣布訂立 407 言論自由日，台南率先與幾個縣市一起確認自由城市的自我期許，成為第一個訂立言論自由日的城市。台南市隨後也在市政府辦公大樓前設立「南榕大道」，連結南島路、西拉雅廣場、與市府廣場公園設立的台南二二八紀念碑相呼應，記憶運動帶來了空間命名與歷史的關聯。

台南中西區圖書館的小廣場前立了「正義與勇氣」人權之路的石柱和地標，我們期待未來台南人權走讀，能夠定期從這裡出發。這座舊建築再利用圖書館，裡面的閱讀空間很棒。特別的是這座再利用建築，原為台南州會，湯德章就是在這裡被抓。一樓現在是台南市二二八紀念館，具有象徵意義；當局在市議會逮捕民意代表，標記著二二八當時的政府法治程序蕩然。這是繼台北二二八紀念館之後，第三座城市的二二八紀念館；真正第一座紀念館是在嘉義市二二八紀念公園內，但它並沒有經常性開放。圖書館往西的中正路七號是台南市第三信用合作社，二二八發生時，莊孟侯在此被捕（郭振純口述曾經提到二二八時遇到莊孟侯），再往西曾經是國民黨台南市市黨部，路口轉角處，國民黨曾於一次地方選舉時，立了韓國的慰

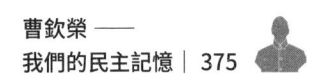

安婦塑像，政治目的似乎錯用了歷史？2024年，市黨部房舍處置，已拆除慰安婦紀念區塑像。市黨部對面的土地銀行曾經是葉盛吉太太郭淑姿每天騎車上班的地方。

前面提到施水環和丁窈窕6人合照，雖然影像流傳的記憶無遠弗屆，多數人恐怕不知道她們在檔案中被列為台南郵電案的案情。更為驚人的所謂「台南案」，原判5人死刑，蔣中正批示後改判，共10人被槍決（1951年6月17日），其中一位職業列為工人，其他全數是教員和學生，分別是台南、嘉義、高雄人。台南多所學校師生牽連，影響1950年代之後，當局「思想控制」校園，愈加緊縮。1950年，台南還有另案牽涉一批省立工學院（成大）的師生9人。1950年代，被嫌疑者涉及台南師範、台南農校、台南一中、台南二中、台南女中、盲啞學校、市立家事學校、台南市中等學校。

出現的檔案顯示，永豐餘家族多人受害，其中何川在獄中自述透露的訊息，對照：很少見到的地方警察局找家屬與何川同處，勸誘當事人「認罪」紀錄，無法理解當局執意「殺人」的政策？與何川同案的另一位被槍決者邱焜棋（22歲，學生）的兄長邱煥彬於一次回台南探視弟弟墓園，大熱天，意外臥倒在墓地，家人循線找到墓園，邱先生已死亡多日，令人慨嘆公義何在？邱煥彬生前熱心為受難者奔走，聽

說他這樣過世，真令人心痛不捨（2020《話當年父兄蒙難》頁 351，鄭海樹姪女鄭天芬受訪時提到邱煥彬的遭遇）。鄭海樹、何川等被槍決前照片的笑容，觸動人心，解讀不易。

在走讀中分享以上記憶遺址運動的故事，為那些早已不能為自己說話的受害者說故事，挑戰極大。台南的記憶行動者以「公民行動主義」精神，持續挖掘記憶真相，探索過去，也在形塑未來。

探索過去　形塑未來

許多過去不知名的白色恐怖受難者在台灣民主化過程，負起記得歷史的行動責任，不只受訪而已，他們參與了多種社會轉型正義的活動。從以上有限篇幅闡述「她／他們的故事」，逐漸影響社會認識二二八、白色恐怖記憶何時出現、如何形成的歷史記憶變遷。記憶形成過程的文化效應，過了四分之一世紀，帶動民間團體推動「519 記憶日」，甚至將記憶日視為未來推動歷史記憶的文化運動。

台灣設立遺址的歷史化運動和口述工作歷程，力有未逮，還未達成真正普遍連結「過去、現在和未來」的社會工程。巨大的「中正紀念堂」、或桃園兩蔣「墓地」和銅像園

區，凸顯了強大矛盾與弔詭並立於民主自由社會。在促轉法結束後，深思當前國際轉型正義研究不再以轉型期間為限，認為轉型正義是持續性的民主深耕工程。台灣過去獨裁統治體制盤根錯節，滲入日常生活，破壞文化價值；需要時日持續深耕文化記憶，逐步導正失去自信的破碎文化體系，才能徹底轉型。

《國家如何反彈回升》（2021）作者普特南（Robert D. Putnam）和蓋瑞特（Shaylyn Romney Garrett）於該書第一章〈過去乃是序幕〉，引用莎士比亞《暴風雨》的名句：「……過去乃是序幕，未來則是你我的責任。」作者的本意認為：「對我們的過去看得更清楚，可讓我們對於掌控未來做出更好的準備。」作者於結論時也提出：「那些不了解自己過去的人，就無法明智地規劃未來。」的建言。我們正處於深刻「了解自己過去」的歷史機遇，記憶行動主義啟發我們必須闡明戒嚴體制的日常生活現實，穿越意識形態邊界，跨越政治光譜，不斷質疑記憶文化是否變得僵化一成不變，組織真誠紀念活動，推動公民的批判性思考和討論過去的實踐方法。民主意識和自主活動形成的記憶過程，將比形式化紀念、制式博物館化展覽結果更為重要。為了公眾利益，積極的民主記憶將豐富我們的文化。

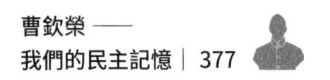

逆寫銅像・從神到鬼
蔣介石銅像的神格威權、
世俗解構與諧擬鬼怪[1]

李淑君
高雄醫學大學性別研究所教授

統治者的肖像與逆寫

　　白色恐怖與轉型正義議題最為棘手的議題之一便是威權象徵以及政治責任與歷史定位。去除統治者銅像威權象徵在台灣社會紛擾與爭議多年，如何進行充分的社會對話便極為重要，文學界的思考與文化論述如何呈現便是本文的關懷。在上述關切下，本文提出幾點思考：白色恐怖文學如何思考威權象徵？銅像文學如何書寫蔣介石銅像？銅像文學如何從批判神格威權、世俗解構到諧擬鬼怪？本文在此軸線上進行論述的爬梳與整理。本文在有限篇幅或許尚未窮盡所有涉及銅像之文學，但提出銅像文學中的三種路徑探討銅像文學發展出神格威權、世俗解構到諧擬鬼怪的三種逆寫路徑。從神

到鬼的敘述呈現銅像文學從威權批判、世俗解構、到融入校園鬼故事、科幻小說等元素成為鬼怪「蔣公銅像」敘述。

無所不在的銅像：銅像文學逆寫與反叛

銅像漫布島嶼各處，「蔣公」銅像文學作品發展出什麼路徑呢？銅像作為符碼承載了威權意涵，文學如何進行逆寫？本文認為銅像文學的書寫出現本土性對抗外來性的銅像；其次，對銅像符碼進行威權的逆寫、世俗與變異。此外，對於銅像的逆寫也出現反諷的意義，林巾力提及「反諷」是將理性與可笑、高貴與滑稽並置，透過語言、符碼、表象與本質所造成的悖論與不協調。[2] 本文認為台灣的銅像文學亦出現將神聖與怪誕、威權與世俗並置，產生不協調感而產生的反諷效果。

批判威權象徵：子彈所捍衛的黑壓壓銅像

1964 年李石樵的〈大將軍〉畫作中光禿的頭、軍裝掛滿軍徽，呈現詭異、陰沉的「大將軍」形象，以鬼魅、陰森、露齒、猙獰進行諷刺蔣介石。然而，張肇烜報導〈大將軍〉

380 ｜ 全面控制

完成後因為時代禁忌塵封於畫室，直到解嚴後作品終於得以公開展示。[3] 在藝術作品之外，文學作品也有不少逆寫蔣介石的政治領袖形象之作品，下文以 1980 年到 2020 年後發展的統治者銅像文學作為論述。1990 年代吳晟在〈機關槍〉與〈追究〉互文說明銅像的政治責任：「一九四七年，渡海而來的機槍聲／密集掃射，未曾停歇」[4]「這一排一排子彈／鞏固了臺灣島上無所不在／黑壓壓的銅像／繼續去搜查有骨氣的文字／去跟蹤批評的聲音／一一押進黑牢／趁勢封鎖島嶼全部海岸線／斷絕天空雲來雲往的出入」[5] 此外，黑壓壓的銅像化身「白色標語口號」進行控制與逡巡，且「在大大小小的機關，坐鎮並占據教科書每頁文句」[6]。吳晟〈機關槍〉將文學與歷史的對話呈現在詩作中，明確指出時間是 1947 年的二二八事件，鎮壓的政權是以「渡海而來」表達外來政權性質，「一排一排的子彈」象徵武力鎮壓，並以子彈鞏固「無所不在」的「銅像」，銅像化身為監控的力道、意識的灌輸、慶典的歡呼。吳晟另一首詩〈追究〉也互文書寫銅像以及所指涉的統治者如何操縱社會：「如果獨裁者繼續供奉為英明領袖／如果欺瞞蒙騙／繼續操縱整個社會」，其下的執行者則是「假藉奉命行事，推卸罪行」「大聲恫嚇、支持迫害仍是權貴的共同語言」[7] 此詩明確將「英明領袖」揭露

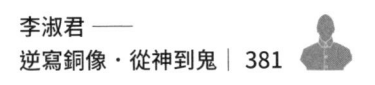

為「獨裁者」。將槍殺與凌辱人民的獨裁者視為英明領袖，是一種蒙騙與操縱。

2000 年後台灣主體性的民間論述已累積一定的成果，對於台灣威權的反省有開拓性的空間。2000 年後銅像 / 肖像書寫直指最高統治者的政治威權作品，如施明雄在〈大哥與我〉陳述施明正 1962 年涉入「亞細亞聯盟案」（或稱台灣獨立聯盟案）1963 年被判刑五年。1967 年出獄後在診所的牆上掛著蔣家父子的相片，並向著來推拿診所的陌生人說：「他們是我的老闆，沒有他們，我無法在這個地方活下去……」。[8] 向陽認為這不是個人的軟弱與恐懼與否，而是威權如何深植人心與加害者的如影隨形的恐懼。此外，陳列（本名陳瑞麟）（1946 出生）於嘉義農村，1969 年移居花蓮，於 1973 年被控「演說為有利叛徒之宣傳」被判刑 7 年，[9] 2013 年出版的《躓踣之歌》呈現自身被審問的過程抬頭所見到的統治者肖像：

> 沒裝鎖的、上下透空的推門，門後是廁所。另有一面牆上高掛著那一幅經常可見的永遠笑容可掬的總統肖像。肖像上方的天花板下是很窄的橫窗，此時窗半開著，看得到鐵條一根一根豎立，

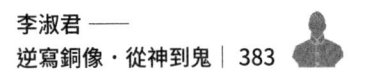

鐵條外則是全然烏黑。森冷的空氣隱約無聲地從那裡滲進來。真的是死寂一片，而且那種死寂，似乎隨著時間的過去不停地逐漸增強，卻又好像在白亮的燈光裡不停變換著抓拿不準的形狀，很詭譎的。我在這各侷促的空間裡來回走動時，總是看見一直嘴笑目笑的那肖像，總是跟隨著從每一個角度一直微微俯視關注著我。[10]

　　陳列寫出微笑的肖像與森冷、笑容可掬與死寂一片的氛圍並陳，呈現統治者肖像笑容背後的威嚇感。看似笑容可掬的肖像其實製造出的是死寂一片，將正面表述與死亡沉寂陳述並列，產生反諷之效果。[11] 1975 年蔣介石逝世，陳列出獄時獄友說了「臭頭仔翹去了，滿身罪孽，卻仍有那麼多的人民那麼衷心感戴他的偉大英明，所以還要紀念他，在市中心的精華區劃出了那麼誇張的二十幾甲的地，就在現在要動工了，蓋什麼紀念堂，那個東西在往後的至少幾十年裡，將會屹立不搖，繼續誇耀有關他的神蹟，陰魂不散，繼續愚蠢化將來不知道幾代人。」[12] 批判威權象徵從銅像擴展到中正紀念堂的設立。
　　達悟族海洋作家夏曼・藍波安（1957）《大海浮夢》以

蘭嶼達悟族人視角書寫族群與殖民的威脅。提及當蘭嶼學校教授復興中華文化,以及東清國校老師因匪諜案而突然消失,都呈現離島原住民白色恐怖經驗。夏曼・藍波安反思成長過程漢族文化給予最大的人生「迷思」,且是支配族人的價值體系:

> 我們每天上學必須跟孫中山遺像、蔣介石當時的畫像行「三鞠躬」,每星期上教堂向西方的上帝「認罪」,我們在不自覺中認同他者加諸於我們心魂的「暴力」手段,支配了,混淆了我們的成長,也增添了我們多元的想像。[13]
>
> 我們的眼睛看見,上學的同學到學校的第一件事,就是先向老師辦公室前的國父遺像、蔣公像行三鞠躬的禮,我們三個覺得很莫名其妙,我想小學時的同學們或許跟我們一樣,根本不知道為何行三鞠躬的禮。[14]

蘭嶼的蔣介石肖像在兒童眼中是莫名所以的存在,「我們骨子裡討厭這個低頭三次的動作,幸好下午班可以避免,況且我們當時真的不認識國父和蔣公是何等人物,但是我

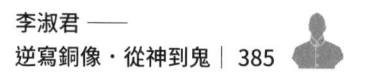

們模糊的理解，他們不是我的祖先，也不是我們的民族英雄。」[15] 低頭三次的動作，是文化象徵暴力的象徵，而蔣介石銅像背離族群更是自身文化的疏離。當蘭嶼指揮部前面的馬路造好之後，也建造了象徵擁護領導的蔣介石水泥雕像，「蔣介石的水泥雕像就在我們傳統土葬親人的墓地後方，雕像面山背海，此也具體展現了漢族整體環境觀對海洋的不確定性律動的戒嚴心性的本能。」[16]「蔣中正水泥雕像，後邊是我部落傳統墓場。夜間的雕像在我兒時的感覺如是我們的『墓長』，讓人害怕。」[17] 銅像與墓長呈現鬼魅感與威權感。

除了大島與小島的視野，亦有海外視野思考蔣介石書寫。海外居美作家吳茗秀（Julie Wu）1974 年出生於加拿大，在 2015 年出版第一本長篇小說《三郎》寫出電影院中呈現「燈光漸暗，國歌聲響起。我們全都立正站好，看著銀幕上國民黨的軍隊在蔣委員慈祥的注視下列隊走過。在他那個如慈父般的笑容下，消滅多少條人命？就像看到一再重覆的針頭般，每次看到這種敬軍愛國的鏡頭，就讓我作嘔想吐。」[18] 吳茗秀以父母親身經歷的歷史創作《三郎》，[19] 身為海外居美台人第二代，諷刺「蔣介石很快就會反攻大陸」神話。

上述銅像／肖像文學作品直指威權象徵進行批判為銅像

書寫的第一種路徑。二二八受難者李瑞漢之孫女李慧生曾遇見外國遊客提問：「如果蔣介石是個兇手，而不是偉人，為什麼他的銅像仍然到處聳立？為什麼你們新台幣上面還是他的頭像？你們的政府到底在想什麼？」[20] 此段問句在文學的威權象徵反思，便先於政治行動展開各種反思。

偉人的世俗化：王子麵、便溺、蟲蝕與鈔票

上述銅像／肖像文學作品批判威權象徵為蔣介石銅像書寫的大宗，然而，亦有路徑獨特、稀有，使得銅像文學史有斷裂、新穎路徑的可能。如鍾文音的《短歌行》、《傷歌行》以世俗化來解構銅像的神聖性的作品。此部百年物語以鍾家、舒家兩家族的命運訴說台灣歷史社會的變遷。1950 年代雲林鍾家多位族人被逮捕、鍾家女眷承擔著破敗家族以及受難者家屬的命運。鍾文音筆下的雲林村莊瀰漫著賭的氛圍，藉以驅走夢魘般如影隨形的「蔣獸」。蔣介石如同皇帝，擁有至高權力又如生猛野獸，以偉人之姿帶著軍隊來到島嶼，卻瓦解了村莊人的壽命。[21] 入獄的鍾鼓形容「蔣仔根本叨是閻羅王，伊愛誰死誰就死」[22]，是比鬼更可怕的人。

1975 年「偉人駕崩」時，虎妹拖拉著女兒小娜前往偉

人的城市弔唁，隊伍人影冗長如同拜拜。虎妹內心並無悲傷，卻想到「蔣公」過世哥哥可以減刑，竟「暗暗希望姓蔣的兒子也早點過世，好換取哥哥的自由身。」[23] 反諷著偉人的死亡對於親族生存的意義。當弔唁時小娜排到肚子餓，虎妹便脫隊去買了包王子麵，還順便在某個攤位上買了張偉人肖像。廉價世俗的王子麵與神聖光環的偉人肖像並置，是對偉人世俗化的過程，購買偉人肖像的「順便」之舉顯示出隨意、偶然之舉。對歷史不知情的虎妹因為少了「偉人」的照片，才導致親人的死亡、失蹤、失職，因此偉人肖像高懸鍾家帶來了政治正確的安全感，村莊絕大部分的人家家裡都掛著偉人肖像。此處也呼應施明正以肖像做為自保的狀態。鍾文音筆下村民以「蔣ㄟ」稱呼蔣介石，好像他不是偉人。尾音「ㄟ」把他降得像是一個路人。神降落人間，鍾文音再次世俗化蔣介石及其肖像。鍾文音的銅像書寫以世俗化的方式解構神聖性，將蔣介石的肖像與貨幣、商品、蟲蝕、排泄並置，蔣介石銅像與肖像的意義落入日常生活的意義，且與骯髒汙穢、殘破毀損並置，藉此手法書寫蔣介石肖像世俗化的過程。

銅像鬼怪與金門酒國：戲謔與諧擬

　　白色恐怖文學以戲謔與諧擬書寫蔣介石銅像其政治責任，則有唐澄暐《蔣公會吃人》、〈蔣公銅像全台反攻〉、《蔣公銅像的復仇》與李福井《蔣介石密碼》。唐澄暐作品回應台灣 2000 年後一系列銅像爭議，包含 2003 年中央大學蔣公座像其頭部遭剷除、2007 年雲林北港運動公園內蔣公銅像遭噴漆、2007 年高雄市長陳菊下令拆除高雄市文化中心蔣公銅像、2012 年成功大學蔣公銅像遭潑漆與撒冥紙。[24] 唐澄暐（1981-）在此背景下寫下鬼怪「蔣公」銅像作品。本文覺得有意思的是，張系國的銅像故事與權力緊密不分；唐澄暐的銅像故事則走向以鬼魅去威權的路徑。

　　唐澄暐的《蔣公銅像的復仇》、〈蔣公銅像全台反攻〉書寫背景為從蔣公銅像的校園鬼故事開場，當「去蔣派」與「挺蔣派」對立，去蔣派者認為蔣是殺人魔，擁蔣派者則認為銅像神聖不可侵犯。當「蔣公」銅像被不明物體寄生，一派認為「蔣公」銅像早就該拆了；另一派則認為銅像古怪，不能亂拆。蔣公銅像被附身被怪物化，銅像中的生物會傳染給人，使得人成為半人半銅像的生物。「蔣公」成為一種傳染病，「銅像裡就是一個肉身的蔣公」[25] 將「蔣公」銅像妖

怪化、鬼魅化，銅像不停自我複製也嘲諷著政治領袖如何複製著同一銅像與意識形態。《蔣公會吃人》、〈蔣公銅像全台反攻〉、《蔣公銅像的復仇》系列也呈現了銅像與意識形態之間的關聯性，甚至深沉的黨國意識形態之影如同銅像不停複製銅像。

金門作家李福井1950年出生於金門，在金門從事口述歷史與田野訪談將近20年。其《蔣介石密碼》以離島金門視角、戲謔諧擬書寫蔣介石與金門的關係。宋怡明（Michael Szonyi）的金門研究，開啟以金門為反身性角色，思考台灣社會、歷史與地緣政治。1950年代以來，金門被塑造為「爭取自由的戰爭跳板」[26]「抵抗共產主義的標竿」[27]，蔣介石1960年金門馬祖是防衛台澎的前哨，亦為「自由世界鞏固西太平洋的生命線」，[28]金門至1992年才解除戰地政務。金門與其他離島長期成為蔣介石的戰地政務實驗區，此外，被打造為動員國家團結感所需的象徵。[29]王德威也以戰爭敘事與敘事戰爭比較延安與金門，提及金門被塑造為「反共保壘」，在兩個中國的對立局勢下，金門在砲火中被建立為「反共前哨」。[30]

李福井《蔣介石密碼》則是創造諧擬敘述，諧擬蔣介石之崇拜者進行嘲諷。小說塑造看似信奉蔣介石卻處處反諷的

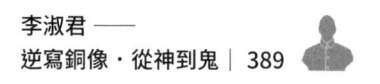

李一斗，欲向上陳情「您的大名，我從小就如雷貫耳，聽到了還要立正；寫到您的官銜，要空一格表示尊敬，這是您最有權威的年代。隨著時代的改變，歷史浪潮的衝激，您的歷史中心漸漸的位移，已經快要找不到定位了。這是我為您著急的地方。」[31] 嘲諷歷史神化人物在現實中已經失去定位。因此提議在中國大陸失去歷史地位，在台灣也失去歷史地位的蔣介石，應該到金門成立「酒國」，而後蔣介石遷居金門，守住金門毋忘在莒的大石。在金門重展反共大業的蔣介石，在大武山蓋巨塔，並寫下「三民主義統一中國」，金門成為巨大的象徵。進退失據的蔣介石僅剩金門可做為最後安身立命之處，李福井敘寫出蔣介石被追殺逼退的窘迫，進退失據、無家可歸、在現實中已無定位，因此最好前往金門成立「酒國」。

從唐澄暐《蔣公會吃人》、〈蔣公銅像全台反攻〉、《蔣公銅像的復仇》到李福井《蔣介石密碼》，都以戲謔與諧擬書寫銅像鬼怪與金門酒國。唐澄暐將蔣介石銅像與鬼怪傳說結合，銅像成為一種人人避之的傳染病。銅像從朝拜信仰之象徵物成為避之唯恐不及的怪物。李福井則從金門視角嘲諷蔣介石到金門成立酒國，藉此找到唯一的立足之所。

390 ｜全面控制

以反諷破解神話

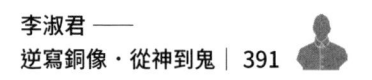

1945 年台灣省行政長官陳儀便提議興建「蔣公銅像」、1946 年蒲添生製作出「蔣介石戎裝銅像」，1964 年李石樵也在主導意識形態之外創作出〈大將軍〉的鬼魅圖像。1990 年代，大多的白色恐怖文學作品對於國家體制批判最大篇幅聚焦在軍、警、特、情治書寫，此時期以銅像文學批判國家最高領導者包含吳晟〈機關槍〉、〈追究〉等作品。

2000 年後，銅像／肖像文學作品批判威權象徵為蔣介石銅像書寫的大宗，然而，亦有路徑獨特、稀有，使得銅像文學史有斷裂、新穎路徑的可能。如鍾文音的《短歌行》、《傷歌行》以世俗化來解構銅像的神聖性的作品。以世俗化的方式解構神聖性，將蔣介石的肖像與貨幣、商品、蟲蝕、排泄並置。近年來，更出現以幽默、諧擬、嘲諷之手法書寫銅像與最高領導者，如唐澄暐〈蔣公銅像全台反攻〉（後與活人拳的漫畫合收於《蔣公會吃人？》）、《蔣公銅像的復仇》將「蔣公」銅像妖怪化、鬼魅化。金門作家李福井《蔣介石密碼》則以金門酒國嘲諷蔣介石的反攻大業、到進退失據、無家可歸。

本文觀察 1980-2020 的蔣介石銅像文學，可以看出幾點

書寫的路徑：一、直指蔣介石的政治責任，其由一排排子彈所鞏固的銅像、亦是恐懼與監視的象徵，甚至成為自保的必要條件。二、銅像書寫以世俗化的方式解構神聖性，將蔣介石的肖像與貨幣、商品、蟲蝕、排泄、王子麵並置，肖像與銅像落入日常生活且與骯髒汙穢、殘破毀損並置，藉此手法書寫偉人世俗化。三、以幽默、諧擬、嘲諷之手法書寫銅像與最高領導者，如以鬼怪方式將神聖通俗化；以金門酒國反諷蔣介石在現實與歷史的進退失據。

逆寫威權是透過挪用混淆權力秩序，對統治文化產生語言變種。蔣介石銅像作為一符號與能指，自黨國威權下所對應的意義是神聖；在政治文學書寫的作家們筆下，銅像符號是威權象徵；在妖怪文化中，銅像成為怪誕。政治批判、將神聖世俗化、鬼怪文化皆產生對統治主導文化的抵抗、挪用與諧擬，對銅像象徵意義進行重寫（rewriting）與逆寫（writing back）。解殖民逆寫經常透過諷諭、比喻與反諷的「重看」（revisioning）的文本與敘述。[32] 林巾力所提及反諷將文明與原始、神聖與世俗、殖民與被殖民的對立界線被打破，在神聖感中混入污穢之物以形成反諷。銅像文學直指蔣介石銅像的恐懼感來自於鎮壓與監控、以世俗解構神聖，亦有將威權象徵與死寂森冷或與鬼誕怪異並置，形成反諷去

除銅像神聖性的效果。銅像文學的特色包含蔣介石銅像作為威權恐懼、政治保護，亦從威權轉向怪誕；從神性轉向世俗；從批判到諧擬的路徑。

1. 本文原文刊登於《中國現代文學》第四十二期（2022年12月），頁125-154，此文針對原文進行改寫。

2. 林巾力，〈「反諷」詩學的探討——兼以陳黎的詩作為例〉，《文史台灣學報》第11期（2017.12），頁181-214。

3. 張肇烜，〈台灣畫壇的萬米長跑者：李石樵〉，《想想論壇》副刊，2016年4月1日，https://www.thinkingtaiwan.com/content/5318，瀏覽日期：2022.08.15。

4. 吳晟，〈機槍聲〉，《吳晟詩選》（台北：洪範，2000），頁254。

5. 同前註，頁254。

6. 同前註，頁256。

7. 〈追究〉一詩出版於1992/03/05。本文參考楊翠主編，《烈焰·玫瑰——人權文學·苦難見證》（台北：國家人權博物館籌備處，2013），頁280-281。

8. 施明雄，〈大哥與我〉，林淇瀁編選，《台灣現當代作家研究資料彙編：施明正》（台南：台灣文學館，2017），頁69。

9. 台灣警備總司令部，〈陳瑞麟判決〉《促進轉型正義委員會資料庫》，https://twtjcdb.tjc.gov.tw/Search/Detail/16907，瀏覽日期：2022.03.25。

10. 陳列，《躊躇之歌》（新北：印刻，2013），頁16。

11. 同前註，頁58。

12. 同前註，頁116-117。

13. 夏曼·藍波安，《大海浮夢》（台北：聯經，2014），頁15。

14. 同前註，頁84。

15. 同前註，頁87。

16. 夏曼·藍波安，《大海浮夢》，頁115。

17. 同前註，頁115。

18. 同前註，頁101。

19. 蔡旻螢，〈追尋自由的三子——吳茗秀 JULIE WU〉《聯合文學 unitas lifestyle》，https://www.unitas.me/?p=13288，瀏覽日期：2022.10.11（聯合文學unitas lifestyle為電子刊物）

20. 黃秀如，〈一碗等不到爸爸回家吃的魷魚羹〉，陳瑤華主編，《尋找一株未命名的玫瑰：記憶、白色恐怖與酷刑》（新北：國家人權博物館，2019），頁265。

21. 鍾文音，《短歌行》（台北：大田，2010），頁174。

22. 同前註，頁262。

23. 鍾文音，《傷歌行》（台北：大田，2011），頁190。

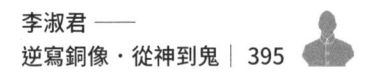

24. 唐澄暐、活人拳,《蔣公會吃人?》(台北:逗點,2016),頁70-75。

25. 唐澄暐,《蔣公銅像的復仇》(台北:逗點,2019),頁71。

26. 蔣介石,〈金、馬為自由世界在西太平洋上的生命線〉,收錄於秦孝儀主編《總統蔣公思想言論總集 卷三十九》(中國國民黨中央委員會黨史委員會恭印,1956-1971),頁167

27-28. 同前註。

29. 宋怡明(Michael Szonyi)著,黃煜文、陳相陽譯,《前線島嶼:冷戰下的金門》(台北:台大出版中心,2016.07),頁1-194。

30. 王德威,〈戰爭敘事與敘事戰爭:延安,金門,及其以外〉,《中國現代文學》第27期(2015.06),頁1-26。

31. 李福井,《蔣介石密碼:浯島文學獎小說組優等獎作品》(金門:金門縣文化局,2018),頁56。

32. 比爾・阿希克洛夫特(Bill Ashcroft)、嘉雷斯・格里菲斯(Gareth Griffiths)、凱倫・蒂芬(Helen Tiffin)著,劉自荃譯,《逆寫帝國:後殖民文學的理論與實踐》(新北,駱駝,1998),頁211。

當銅像倒下，正義才能站起來
清除威權象徵的教案設計
——以蔣介石為例

丘念佳

台南一中國文科教師

威權象徵——盤旋不去的政治幽靈

2025 年是台灣邁入解嚴的第 38 年，同時也是蔣介石逝世的 50 周年，此刻的台灣完成民主化轉型了嗎？數十年的時間，我們看似已逐步邁入民主社會，但威權遺緒卻彷如幽靈，仍在島嶼上方盤旋不去。

在討論國家權力運作時，人們往往聚焦於最直接可見的第一層面——「命令行動」，即政府透過法律、政策等方式進行統治。然而，較為隱微但影響深遠的第三層面——「思想控制」，卻相對少受到關注。在轉型正義的工程中，「威權象徵」正是國家運用思想控制的具體體現。人們習焉不察的威權遺緒，仍默默蟄伏於台灣社會，影響著人們的思想與語言。

威權無所不在

　　首先，從街道與空間名稱來看。根據內政部開放資料，全台灣目前有 300 多條以「中正」為名的道路。更荒謬的是，首都台北街頭竟仍矗立著紀念獨裁者的「中正紀念堂」，甚至過往還有三軍儀隊定時表演、向銅像致敬的儀式，直至 2024 年中，文化部才以「去除威權崇拜」為由，將儀隊撤出銅像大廳。文化部長李遠呼籲：「在解嚴 37 年的今天，我們被束縛的思想，應該要正式解嚴了。」當台灣社會仍默許獨裁者被紀念、被崇拜，台灣便無法真正落實轉型正義。

　　其次，從朝會和國旗、國歌來看。朝會與升旗儀式在台灣中小學中行之有年，但背後其實有許多值得思考的問題，例如：為什麼要升旗？我們敬禮的國旗是什麼樣的一面旗？國旗上的國徽跟中國國民黨的黨徽差在哪裡？我們唱的國歌歌詞有何意涵，為什麼歌詞中寫「吾黨所宗」？為什麼校園內有教官？為什麼師長們站在司令台上？為什麼操場叫操場、司令台叫司令台？若仔細深究，不難發現背後的威權色彩，在在顯露了威權時代黨國不分的歷史。

　　最後，從新台幣與銅像等紀念物件來看。關於新台幣，

398 ｜全面控制

目前台灣流通的 1 元、5 元、10 元硬幣，以及 200 元鈔票上，都仍是蔣介石的肖像，甚至中央造幣廠的官網上，仍以「蔣公」一詞來尊稱這位威權統治者。

關於蔣介石銅像，近年來在轉型正義的風潮下，銅像的去留問題引起許多爭議，隨著時代演進，雖然仍有堅守銅像、反對拆除者，但也有越來越多人開始意識到，這些銅像不只是歷史的遺留，更是威權記憶的象徵。昔日被視為不可冒犯的神聖人物，如今已走下神壇，重新受到審視，不再被無條件地歌頌。

2025 年 1 月 30 日，因嘉義大埔地震，導致曾文水庫的蔣介石銅像被震倒，落入水中，而後有國民黨員發文號召同志搶救銅像，不過相關新聞下，更多的是網友的調侃，除了以諧音哏開玩笑：「蔣餵水」、「曾文水庫說：偶溺蔣」，更有不少人讚揚地震實現轉型「震」義。當政府尚無法以公權力清除威權象徵時，民眾也只能在天災帶來的偶然變局中，透過幽默與解嘲發洩無奈，用戲謔的方式消解過去威權的陰影，讓「歷史的偶然」彷彿成為「正義的必然」。

另外，在 2025 年的台南月津港燈節中，有一個名為「懷舊膨脹」的作品。該作品的主體是一個紅色的充氣站立人像，人像下方有一基座，基座中央有跑馬燈字幕。初次看到

這個作品，是因為社群媒體上有人分享現場觀眾與該作品的互動。影片畫面中，基座上跑馬燈字幕閃爍著「民族救星」四字，不難推測充氣人像的身分——蔣介石。原本充氣人像是消氣、傾倒的狀態，觀眾須透過製造聲音來使人像重新充氣、站立，在一位民眾大聲尖叫後，人像迅速立起，伴隨著周圍的驚呼。在影片留言處，有網友提出了耐人尋味的解讀，認為這樣的裝置或許是在暗示是人民的尖叫、吶喊，才讓「他」站起來。

而作者究竟想透過作品傳達什麼理念呢？該作品的設計理念指明，作品以「偉人雕像為主體……呈現蔣中正紀念堂的造型，反映威權時期的象徵」。而其設計的互動方式意義在於：「當觀眾鼓掌，雕像會隨之膨脹，表達出懷舊情感的力量——越多人懷念，威權象徵越強大；無人懷念時，雕像則乾癟無力。此作品諷刺了對威權時代的浪漫懷舊，指出對過去的錯誤憧憬忽略了當時的壓迫與不公。」

反思與教育

現今談論銅像轉型正義時，擁護方常以蔣家父子保護、建設台灣、蔣經國解嚴，帶領台灣走向民主等論點回應，認

為蔣介石「功大於過」，不該進行「政治清算」。而「懷舊膨脹」這一藝術裝置，透過引人深思的互動方式，引領觀眾重新反思，以委婉的方式回應了時下常見的論調，認為人們不該忽視當時威權所帶來的迫害。

當「偉人」的形象需要靠人們的鼓掌與吶喊才能重新立起，似乎隱喻著威權的延續，來自於我們對過去的選擇性遺忘與美化。然而，當更多人開始反思，開始沉默，甚至選擇不再鼓掌，這些曾經高高在上的象徵，最終也將隨著歷史的潮流而褪去光環，回歸其應有的位置。

詩人臧克家曾稱讚魯迅：「有些人死了，但他還活著。」獨裁者雖已逝世半個世紀，卻仍以崇高偉岸的姿態存留於許多人的記憶之中，透過公共空間裡的銅像、貨幣上的肖像、紀念堂裡的儀式，塑造出一種未曾終結的歷史敘事。這種遺緒不只是對個人崇拜的延續，更使台灣社會遲遲無法更進一步，將轉型正義從理念落實為行動，讓島嶼上空籠罩的威權陰影始終無法驅散。

不過，歷史記憶並非一成不變，社會對威權象徵的態度，正隨著教育與公民團體的倡議而逐漸轉變。要落實轉型正義，除了以實際政策清查、處置威權象徵外，更重要的是讓下一代的孩子認識這段歷史，覺察習以為常的事物背後隱

（攝影／丘念佳）

402 ｜ 全面控制

藏的威權痕跡，並重新省思威權象徵該如何處置。

在此背景下，我與林孟柔老師共同設計了「盤旋不去的政治幽靈——從蔣介石談威權象徵」這份教案，希望透過系列課程，帶領學生探索威權象徵、思考轉型正義的意義。以下將說明本教案的設計理念與實踐方式。

轉型正義的教學設計：從蔣介石談威權象徵

（1）**課程定位**：這份教案乃針對高中生設計，預計教學時數為 14 節課，建議作為微課程或進一步發展為多元選修課。

（2）**問題意識**：這份教案以「轉型正義」作為大主題，進一步聚焦於「威權象徵」這一小主題，以蔣介石為例，帶領學生看見生活中的威權象徵，並說明威權體制如何形塑個人崇拜，最終引導學生思考當代社會如何處置威權象徵。以下為教案的問題意識，預期學生在修課完畢後能回應以下問題：

1. 轉型正義是什麼？如何推動轉型正義？為何要推動轉型正義？

2. 威權象徵是什麼？生活中有哪些威權象徵？

3. 威權體制如何形塑個人崇拜以及箝制人民思

想？

4. 民主社會如何面對威權象徵遺留問題？

（3）**教案內容與設計理念**

這份教案分成四個單元，以下分別說明各單元的內容與設計理念。

1. 單元一：轉型正義在身邊

（a）設計理念：

108課綱下，高一公民科教材已有收錄轉型正義的內容，然教學時數有限，加上轉型正義議題範圍廣大，未必能有機會深入探討。且轉型正義一詞對學生而言雖不致陌生，但可能多少覺得遙遠、抽象，故單元一希望能從學生身邊發掘案例，引導他們覺察所生活的城市空間中隱藏的轉型正義議題，引起學生對議題的興趣。

（b）操作方式：

首先，向學生提問「你覺得最偉大的台灣人是誰？為什麼？」讓學生寫下答案並說明理由。再說明過往「故事 StoryStudio」曾經針對國中生做過同樣的調查，並揭曉該次調查的結果，藉此引出排名第六的鄭成功。

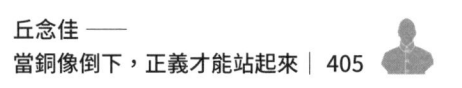

接著，引導學生思考「鄭成功為什麼被認為是偉大的？」、「過去在歷史課本中所認識的鄭成功，是什麼樣的形象？有什麼重要事蹟？」、「鄭成功有哪些正、負面評價？」再根據問題補充說明，指出鄭成功為人所知的稱號是「開台之王」，而台南作為鄭氏家族移墾的重要城市，更是充滿了鄭成功的符碼，除了有以之為名的道路，如開山路、成功路外，還有火車站前題著「民族英雄」字樣的銅像，以及祭祀的空間──延平郡王祠。

　　然而，在一片讚頌聲的背後，卻有另一種聲音，指出鄭氏家族在開墾過程中，曾殺害原住民。當漢人歌詠著「篳路藍縷，以啟山林」時，原住民族青年陣線疾呼：「從國民黨『大中國史觀』到民進黨『台灣人史觀』，原住民族跟著你們『篳路藍縷』，我們就『顛沛流離』；你說這是美麗島，啟的都是我們的山林。」綜上所述，將鄭成功視為民族英雄，其實是從漢人的角度出發，卻忽視了原住民族在漢人開墾的歷史中被迫害的事實。

最後，將援引「棒球經典賽請出鄭成功抗荷」以及「台南火車站鄭成功銅像」等兩個事件為例，引導學生從轉型正義的視角重新思索事件的爭點，看見，進而理解主流論述外的聲音。

本單元結束後，預計安排一項作業，讓學生針對國內外具爭議性的歷史人物銅像進行報告。教師將指定五位與轉型正義議題相關的人物，包括：佛朗哥、列寧、史達林、哥倫布及吳鳳。學生須簡述該人物的生平與重要事蹟，並整理支持與反對拆除其銅像的相關論述，最終提出個人觀點，說明組內成員認為該銅像應如何處置。透過觀摩與借鏡國外案例，學生能在正式討論蔣介石銅像存廢議題前，先建立更廣泛的視角，理解不同文化背景下的歷史記憶與象徵物處理方式，從而在後續討論中，以更多元、批判的角度進行思考。

2. 單元二：轉型正義概說

（1）設計理念：

在引起學生對轉型正義議題的興趣，並建構初

步認識後，本單元將正式介紹「轉型正義」的核心概念，透過「What」、「How」、「Why」三個向度，引導學生瞭解「轉型正義」之定義、推動方法及目的。考量到學生已在高一公民課學習過相關內容，本單元不會從零開始講解，而是透過提問與討論的方式，收集學生對轉型正義的既有認識。教師可藉此掌握學生的起點行為，並進一步協助他們梳理與統整相關概念。

（2）操作方式：

首先，「What」層面會探討轉型正義之定義。課堂操作時，教師可讓學生在便條紙寫下與轉型正義的相關關鍵字，並在小組內進行分類，再上台報告，最終由教師統整，並援引國內外轉型正義工作的具體案例作為補充，例如：德國對於納粹迫害猶太人的反省、南非對種族隔離政策的反省，以及台灣對過往威權時代下二二八、白色恐怖的反省。

其次，「How」層面會說明推動轉型正義之方法，列舉轉型正義常見的具體工作事項，並預告本次課程將聚焦於其中一項業務——

「威權象徵移除、改名或處置」。

最後，「Why」層面會討論「為什麼要推動轉型正義」，此處僅先拋出問題，讓學生預先構思，留待課程最後綜合討論環節再進行討論。

3. 單元三：威權象徵——蔣介石神話的形塑與銅像的誕生

（1）設計理念：

本單元將以鄭有傑導演的短片作為開場，透過影像引導學生察覺台灣社會中潛藏的威權遺緒，並由此切入本教案的核心議題——「威權象徵」。首先釐清威權象徵的定義，接著聚焦於蔣介石，探討蔣介石神話如何被形塑、如何運用銅像強化個人崇拜。透過這些討論，引導學生深入理解威權象徵的歷史脈絡。

（2）操作方式

A. 引起動機：播放《潛規則》影片

首先，播放鄭有傑導演的短片，《潛規則》。本片乃 2011 金馬影展《10 + 10》系列作品，這系列作品邀請 20 位台灣導演

以「台灣特有」為主題，每人拍攝 5 分鐘短片。播放前，可預先向學生提出兩個問題：「片名為什麼叫《潛規則》？影片中呈現出哪些潛規則？」、「影片主題為「台灣特有」，本片可能想揭露什麼『台灣特有』的現象？」藉由影片中影視從業人員規避政治敏感議題，以及分不清中華民國國徽和國民黨黨徽的現象，凸顯台灣社會中依然存在「黨國不分」的威權遺緒。

B. 威權象徵的定義與威權象徵的形成

接下來，課程將釐清「威權象徵」的概念，

你能分辨哪個是國徽，哪個是黨徽嗎？
圖片來源：維基百科・公有領域

並以蔣介石為例，探討威權象徵的形成與個人崇拜的塑造過程。

一開始會先讓學生分享對蔣介石的印象，接著分析威權時期如何透過多種手段建立個人崇拜。例如，政府推行〈蔣公紀念歌〉，讓人民透過歌頌強化對蔣介石的敬仰，並將〈先總統 蔣公小的時候〉編入課本，營造其偉人形象。接著，向學生展示郎靜山、李石樵兩位藝術家筆下風格迥異的蔣介石肖像，引導學生思考：「兩組作品中呈現出的蔣介石形象有何差異？」、「為什麼都是以蔣介石為主題，作品卻呈現出巨大的差異？」進而指出威權時代下，獨裁者形象被刻意美化、神化，但仍有少數畫家敢於挑戰主流敘事，創作出與官方形象相悖的蔣介石畫像。

最後，課程將引用李淑君的〈逆寫銅像·從神到鬼：蔣介石銅／肖像的神格威權、世俗解構與諧擬鬼怪〉，探討蔣介石銅像如何誕生，以及如何作為政治工具進一步

強化個人崇拜，讓學生理解銅像不僅是紀念物，更是權力象徵與歷史敘事的一部分。

C. 威權象徵的處置方式

首先，探討當代社會如何看待蔣介石及其銅像，並透過近年來各式惡搞與諷刺蔣介石的創作，引導學生觀察蔣介石神話的鬆動與歷史記憶的轉變。如：建中每年畢業典禮都會幫蔣介石銅像換裝、〈先總統 蔣公小的時候〉課文經典插圖被改為「鮭魚看蔣公逆流而上」的迷因，以及作家唐澄暐一系列將蔣介石「妖怪化」的作品。這些顛覆蔣介石傳統形象的案例顯示，當威權象徵不再被視為神聖不可侵犯，歷史記憶開始進入社會再詮釋的階段。

接著，引導學生分析蔣介石銅像存廢爭議，讓學生分組為「正方」（支持移除）與「反方」（主張保留），透過網路查找資料，整理「去蔣」與「擁蔣」的相關論點，為後續的深入討論奠定基礎。

最後，讓學生上台進行「爭議歷史人物銅

像」報告，報告後，並透過課堂討論回歸台灣社會對蔣介石銅像的處置問題。教師可提出以下問題讓學生思考：「我們應該拆除公共空間的銅像嗎？」、「若選擇拆除，要如何處置銅像？可以移置到什麼樣的空間？」、「除了拆除與保留，還有其他可能的處理方式嗎？」。此外，教師可補充社會上曾針對銅像採取的特殊應對方式。例如：反對銅像存留者曾對其進行潑漆、攻擊，以行動表達抗議；臉書粉專「無限期支持－全台裝置藝術＂蔣＂」曾發起號召，鼓勵以「藝術創作」的方式改造蔣介石銅像，讓其成為公共討論與再詮釋的對象。

4. 單元四：為什麼要轉型正義？

（1）設計理念：

本單元將透過討論活動，引導學生思考為何民主社會需要推動轉型正義，並進一步探討：當面對反對或無法理解轉型正義意義的群體時，應如何建立有效的對話機制，化解認知上的歧

異與衝突，並在尊重多元觀點的前提下，傳遞轉型正義的核心價值。

（2）操作方式：

進入本單元前，會先讓學生進行期末報告：「生活中的轉型正義體檢」，報告要求如下：

請找出你生活空間中（校園、家鄉）存在的一個威權象徵，訪問至少 3 位民眾，詢問他們對該威權象徵的想法，最後說明你認為可以如何處置該威權象徵（要有具體做法）。訪談對象可以是週邊居民、同學或親友等等，且至少要包含兩種年齡層（30 歲以下／31-60 歲／60 歲以上）。訪談問題至少應包含以下三題：

1. 是否知道「轉型正義」和「威權象徵」這兩個詞語的意涵？
2. 對於轉型正義有何看法？
3. 你認為要如何處置該威權象徵？

學生報告完畢後，便進入最後的綜合討論階段。這一階段將引導學生透過分組討論與模擬對話，深入探討「轉型正義」的正反意見。學生須事先上網蒐集關於「轉型正義」的

相關資料，全班分為六組，其中三組負責查詢支持轉型正義的論點，另三組則負責查詢反對意見。資料蒐集完成後，正反方兩兩對應，進行模擬對話。

（備註：這份教案有獲得鄭南榕基金會舉辦之「第十六屆中小學人權教案設計徵選比賽」高中組優選，此處僅為簡略說明，若想了解更詳細的內容，可至鄭南榕基金會官網下載）

記得過去，迎向未來

歷史的迷霧仍待撥開，空白的記憶仍待填補，威權的遺緒仍待除魅。在獨裁者的統治下，歷史記憶可能被竄改、被美化、被消失，台灣社會走過威權時代，仍未走出陰霾，需要透過持續的書寫、記憶與反覆的思辨，我們才有可能重新認識這片土地曾經發生的事，進而落實轉型正義。

米蘭‧昆德拉曾說：「人類對抗權力的鬥爭，就是記憶與遺忘的鬥爭。」當一個社會選擇遺忘過去，威權的陰影便會再次籠罩，甚至改頭換面，以新的形態捲土重來。我們記住過去，不是為了停留於仇恨，而是為了防止歷史重演，避免威權復辟。

「名字一旦被奪走，就再也找不到回家的路了。」在《神隱少女》中，千尋必須奮力記住自己的名字，才能從異世界回到真正的家。當一個民族的記憶被抹去，當歷史被重寫，那麼，我們還能確信自己是誰嗎？

韓裔歷史學家申采浩曾言：「遺忘歷史的民族沒有未來。」台灣這座美麗的島嶼，曾經歷獨裁者的威權統治，在逐步轉型為民主社會的過程中，我們更應警惕：誰想要抹去我們的名字？又是誰，試圖恣意地定義我們？台灣不屬於威權的幽靈，不屬於竄改歷史記憶的獨裁者。台灣不應該背負著不屬於自己的歷史與名字，台灣，是台灣人的台灣，應該由台灣人親手書寫自己的故事與未來。

獨裁者的身影雖然逐漸從公共空間淡出，但在許多人的記憶裡，他依然以崇高的姿態存在。要讓轉型正義真正完成，關鍵不在於拆除多少座銅像，而在於我們是否能解構深植於社會中的威權遺緒，並用批判思考與歷史教育取而代之。

這份教案的設計，不只是為了讓學生認識蔣介石銅像的爭議，更希望他們能夠從多元的角度，理解個人崇拜如何被形塑、威權象徵如何影響社會，並進一步思考民主社會如何處置威權象徵。當學生能夠看見並討論這些問題，他們便不再只是歷史的被動接受者，而能成為積極參與社會對話的公

民。期待透過這些教學設計，深化學生的公民意識，只有當這樣的意識成為社會共識時，威權象徵的存廢才不會總被汙衊為政治對立，而能被當作民主社會成熟的抉擇。

有了健全的體質，身體才能排除在生病時期留下的病毒；當社會公民擁有成熟的民主素養，方能逐步排出威權的餘毒，昂首闊步，走出屬於自己的路，自然也不再需要另一個「民族英雄」來引領國家的未來。

蔣介石與台灣的國際法律地位

黃居正
清華大學科技法律研究所教授

蔣介石的佔領與台灣的法律地位

　　這裡所講的蔣介石，並不僅限於那個被「中華民國」合法崇拜的防腐體，而是包括他在日本投降後所長期軍事佔領的台灣島上，打造的威權統治集團。這個集團可以說是以防腐體崇拜信仰為中心的屯田軍工複合體。最初是以殖民的形式與內戰的恐怖，裹挾沒有機會去殖民化的台灣人，受其宰制，後者最終竟然與軍工集團組成了繼續崇拜防腐體的命運共同體。而台灣的國際法律地位，也就在蔣介石集團的恣意與台灣人的無知怯懦中，被漸次侵蝕至幾乎無藥可救的地步。

蔣集團的超長佔領與台灣法律地位未定

在古典國際法時代，一國的軍隊可以藉由佔領敵方領土，徹底消滅敵方、加以兼併，這也就是通常所謂的「征服（*debellatio*/conquest）」。征服是指因戰勝而取得敵方領土主權之事實。在這個殘酷的過程中，因為戰敗方已連人帶組織完全被消滅（「屠城記」、「坑三百」），或已不再有能力與戰勝國抗拒或媾和（「終生為奴」），原本有效管領的領土，自然歸屬於戰勝國，而生主權移轉的效果。

不過，在現代國際法秩序下，征服已經不再是一國合法取得領土主權的方式。除了「聯合國憲章」所揭示之「武力不行使原則」以及聯大 2131 號決議（「不干涉國家內部事務以及保護其獨立與主權宣言」）與 2625 號決議（「關於國家間友好關係暨互相合作之國際法原則宣言」）所建立之「不干涉原則」，禁止一國以武力征服他國並兼併其領土外，「聯合國憲章」和聯大 1514 號（「襄助殖民地國家與人民獨立宣言」）與 1541 號兩決議所組成的「人民自決原則」，也要求所有殖民母國必須停止以武力鎮壓所有獨立人民、允許其和平且自由建立國家，或對弱小國家主權應予尊重、不以武力加以脅迫。

當然，在佔領結束後，是有可能因和約之內容（例如割讓），或是因其他國家對佔領國之兼併主張明示或默示加以承認，而生領土轉讓給佔領國之效果，特別是在經過長時間的佔領後。至於佔領國應何時終止佔領，「海牙規則」與GCIV固然沒有規定，但並不表示佔領狀態應被無限期延續。無論依國際人權法或人民自決原則，佔領國都不應延宕紛爭之和平解決而拒絕終止佔領，否則即可能構成對被佔領區之「事實上之兼併（*de facto* annexation）」，從而違反國際法。像國際法院就認為，以色列遞延與巴勒斯坦和平解決紛爭之方案，超長時間佔領巴勒斯坦，加上建造「保安圍牆」與宣告「封閉區」等「既成事實（fait accompli）」，已構成對他國領土之「事實上之兼併」，違反了國際法。

　　蔣介石奉聯軍亞洲戰區司令指示，在日本投降但戰爭尚未結束前，軍事佔領了台灣，但因其後（1951年）為結束交戰狀態由交戰國間所締結的舊金山和約，與其後的日華（台北）和約（1952年），都未規定日本在古典法時期合法依下關條約所取得之台灣及其附屬島嶼的領土歸屬或轉讓，且因當時處於內戰狀態下的「中華民國」與「中華人民共和國」，皆未獲邀請參加舊金山和約，因此「中華民國」在戰時對台灣的佔領狀態，事實上無法結束，也造成台灣的法律

地位繼續處於未定的狀態。即使蔣介石集團對於台灣確實進行了一種超長時間的佔領，但如前所述，就算是由「中華民國」主張對台灣為「事實上之兼併」，也會違反現代國際法而無效。何況「中華民國」並未主張對台灣為「事實上之兼併」，反而是用一種僅具政治口號效果（其實除了對無力反抗的台灣人以外根本沒有效果）的「光復台灣」，含糊帶過其違反國際強行法的惡行。

不行使自決「現狀」下的台灣國際法律地位

蔣介石集團在代理盟軍佔領台灣初始，並沒有想要對這個小島進行超長時間的佔領，而是以台灣為屯田基地，尋思如何藉助美國的力量與地緣機會，持續與中國共產黨的內戰。同時當然也放任其屯田軍對台灣大肆擄掠，剝削民脂民膏，殘殺比他們文明程度高很多的本土菁英。但顯然與共產黨內戰的戰況，與國際社會對蔣介石集團的評價，並不如他們原來的預期。

到了 1949 年，中國的內戰在中華人民共和國正式建國以及獲致歐美主要國家之承認後，其實已告結束。蔣介石集團被多數國家認定為「流亡政權」。但中華人民共和國在始政初

422 │ 全面控制

期，並沒有立刻進行自我定位與宣傳。因此，其在國際法文件與建政哲學宣傳上明示或默示主張的，一直都是由中華人民共和國「政府繼承」中華民國政府，由「布爾喬亞資本主義中國」過渡到「無產階級專政社會主義中國」。在對外關係上，中華人民共和國並沒有尋求立刻取代「中華民國」在國際組織中之會籍，以免在關於會籍的討論中，實質製造出兩個中國來。雖然當時蔣介石確實曾在集團菁英如楊西崑或雷震等人的建議下，思考過「兩個中國」模式的選項，不過既然中華人民共和國與其盟友對此沒有考慮，國際社會也處於觀望中，「兩個中國」模式最終沒有被提出或實現，因此即使當時「中華民國」與中華人民共和國雖然各擁有邦交國，卻沒有任何國家同時承認世界上有「兩個中國（國家）」。

1971 年十月二十五日聯合國大會通過了第 2758 號決議，驅逐蔣介石代表非法佔據的席次，由中華人民共和國取代其中國代表權。可以說是確立了中華人民共和國對「中華民國」的政府繼承。因為並沒有一個新的「中華人民共和國」取代「中華民國」，而且蔣介石所控制的「中華民國」還有包括美國在內的一部份政府承認者。不過，當 1979 年連美國也轉而承認中華人民共和國是代表全中國唯一的合法政府後，「中華民國」政府在國際法上就真的算是被消滅了。接

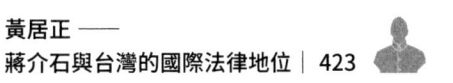

下來的問題就是，如何定義那個仍自稱為「中華民國」而且持續佔領台灣的政府之性質，以及如何解釋台灣這個被「中華民國」長期佔領的領土的國際法律地位？

如果蔣介石在大勢已去之時，能允許台灣人民行使自決權獨立建國，不管其程序是否經聯合國託管理事會協助，或是不管是否藉由公民投票或以既有代議機制完成，台灣的國際法律地位就會與現在完全不同。但歷史是不能假設的，況且蔣介石軍工集團剝削壓迫台灣人都來不及，怎可能任由台灣人當家作主。不讓台灣人民行使自決權建立有別於「中華民國」或中國的獨立國家，就是繼續維持由「一個中國」政府佔領與代表台灣，即使在台灣的政府自蔣介石以來迄今，都主張所謂「一個中國」，就是指（自 1912 年臨時政府成立以來迄今的）「中華民國」，也不論至今迫於國際現勢，在多數場合都不能被使用的「中華民國」名號，被自己與其他國家變體為什麼別稱，譬如「中華民國在台灣」、「中華民國台灣」、「中華民國（台灣）」，或最普遍的「中華台北」，甚至是「中國台北」。在世界上只有一個中國，兩岸都沒有主張自身為有別於中國之新獨立國家的「一個中國」現狀下，台灣的國際法律地位就會呈現出以下各個最重要國際公法學者，依據國際法原理與國家實踐推論的結果。

424 ｜全面控制

國際法權威眼中的台灣國際法律地位

美國哥倫比亞大學 Louis Henkin 教授等人於 2009 年（第 5 版）合著的國際法教科書[1]的第 5 章（「國家」）第 3 節（「特殊地位之實體（Entities with Special Status）」）第 c 項，開宗明義即表示，多數國際法教科書都認為台灣問題是「政府承認的問題而非國家承認的問題」。其立論的基礎是：「中華民國」政府從 1949 年撤退至台灣後，仍堅持自己是代表全中國的唯一「合法政府」，且與中華人民共和國都主張「只有一個中國，而台灣是中國的一部分」。雖然在 1950 年至 1970 年代間，雙方於爭奪排他的國際承認與國際組織地位上，呈現拉鋸的形勢，不過到了 1971 年聯大 2758 號決議後，情勢急轉直下，中華人民共和國隨之逐漸取得多數國家之正式承認，並堅持以「一國兩制」的條件解決台海問題。

至於此後被佔領的台灣法律地位問題，Henkin 等人在合著中表示，為對應台灣的經濟實力，國際社會發展出了一種視台灣為「事實上之實體（de facto entity）」、但並不承認其為「國家」的模式。對台灣爭取與中華人民共和國平行加入國際組織的務實作法，特別是那些以「國家」為會員資

格之組織，則要求台灣必須維持追求「終極統一（eventual reunification）」的期待。堅守「一個中國」的蔣介石集團，也樂於接受如此默契。2001年台灣以「台澎金馬獨立關稅領域（非官方簡稱為 Chinese Taipei）」加入 WTO，以及以「漁業實體（fishing entity）」加入多數的漁業資源公約，都是依此原則所進行之操作。而且其實也都簡稱為「中華（國）台北」，也就是「一個中國」下的「台北政權」。而部分國家也以各種方法，維持與台灣之間的「非官方關係」，例如美國於1979年所訂定之「台灣關係法」。

　　對於台灣法律地位之展望，Henkin 等人合著則認為，自1980年到1990年代，台灣海峽兩岸雙邊與對第三國之關係，都是以上述「一個中國」為原則展開，致使國際社會普遍認定兩岸人民都渴望彼此接觸與追求「終極統一」；「國際法教科書及專論為順應情勢，也都儘量避免在討論台灣地位時，使用『人民自決權』等字眼，因為認知到台灣統治當局並不追求建立獨立的國家」。不過，這個國際演算式，卻因島內的政治發展在二十世紀末有了變化。1996年首次總統直選，長期統治台灣的國民黨受到支持台灣獨立政黨之挑戰，中華人民共和國以試射飛彈威脅若台灣追求獨立將使用武力，緊張情勢直至國民黨候選人李登輝當選總統後才平息。

426 ｜全面控制

2000 年傾向支持台灣獨立之民進黨候選人陳水扁當選總統，其以就職演說中之「四不一沒有」試圖化解與中華人民共和國間之即刻對峙。2007 年 9 月 30 日，民進黨全代會通過「正常國家決議文」，主張「應以台灣的名義申請加入聯合國、世界衛生組織等國際組織，且早日完成台灣正名，制定新憲法，在適當時機舉行公民投票，以彰顯台灣為主權獨立的國家」[2]，陳水扁並在 2004 年 3 月 20 日與 2008 年 3 月 22 日分別舉辦了「防禦性公投」[3] 與「台灣入聯公投」[4]，不過二者均因投票人數未過半而失敗。「2008 年大選國民黨贏得立法院多數席次且由馬英九當選總統，其競選口號是以『互不否認（mutual nondenial）』政策強化與中華人民共和國間之紐帶，至此，台灣尋求獨立的可能性看似已經被瓦解了」。

最後，Henkin 等人向讀者提出一個問題：「台灣能否被視為一個『主張自決的單位（self-determination unit）』？」台灣獨立主權論者主張應以去殖民化架構解釋此問題，他們強調台灣自 1895 年依「下關條約」割讓給日本到二次大戰結束前，均受日本統治，直至 1945 年舊金山和約簽署為止。除了在 1945 年至 1949 年間，台灣與中國大陸擁有完全不同之政經體制，在種族、語言以及文化上也迥異。作者們要讀者思考，這些因素與台灣的法律地位間有何關聯？雖然在本

文第三部分的發展，說明在防腐體「一個中國」病毒的感染之下，多數台灣人並不想成為行使自決權的單位。

英國蘭開斯特大學教授 Malcolm N. Shaw 在其被廣泛採用的國際法教科書（2011 年 6 版 5 刷）[5] 第 5 章（國際法的主體）台灣專節中也認為，影響台灣法律地位的關鍵問題是，「國民黨政府與中華人民共和國政府都主張自己為代表全中國之唯一合法政府。台灣從未主張獨立，也因此無法被賦與其所未主張之地位」。此由台灣完全沒有獲得任何國家承認其為乙獨立國家的事實，亦可得證。「自從 1979 年美國正式承認中華人民共和國為代表全中國之唯一合法政府後，台灣成為了一個有能力獨立在國際舞台從事活動的『非國家領域實體（non-state territorial entity）』，但是在法理上，則仍屬於中國的一部分」。Shaw 更進一步表示，當台灣在加入 WTO 時選擇以「台澎金馬獨立關稅領域」為名稱，避免觸及國家地位之主張時，已經說明了其接受了上述的地位。

英國伯明罕大學教授 D. J. Harris 在其國際法教科書第 6 版（2004 年）[6] 第 4 章（國際人格）第 2 節（國家）關於台灣法律地位的附註中，也表達了相同的觀點：「如果乙實體自己拒絕成為國家，就不會是個國家。長久以來台灣就是如此的一個例子」。Harris 也引證台灣政府自 1949 年以迄

428 ｜ 全面控制

最近，仍不斷對外宣稱自己是「一個中國國家（one state of China）」的政府，而台灣是這個「中國國家」的一部分。不過他特別提到 2000 年陳水扁執政後，曾試圖以新會員身分而非與中華人民共和國爭奪代表權的方式尋求加入聯合國，可以說是改變上述命題的反證。

同為伯明罕大學教授的 Colin Warbrick 在 Malcolm D. Evans 編輯的國際法教科書[7]（2006 年 2 版）第 8 章中，也完全重複上述的說法：「決定乙實體是否具有國家地位的第一要件，就是該實體必須自己主張為乙國家，且有意願被承認為乙國家。不過台灣卻是世界上唯一有能力光明正大宣稱自己是國家卻選擇不這麼作的例子」。

自 1979 年第 1 版就單獨闢有台灣專章，2006 年之第 2 版更是大篇幅更新該章的《國際法下國家的創建》[8]一書，則是全面性整理並確認了上述各總論教科書對台灣地位的評價。作者已故劍橋大學國際法講座教授、前國際法院法官 James Crawford 在該書第一部分（國際法下國家之概念）第 5 節（國家適用之範圍：一些特殊事例）第 2 項開頭即表示：「雖然台灣似乎在各方面均實質有效符合國家成立之各要件，但是卻普遍被認為並非乙獨立的國家而不受其他國家承認」，為究其理由，Crawford 分別從歷史背景、對外關係與

相關司法實務判決等事實基礎，進行了法律分析，並加入現時行為因素的考量，最後得到了：「台灣並不是一個國家，因為台灣始終沒有明確宣告自己獨立於中國之外，也並未被承認為是乙與中國不同的國家。台灣是一個處於內戰狀態之下之『地方性事實政府（local *de facto* government）』」的結論。

雖然 James Crawford 也認為「這並不表示台灣在國際法上沒有任何地位。各國司法實務在面對與台灣相關的特定議題時，可能將台灣定義為一實質上的『地理、社會及政治實體（geographical, social, and political entity）……一個對該島嶼無疑能進行有效控制之政府』」；「台灣在國際法上的有限地位及其在特殊法令與協議上之政策所產生之衝突，有時可以透過解釋取得妥協或避免。其他國家於行政上決定台灣不是一個國家，也許是對台灣主權的否認，但是台灣政府在訴訟上之能力，仍廣泛被各國法院所接受。……在其他特定的目的下，台灣也許是一個具有行使刑事司法管轄權之實體，台灣與世界上許多其他國家均有國際司法互助協議。台灣可能會擁有各種不同的人格：它也許是氣象實體、航空實體、投資實體，正如它是漁業實體一樣。台灣沒有因此飽受精神分裂之苦，真是令人意外！」

事實管領不會當然造就獨立國家

誠然，過去不少關於台灣法律地位之論述，特別是那些希望透過不宣布獨立就可以順利轉身取得國家地位的學說，都常疾呼認為國家的存在，是一個事實，國際社會是否加以承認以及承認國家數量之多寡，僅具宣示性的效果，不會影響台灣作為一個國家的法律地位。況且台灣政府有效統治特定領域、以各種名稱加入國際組織或從事國際活動，甚至在某些國家得行使外交權能或享有主權豁免之事實，或許都可以證明台灣是個主權國家。

對於行使主權之事實與台灣法律地位間的關係，其實在已故牛津大學 Ian Brownlie 教授的經典教科書《國際公法原則》（作者生前最後版本為 2008 年 7 版）[9] 中，很早就被討論過。Brownlie 將這種僅能在有限條件、個別事件裡行使主權的實體，定位為相當於國家之「改造版的國際人格（modified personality）」：「某些領土之主權不確定，類似於『交戰團體』以及『特殊權利實體』等不附從於其他既存主權國家、卻擁有住民以及獨立行政權力的實體……台灣就是這種情形」。「改造版的國際人格」實體固可能因某些國家之禮讓或特別立法，而在特定情境下享有與國家相同的地

位（例如依美國「台灣關係法」，台灣的公法人在美國就享有與國家相同的訴訟能力：「當美國法指涉『外國』、『外國政府』或是類似的官方機構時，這些主體都應包括台灣在內，此等法律亦應適用於台灣」（22 USC § 3303(a)(b)）），但是沒有辦法藉由如此個別且不穩定的行使事例，來確立為一個國際法上的國家。

Brownlie 逝世後，由 James Crawford 接續增修的《國際公法原則》新版，對於台灣法律地位之敘述，則略為更動如下：「台灣是一個領土歸屬未定的例子，她有住民以及獨立的管理當局，這種領土上的社群，可被視為享有某種相當於國家之改造版人格。自 1972 年開始，英國就跟世界多數政府一樣，承認中華人民共和國是中國唯一的政府，也認知中華人民共和國主張台灣是中國一省的立場。沒有任何政府試圖維持兩個中國國家的政策。台灣是否為一個國家這個問題，或偶而會出現在特殊的法律文本裡，對海洋法來說，台灣同時也是漁業實體，並以個別關稅領域作為 WTO 的會員。台灣雖然不被承認為是一個國家，但她擁有一個『具國際法律意義的身分（international legal identity）』」。

對於 Brownlie 的看法，Colin Warbrick 在前述 Evans 所編的國際法教科書中，有更進一步的補充說明：「如果國家

必須倚賴其所主張之權利以確認其成立或地位，將會造成國際秩序之無效率與不穩定。而台灣目前的情形，就是此一命題的最好說明。……台灣不是一個國家，而是乙『特殊國際法人（*sui generis* international person）』，其權利能力每每必須倚賴在特定場合中被國際秩序允許行使之實質權力而定。依此原理，我們勢將無法定義台灣的地位為何，而只能認定台灣可能擁有的權利或應盡的義務為何」。也就是說，台灣或「中華民國」之所以能在特定情境下享有國家主權，是基於各種不同的原因，但是沒有一個原因是因為承認台灣或「中華民國」是主權獨立的國家！

是以，即使確實也透過加入部分國際組織而參與了「建構國際法（making of international law）」的工作，例如前述以「台澎金馬獨立關稅領域」加入 WTO，和以「漁業實體」加入漁業資源公約，仍無法使台灣成為主權獨立的國家。英國愛丁堡大學教授 Alan Boyle 與倫敦政經學院教授 Christine Chinkin 合著的《建構國際法》[10]（2007 年）一書第 2 章（建構國際法的參與者）第 2 節，就僅僅將台灣分類為乙在建構國際法程序中的「非國家實體（non-State Entity）」參與者：「當前多數條約以及區域經濟整合組織如歐洲聯盟，都限制僅能由國家成員加入，不過也有一些對成員要求較寬鬆的條

約可以允許非國家實體加入與近用……這類條約對台灣是比較有利的」。

台灣國際法律地位困境的內銷轉出口

在國際實踐方面，美國前總統歐巴馬於 2013 年 7 月 12 日所簽署之 H.R.1151 號法案（「要求國務院研究使台灣取得國際民航組織大會觀察員地位之策略法案」）時發表的聲明，[11] 也透露出相同的端倪。固然該法案之文本本身，並未限制台灣取得國際民航組織大會觀察員之法律地位（有可能是以芝加哥公約之「非締約國（non-contracting country）」身分，或是其他「實體」），不過擁有決定台灣參與地位策略之外交權能的歐巴馬，卻在聲明中明確表示，此一觀察員地位之爭取與台灣主權的確立，沒有關係：「美國全力支持台灣取得不以國家為會員身分條件之國際組織會員身分，同時也鼓勵台灣適當地有意義參與那些其無法取得會員身分的組織。……本人的行政權力將解釋本法案為與美國所遵行之『一個中國』政策並無二致，該政策並未變更，並將決定最適當的方法，以推動台灣參與國際民航組織之全面性目標」。綜上，在國際法的學說與實務上，不管如何「有意

434 │ 全面控制

義」地「參與」具有立法或司法功能的國際組織，都不會讓台灣成為一個主權獨立的國家。

基於同理，Malcolm Shaw 在教科書中也直接將台灣當成對國家主權之「默示承認」原則的唯一例外：「在未正式承認或建交之國家任命領事，或允其所派遣之領事實施領事權能，固然通常可被視為默示承認該國，不過對台灣來說，則是一個國際法上的例外（即不構成默示承認！）」。不管台灣擁有多少免簽證待遇，也不會改善台灣的主權地位。

看完以上「各國最具有權威的公法學者」對於台灣法律地位之評價，以及國際社會之實踐，可以明白一直以來各種藍綠政治騙術，譬如「兩岸互不承認主權、互不否認治權」、「有意義參與國際組織」、「台灣是主權國家，早已獨立（現在的名稱叫做『中華民國』」，「台灣就是中華民國，中華民國就是台灣」，到最近的「中華台北就是中華民國」、「中華民國主權獨立不可否認」之絕倫荒謬、違反國際常識。當然，我們或許可以自圓其說認為，過去是因為在蔣介石防腐體軍工團的威權暴力震懾下，使台灣人無法行使自決權而擺脫「一個中國」的魔咒。但是到了所謂民主化成熟期的 2018 年，在沒有死刑黑牢威脅下，東奧正名公投竟然還是失敗，就說明了蔣介石集團所炮製的「一個中國」病

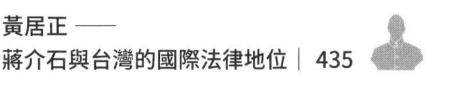

毒，已經完全侵入且癱瘓了台灣人的神經中樞，使被奴役習慣的台灣人與蔣集團體制完全結合為命運共同體。至此，台灣人真的就如同 Colin Warbrick 所說，是「世界上唯一有能力光明正大宣稱自己是國家卻選擇不這麼作的例子」！

全面自我綁縛：接受「中華（國）台北」的連環詛咒

2018 年，蔣介石已經死掉很久了。但是他在台灣島上打造的魔宮帝國，並沒隨著他與其後代的死去，以及台灣的表面民主化，而跟著瓦解。不管他在世界近代史家口中，是一個不可言其名的世紀屠夫，武德淪喪道德敗壞的獨裁者，台灣島上還是處處可見、沒人敢銷毀的大小蔣介石銅像。一座位於首都正中心，觸目驚心的巨大靈堂。父子屍體各據由人民稅金供養給其餘孽絡繹參拜的防腐室。這些慘不忍睹的事實，都說明了蔣家在台灣所創造出的變種病毒，還深深潛伏在每個體制的角落。蔣家的威權邪靈，仍繼續監督著台灣人脆弱、恐懼的神經。防腐體圖騰時時提醒著台灣人，你只是被統治者，你不配自我決定，你不能獨立建國。如果你敢輕舉妄動，美國人就要拋棄你，中國人就要像 1947 年登陸時那樣殺你。蔣介石集團病毒帶來的恐慌症，由內而外，

不斷蛀蝕著台灣人的主體意識，以及台灣的國際法律地位。
2018 年舉辦的東奧正名公投，雖然表面上是尋求國際運動
賽事中台灣代表隊的正名，事實上卻是一次首度試圖以全島
為範圍，檢證台灣人有沒有從威權遺毒中脫身的門診。不幸
的是，檢驗結果證明，台灣人的防腐體恐慌症已經是病入膏
肓、積重難返。

蔣家集團病毒侵腦，造成拒絕正名後遺症

　　2018 年東奧正名公投運動不只是想要在東京奧運比賽
中，穿上繡有台灣隊的制服，而是要改正代表台灣的奧會之
名稱，讓台灣正名為台灣。所以沒錯，東奧正名公投，確實
是一場高度具有政治性的公投。何以致之？首先，依據奧會
憲章第三十條第二項，一個「國家奧會」的名稱，必須要能
反應出「其所屬領域的範圍」，以及「國家的傳統」。「中
華（國）台北」這個名稱，顯然並沒有辦法反應出其所代表
之（台灣或台灣政府管領之）領域範圍，與國家傳統，因為
世界上並沒有一個國家的名稱叫做「中華（國）台北」。如
果依據洛桑協議前言，在台灣的國家奧會所代表的，是一個
符合奧會憲章（第三十條一項），由國際社會所承認的獨立

國家，那他的名字就不可能是「中華（國）台北」，而應該是台灣。除非台灣雖獨立於中華人民共和國之外，但她的國名卻選擇叫做「中華（國）台北」。因此，「中華（國）台北」才是違反奧會憲章第三十條的用語。而且，如果繼續接受「中華台北」，台灣就等於藉由奧運會，修改了憲法，變更了國名，成為「中華台北」國。

那為何要迫使台灣在所有國際活動中，都必須使用不管是字面或是涵義都與中國掛鉤的名稱？因為包括在國際體育賽事這些活動中，台灣與中國都是並行存在於世界上最多國家可看見的場合。中國，以及在台灣倚賴中國取得統治威權的勢力，要向世界宣示，在這些場合中能獨立活動的台灣，仍是牠的一部分。台灣是一個隸屬於中國的地方政府。是中國大發慈悲，讓一個叛亂省分也能夠在國際舞臺上「被看見」。

因此，奧運活動中掛著「中華（國）台北」名號，只是蔣家集團病毒症狀最早的開端，接下來它所感染的，是台灣政治體所參與（不管「有意義」還是沒意義）的所有國際組織，包括世界貿易組織，世界衛生組織大會，各個區域性漁業組織，最後影響到國際學術組織，個人參與的國際競賽活動，還有各國的國際商業活動網站，甚至是線上購物平台，

438 ｜ 全面控制

都必須對應掛上「中華（國）台北」的招牌。因為這是佔領台灣的蔣介石集團與擊敗他的中華人民共和國間的協議，「台灣必須維持追求終極統一的期待」。推動東奧正名公投，就是想要在台灣可能漸次脫離蔣家邪靈的時空，開始替台灣設下停損點，逐步恢復台灣作為國際法主體該有的名稱。

　　「中華（國）台北」絕對不僅是台灣政治體奧會的名稱，隨著其效應之擴散，台灣政治體被降格為中國的地方政府、叛亂省份。其血淋淋的證據，其實就直接出現在國際奧委會執行委員會 2018 年五月四日給林鴻道的信函裡。該信函中，明目張膽地使用「啟動公投的貴地方政府」這個字眼，不就說明了「中華（國）台北」在外國人眼中的意義嗎？「中華（國）台北」就表示其所代表的台灣，是一個隸屬於中國的地方政府。「中國的台北地方政府」、「（同樣是由）中國人（統治的）台北政權」，「屬於中國（一部份）的台北政府」，字面與涵義不就是如此？這樣的文件，一向口口聲聲「漢賊不兩立」的（中國）台北政府，也敢拿出來張揚與騙人？

　　前述馬英九在 2008 年就職總統時所不斷稱道的，由哥倫比亞大學教授 Louis Henkin 所編寫的國際公法教科書不是寫說，要求台灣以「中華（國）台北」名義，參與國際組

織，其意義就是要求台灣承諾，必須尋求與中國進行終極統一。不然為何要叫「中華（國）台北」？由此可見，「中華（國）台北」一詞，並不僅是一頂醜陋不堪、讓人面目可憎的中國製造爛帽子，而且是具有高度政治意義的用語。要讓台灣掉進中國裡面從事國際活動。因為如果說不使用「中華（國）台北」，就不能參與奧運會與其他國際運動賽事，很明顯的就是違反奧會憲章前言，不得以政治或其他意見，侵害參與奧運之權利與自由的規定。國際奧會難道要違反自己的憲章規定？國際奧會也從來沒有這樣做過。

叫做中華（國）台北才是政治凌駕體育

有人說既然當年政府同意，基於禁反言原則，不能改掉「中華（國）台北」，不然會違反國際條約？抵觸「洛桑協議」？不要笑死人。依據奧會憲章第十五條，國際奧會是依據瑞士法律成立，非政府與非營利的法人組織。各個國家奧會，也是依據所代表國家之法律，所成立的非政府法人組織。1981 年由「中華（國）台北」奧會與國際奧會之間訂定的「洛桑協議」，既然是兩個私法人之間的協議，就像是房屋買賣或是銀行貸款合約一樣，沒有不可以協商修改的。

440 ｜ 全面控制

銀行貸款利率太高，難道不能協商修改降低？房屋交屋時設備有欠缺，難道不能減價驗收？「洛桑協議」既然不是國際法，而是私人間的協議，就可以基於合法理由要求修改，沒有什麼需要恪遵或是絕對不准修改的。也沒有國際法上禁反言原則之適用。

「洛桑協議」所訂定的時間，是 1981 年，當時台灣正是在蔣介石集團遺緒的威權專制統治下，不但中央民意代表還沒有全面改選，台灣人民根本沒有權利表達自己的主張。任何人主張台灣獨立或是民主直選，一律是二條一死刑。「中華（國）台北」奧會在沒有任何民意基礎下，奉行蔣介石集團的決定，不使用台灣，堅持採用「中華台北」這個政治名稱，來代表台灣。在追求轉型正義的今天看這樣的協議內容，就如戒嚴時期各種恣意侵害人民權利的法令般，荒謬且欠缺合法性。事實上，如果當年同意繼續使用從 1960 年來都使用的名稱「台灣」來參加奧運，根本就不需要與奧會另訂「洛桑協議」。1976 年在最早承認中華人民共和國的加拿大蒙特婁舉辦奧運，加拿大政府沒有拒絕台灣隊，僅要求用「台灣」名義派代表隊參加，蔣家竟然悍表拒絕，甚至因此退出比賽。誰是為了維持自家法統剝奪運動員參賽機會的始作俑者？就是蔣介石跟他的餘孽啊！！！做賊的喊捉賊，

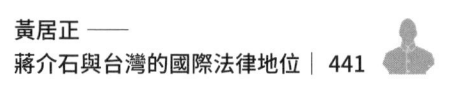

現在五百五十七萬台灣人卻認賊作父。

因此，所謂「洛桑協議」，根本就是由專制的蔣家國民黨政府為了維持在中國已經完全崩解的法統、箝制台灣人民政治權利，所炮製出來的政治協議。「洛桑協議」是敗戰的蔣介石集團與在中國爭奪戰中完全制霸的中華人民共和國政府聯手繼續奴役台灣人的陽謀。才是活生生的「政治凌駕體育」。蒙特婁奧運會的經驗證實，國際奧會其實根本不需要協議「洛桑協議」，就可以繼續讓台灣運動員以台灣之名參加奧運，也願意繼續讓台灣的運動員參賽。堅持要用「中華（國）台北」的，是苟延殘喘的蔣家分靈體，並不是台灣人，更不是「中華（國）台北」奧會。

談到修改會籍名稱，奧會憲章與「洛桑協議」本身，都沒有禁止任何國家奧會修改自身的名稱，也不曾干涉國家奧會改名的決定。1981 年到今天，世界上的獨立國家數量，已經增加了一倍多，許多國家自殖民母國或原國家分離獨立，也有分裂國家如捷克，因為憲政體制改變變更國名的更是不計其數。為了依據奧會憲章正確代表其領土範圍與傳統，國家奧會變更名稱，是天經地義，絕對合法合理，國際奧會從來沒有不准變更的例子。何況如果不是蔣介石集團與中國間的勾串，台灣政治體為何就必須叫做「中華（國）台北」？

442 全面控制

如果台灣奧會改名叫更能代表台灣「所屬領域的範圍」以及「國家傳統」的「珍珠奶茶」奧會，國際奧會能以「政治凌駕體育」而拒絕接受嗎？珍奶耶，珍奶有什麼政治問題？難道連珍奶也只能叫「中華珍奶」、「中國珍奶」，不能叫「台灣珍奶」？

國家奧會有權決定是否叫做「中華台北」？在追求正名的過程中，囂張至極的「中華（國）台北奧會」不斷嚷嚷台灣政府無權干涉體育。但依據奧會憲章，國家奧會並不是完全獨立自主的，奧會憲章前言規定，國家奧會取得自治的前提，是必須有良善的自我管理能力。奧會憲章第十七條並且規定，國家奧會必須與所代表國家保持配合與合作關係，除非有政治壓力迫使他違反奧會憲章，國家奧會才能拒絕配合所代表政府之法令要求。修改國家奧會名稱為台灣，既然是符合奧會憲章，正確表彰國家領土範圍與傳統，國家奧會就不能拒絕配合，不然反而是違反奧會憲章。

「違反洛桑協議會被（國際奧會）處罰」？請問這件事有任何國際經驗依據嗎？有法律依據嗎？顯然又是一個蔣家防腐體病毒所欲胡亂散佈的恐懼症。洛桑協議本身，並沒有罰則，也沒有規定超過奧會憲章的額外內容。因為他是私人間的協議，如果真的有發生爭端，至多是提付仲裁或其他爭

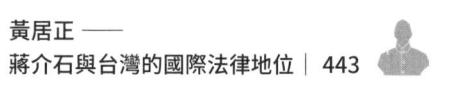

端解決方法，不會造成一方因此有權處罰另一方的問題。國際奧會執行委員會雖然在 2018 年五月，寫信給中華（國）台北奧會林鴻道，說不會同意中華台北奧會變更名稱，可是依據奧會憲章，國際奧會執行委員會只有在接獲申請承認時，才有管轄權能。台灣在當時，都還沒有進行公投，也還沒有通過正名，奧會執委會根本沒有合法權利表達意見或做成決定。就算真的有做成什麼決定，根據奧會憲章，該決定也是無效的。何況，依據奧會憲章第二十七條，只有國家奧會所代表的政府禁止國家奧會從事活動或是意見傳遞的時候，國際奧會才有權利暫停或是撤銷對國家奧會的承認。通過公投正名為台灣參加奧運，國家奧會因此配合向國際奧會提出申請，並沒有禁止其活動是意見傳遞，根本不會發生暫停或撤銷承認的問題。

依據奧會「憲章規則（bylaws）」第二十七與二十八條，對於國家奧會加以承認的條件，就是必須符合奧會憲章，並不包括不得申請變更名稱，所以也不可能因為公投要求更名正名，而因此不能被承認。

「台灣運動員參賽的權益會不會受影響？不要那麼自私好不好」、「要兼顧運動員的權益」。依據奧會憲章前言，從事運動是一種人權，人人都有權利享有從事運動的機會。

444 ｜ 全面控制

不應該受到任何歧視，因為奧林匹克的精神，就是以友誼、團結與和平，促進互相理解。所以不能因為政治因素或言論，剝奪運動員參賽的資格。即使代表運動員的國家奧會因為內戰、國家解體、國家失敗、違反憲章，無法執行送出參賽的功能，因為憲章第一條規定，運動員也是奧運的必要元素與主體，所以國際奧會是可以承認非政府組織選送運動員的。這也是為什麼在歷次奧運，總有因為國家奧會失能、國家失敗、分裂，解消，無法被代表的運動員，還是被允許以各種名義，包括難民、聯合、獨立隊伍或甚至是奧林匹克運動員身份，參加比賽。

有以上這麼多法律、實際操作慣習上的理由，讓台灣人可以振振有詞擺脫蔣介石集團邪靈，正名為台灣，結果竟然還失敗。總共有五百七十七萬人站出來投反對票。這五百七十七萬個受威權病毒深度感染的台灣人，不願意自己被稱為台灣，寧可被稱為「中華台北」！！在蔣介石已經死掉那麼多年之後。不要說追求台灣獨立，連一個讓來自台灣，吸收台灣土地精華與人文滋養的運動員，展現出台灣人的體魄、能力與品格的最根本人道精神與同理心都沒有。顯然已經深受蔣介石集團病毒感染的台灣人，完全不認識一個政治體選派代表隊參與國際賽事的最重要目的，那就是讓政

治體與運動員相互成就，讓運動員在合法正確的代表下，其體魄與精神上取得完美平衡的統整性。顯然也是毫不在乎。所以運動員在國際賽事中搖著醜斃的膏藥旗也沒關係，不知道哪來的「國旗歌」也可以唱，只要運動員拿了獎牌獎金高興能上電視拍麻將電玩廣告賺大錢就好。鄉愿沒關係，偽善成性也沒關係，但是台灣對主體地位的追求，卻因此被你們這五百七十七萬個有病的人給否決了你們知道嗎？國際社會怎麼看？就如同前舉國際法學家所共同認知的，是你們台灣人自己不要被稱為台灣的，是你們台灣人自己要被當成「中華（國）台北」人的，是你們台灣人自己不想行使自決權的！

東奧正名的大失敗，印證了即使蔣介石已死，其防腐體還是繼續傳染著病毒，深深毒害了台灣人的筋骨，嚴重腐蝕了台灣人的靈魂。

不能獨的預言

「那殺身體、不能殺靈魂的，不要怕他們。惟有能把身體和靈魂都滅在地獄裡的，正要怕他」（馬太福音書十：26-33）

（被依貪污罪嫌羈押以前的）柯文哲在接受路透社專訪時曾表示，美國不管怎樣，都不會讓台灣正式獨立，也不會讓北京接管。這套話術其實台灣人並不陌生。因為過去每個民選政客上台時，都曾供奉過相同的預言：「台獨只會斷送國家的大好前途，犧牲社會的安定繁榮，這是不可能，也不應該的」（李登輝）、「在我的任期之內，要把我叫的國號改為台灣共和國，我做不到」（陳水扁）、「我認為沒有必要宣布台灣獨立，而且這也不會成功」（馬英九）、「台灣已經是主權獨立的國家，沒有獨立的問題」（蔡英文）。不能獨，因為「（我說）美國會生氣，中國會犯台」。柯文哲提早學舌的理由，是深信自己將會黃袍加身，不過後來發現是在看守所裡面穿的。

李登輝與陳水扁下台後的言論主張，說明他們不再相信台灣不能自決獨立，也證明對預言的解釋，在有權者一念之間。不過，自蔣介石以來多年的反獨迷因工程，早已在台灣人心中佈滿了攻台的蜘蛛手森林。「中國會（在某某年）犯台」的末日預言，不但成為蔣家集團堂而皇之搜刮台灣人民資產的藉口，也成為決斷台灣國際法律地位的唯一觸媒。這可以解答以上所揭著名國際法學者們長久以來的困惑：「台灣人選擇不獨立，並不是因為沒有能力獨立，而是他們相信

自己不能獨立」。跳樑兩岸的學術捐客當然也不會放棄操縱這個本能開關的機會。要不要買武器、接受九二共識、修憲正名，票投小姐還是流氓，告訴你，答案很簡單，只要不會挑釁中國，就是對的。

1997 年以前的香港，也犯了相同的症頭。香港島與九龍半島，明明就是分別依據 1842 年與 1860 年的「南京條約」與「北京條約」，由清帝國割讓給英國。不包括在約定九十九年租期的「拓展香港界址專條」返還範圍內。但何以英國一方面堅持同為屬地的直布羅陀半島與福克蘭群島，必須透過人民自決程序決定政治命運，卻沒有讓香港也比照辦理，舉行獨立公投，而直接將香港島、九龍連同新界一起推向中國火坑？包括彭定康回憶錄在內的後見之明都說了，那是因為當時香港人上上下下都相信，自己不能獨立，一國兩制是唯一的選擇，英國就算真的想幫香港人行使自決權，也幫不了。後來在遍地烽火的反送中抗爭現場，才處處看到主張香港獨立的標語，已經為時太晚太晚了。

可以有台灣隊，卻不敢建立台灣國

在台灣，篤信不能獨的預言，不分上智下愚、黃白藍

448 ｜全面控制

綠。讓筆者不得不相信，對蔣介石繼續防腐體參拜，不僅是因為台灣人沒種拆中正廟，根本就是已經對於他所創造的動員戡亂獨裁體制五體投地、真心侍奉。其實，反對統一的正道應該是去追求台灣獨立，而不是回頭去擁抱那冷血屠殺剝削台灣人的蔣介石父子邪靈。馬太福音說，「那殺身體、不能殺靈魂的，不要怕他們。惟有能把身體和靈魂都滅在地獄裡的，正要怕他」。在台灣，蔣介石防腐體病毒所奪走的，卻不是台灣人的身體，而是台灣人的靈魂，導致現在台灣人沒有勇氣，拒絕知識，罔顧現實。成為作家李喬很早以前就說過的，「有體無魂空心稻草人」。

一位（現在仍是）人權菁英的好友，甚至曾正色警告筆者：「再這樣搞台獨，小心共匪來殺你全家」。謝謝你，連你也感染得不輕，該去看病了。不過即使登上末日方舟，蔣家防腐體崇拜的信眾們拿到的末日便利箱，內容還是有差。資本家外省貴族選擇移民美加澳紐買保險，沒錢庶民只能搞小三通去中國唱義勇軍。每次碰到台灣大選，高級台美人在海外捐錢狂熱傳賴連署支持小姐，滯中不敢回家的小商人，則是被迫搭優惠機票返台投給流氓。真的，不用等到氣喘發作，只要你相信不能獨，就得過得這麼辛苦。

相信不能獨，是感染蔣介石防腐體病毒的後遺症。但相

黃居正 ——
蔣介石與台灣的國際法律地位｜449

信不能獨除了讓台灣政治體被去國家化、去國際化，更讓台灣人的知識與思考能力也跟著弱化、蔓藤化，視野地方化。失去了追求國際人格的生存意志。既然台灣命運已定，掙脫無望，聽美國聽中國的就好了，何必自己傷腦筋？2018 年東奧正名公投的失敗，不就是證明台灣全島上上下下集體人格失序、有體無魂的最好例子？明知奧會憲章與洛桑協議本身，都沒有禁止國家奧會修改名稱，更沒有罰則，多年來因分離獨立或憲政需求變更國名的奧會會員，不計其數，國際奧會也從來沒有不准其更名甚至加以處罰。但當蔣介石防腐體迷因說，正名台灣隊中國會反對，會害運動員無法參賽領錢，連當時法學博士充斥的行政院也跟著說，「國際奧會反對」，五百七十七萬個病人就默默地信了。其中不少人現在卻是在家裡偷偷穿著「台灣隊」黑衫，慶祝「中國台灣地區」棒球隊贏得十二強。可以有台灣隊，卻不敢建立台灣國。

1. Damrosch, L. F., Henkin, L., Murphy, S.D., & Smit, H., *International Law-Cases and Materials*, (5th ed. 2009).
2. 該書在解釋民進黨2007年「正常國家決議文」時，顯然誤引了眾多的草案版本，以致認為該決議文「主張以台灣為島嶼名稱，但不廢棄中華民國之正式國號」。
3. 公投題目為：「台灣人民堅持台海問題應該和平解決。如果中共不撤除瞄準台灣的飛彈、不放棄對台灣使用武力，您是否贊成政府增加購置反飛彈裝備，以強化台灣自我防衛能力？」以及「您是否同意政府與中共展開協商，推動建立兩岸和平穩定的互動架構，以謀求兩岸的共識與人民的福祉？」
4. 此公投有兩案，一案是由民進黨提案之「以台灣名義加入聯合國全國性公民投票案」，一案是由國民黨提案之「推動我國以務實、有彈性的策略重返聯合國及加入其它國際組織全國性公民投票案」。
5. Shaw, M.N., *International Law* (6th ed. 2008).
6. Harris, D.J., *Cases and Materials on International Law* (6th ed. 2004)
7. Evans, M. D., (ed.) *International Law* (2nd ed. 2006).
8. Crawford, J., *The Creations of States in International Law* (2nd ed. 2006).
9. Brownlie, I., *Principles of Public International Law* (7th ed. 2008).
10. Boyle, A. & Chinkin, C., *The Making of International Law* (2007).
11. "The United States fully supports Taiwan's membership in international organizations where statehood is not a requirement for membership and encourages Taiwan's meaningful participation, as appropriate, in organizations where its membership is not possible…. my Administration shall construe the Act to be consistent with the "one China" policy of the United States, which remains unchanged, and shall determine the measures best suited to advance the overall goal of Taiwan's participation in the ICAO." 參考美國白宮網頁：http://www. white house.gov/the-press-office/2013/07/12/statement-presi dent-hr-1151，最後瀏覽日期：2013/08/08。

跋

「519 白色恐怖記憶日」宣言

◎ 陳列

白色恐怖政治受難者、作家

　　1949 年 5 月 19 日，中國國民黨政府在台灣頒布「戒嚴令」，此後直到 1992 年修正刑法 100 條、廢除金門地區臨時戒嚴令，總共 43 年的白色恐怖時期，威權統治者不僅凍結人民集會、結社、言論、出版等憲法權利，更直接運用暴力手段，對人民任意進行超越正常法律規定之上的摧毀行為，包括秘密逮捕、刑求、監禁或槍決，摧毀至少兩萬人的人生、青春、自由，甚至奪走生命和財產，並且對這些受難者家族和後代的生活造成巨大的影響，更也使眾多人們因恐懼而噤聲而冷漠而馴化和人格扭曲，使社會內部認同分歧，族群對立。

　　然而，對於這一段時間持續久長、受難人數眾多、影響

452 ｜全面控制

廣泛而深遠的重大社會創傷歷程，我們竟然沒有一個提醒我們回顧、認知，並且從中獲得啟示的記憶日（或紀念日），這在轉型正義的工程上，是一項重大的缺憾。

因此，我們鄭重倡議，政府正式訂定每年的5月19日為「519白色恐怖記憶日」（不必放假）；並成為國定紀念日。

我們認為，「白色恐怖記憶日」的設置，具有多重功能：第一，告慰政治受難者及其家屬，促進人們同理共感之情；第二，提醒並警惕當政者，記取歷史教訓，鞏固人權保障機制；第三，深化歷史意識，讓世世代代認識白色恐怖的錯誤與不正義，讓悲劇不再重演。

記憶，不是為了清算任何人和對立，而是為了清理歷史問題，化解對立；記憶，不是因為懷恨，而是為了修補傷痕、公義和價值；記憶，不是不願意走出過去，而是為了未來一個可以公共參與和實踐的更美好社會。

為了記憶和反思這一段歷史，爾後，我們也將致力於：

一、敦促政府相關部門積極促進公共記憶的形成，促進對話並凝聚共識：強化歷史教科書有關這段歷史的書寫；鼓勵文化介入，豐富文字、視聽、表演等藝

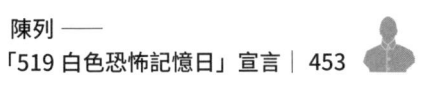

術形式的相關創作。

二、結合進步的社團，深入地方，定期舉辦諸如講座、展演等相關活動，讓記憶日的推行成為一種社會運動，同時也是文化運動。

三、在日常的生活空間中，選擇適當地點，設置有形的紀念物或標誌，讓相關的記憶有繫存的所在，並且進入人們的日常。請讓我們在歷史記憶的重建中，思考我們是誰。請讓記憶成為人民一起前進的力量。

國家圖書館出版品預行編目（CIP）資料

全面控制：總體檢蔣介石獨裁統治及其影響 / 王美琇等
著. -- 初版. -- 臺北市 : 前衛出版社, 2025.04
面；　公分.
ISBN 978-626-7463-95-6（平裝）
1. CST: 臺灣史　2.CST: 臺灣研究　3.CST: 文集
733.293　　　　　　　　　　　　　　114002913

全面控制
總體檢蔣介石獨裁統治及其影響

總　策　畫　王美琇、戴寶村
主　　　編　沈清楷
作　　　者　丘念佳、呂　昱、吳俊瑩、吳豪人、李淑君
　　　　　　李筱峰、林政佑、陳　列、曹欽榮、黃居正
　　　　　　劉熙明、薛化元、羅承宗、蘇瑞鏘、顧恒湛
行 政 主 責　辜寬敏基金會
責 任 編 輯　高于婷
編 輯 協 力　鄭清鴻
美 術 設 計　兒日設計
內 頁 設 計　宸遠彩藝

出　版　者　前衛出版社
　　　　　　10468 台北市中山區農安街153號4樓之3
　　　　　　電話：02-25865708 ｜ 傳真：02-25863758
　　　　　　郵撥帳號：05625551
　　　　　　購書‧業務信箱：a4791@ms15.hinet.net
　　　　　　投稿‧編輯信箱：avanguardbook@gmail.com
　　　　　　官方網站：http://www.avanguard.com.tw
出 版 總 監　林文欽
法 律 顧 問　陽光百合律師事務所
總 經 銷　紅螞蟻圖書有限公司
　　　　　　11494 台北市內湖區舊宗路二段121巷19號
　　　　　　電話：02-27953656 ｜ 傳真：02-27954100

出 版 日 期　2025年4月初版一刷
定　　　價　新台幣519元
Ｉ Ｓ Ｂ Ｎ　978-626-7463-95-6
Ｅ - Ｉ Ｓ Ｂ Ｎ　978-626-7463-94-9（PDF）
　　　　　　978-626-7463-93-2（EPUB）
©Avanguard Publishing House 2025　Printed in Taiwan.
＊請上「前衛出版社」臉書專頁按讚、追蹤IG，獲得更多書籍、活動資訊
　https://www.facebook.com/AVANGUARDTaiwan